Réjane

Mme Rejane La\
42 de l'Église N
Saint-Alban, QC, G0A 3B0

MW01586444

Robert Pelletier

INTERPRÉTEZ VOTRE CIEL

Les grands aspects de votre vie

Traduit de l'américain *Planets in aspect*
par Joan Debidour

L'espace bleu

2ᵉ édition

Couverture : reproduction Roger Violet
gravure sur bois du XVIIᵉ siècle
Maquette : Yvette Pitaud
Tous droits de reproduction et d'adaptation
réservés pour tous pays
© *l'espace bleu*
91, rue de Seine, 75006 Paris
© *Para Research*

*Je dédie ce livre
à mes parents
Fred et Aline Pelletier*

Avis au lecteur

"Interprétez votre ciel" s'adresse au lecteur qui, ayant une carte du ciel, souhaite découvrir les grands traits de la personnalité qu'il étudie. Il est donc recommandé de se rendre à l'index de la page 377 et, de là, de consulter les paragraphes correspondant aux aspects les plus exacts du thème.

Sommaire

Préface de Marcia Moore 11

Mode d'emploi 17

Introduction 23

Chapitre premier : les conjonctions 39

Chapitre deux : les sextiles 95

Chapitre trois : les carrés 153

Chapitre quatre : les trigones 207

Chapitre cinq : les quinconces 265

Chapitre six : les oppositions 321

Index 377

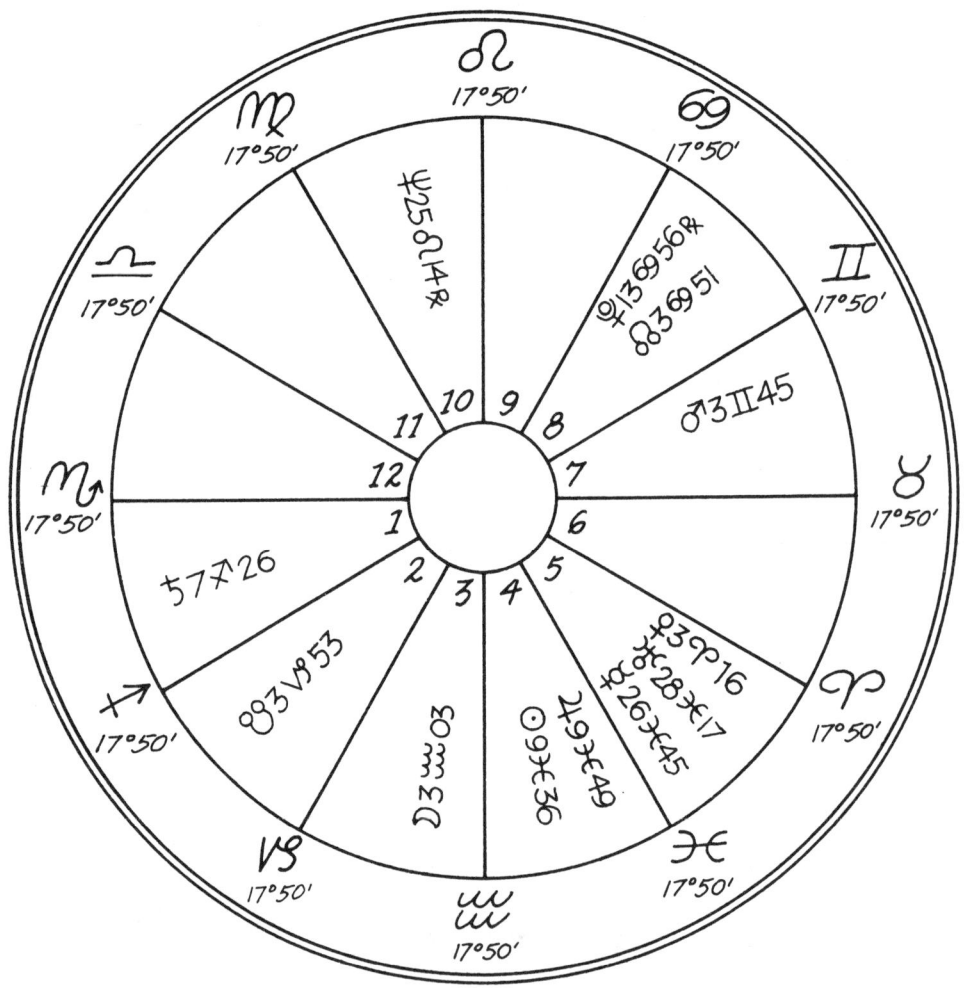

Thème natal de Robert Pelletier

Date de naissance : 28 février 1927
Lieu de naissance : Dover, New Hampshire
Heure de naissance : 23h 20 (3h 20 GMT)

Préface

Interprétez votre ciel sera bientôt considéré comme ouvrage de référence, et contribuera à asseoir la réputation de l'astrologie en tant que discipline qui alliera psychologie, science et métaphysique.

Ayant étudié les «combinaisons» planétaires, je suis particulièrement sensible à la difficulté rencontrée lorsqu'on doit harmoniser les applications individuelles que l'on tire des aspects et la théorie des effets que produisent ces aspects. Un schéma d'énergie inclus dans un horoscope peut se manifester à des niveaux si différents qu'il est souvent bien difficile de savoir sur quoi l'on doit insister.

J'apprécie aussi le fait que l'auteur n'ait pas systématiquement cherché à représenter une dichotomie artificielle où il y aurait les bons aspects d'un côté et les mauvais de l'autre. Il a préféré en montrer les avantages et les possibilités dans une large description, qui exclut le jugement.

Un livre d'astrologie tel que celui-ci est très difficile à concevoir. Son auteur s'adresse en effet à des lecteurs de niveaux très différents. Nous savons que des milliers d'enfants naissent chaque jour, avec le même horoscope ou, à tout le moins, les mêmes aspects planétaires. En fait, chacun d'eux utilisera son potentiel d'énergie stellaire d'une manière qui n'appartient qu'à lui.

Le principal travail de l'astrologue consiste à comprendre où se situe le sujet d'un horoscope dans son évolution. Et cette connaissance peut parfaitement provenir de ce don des dieux ... l'intuition. Le diagnostic astrologique est donc autant un art qu'une science ; j'ajouterai même que c'est un art sacré. Pour quelqu'un qui a une conception de vie assez large - et c'est naturellement le cas de l'astrologue - l'art et la science ne sont pas plus en conflit que pour un médecin dans son diagnostic. Ce sont les deux moitiés complémentaires d'un même système thérapeutique.

Cela étant dit, dans quelle mesure sommes-nous destinés à réagir aux énergies planétaires qui entrent en collision les unes avec les autres, selon les traditions astrologiques exposées dans ce livre ?

La plupart des astrologues compétents soutiennent qu'un individu naît à un moment précis parce que son âme (ou son essence immortelle) a décidé de s'accorder au courant d'énergie vitale qui circule dans le monde physique, dans des conditions particulières d'espace/temps. Cette conception exige toutefois d'être modifiée quelque peu à cause d'un très ancien problème de métaphysique astrologique, qui est le suivant : dans quelle mesure un individu choisit-il son horoscope et dans quelle mesure un horoscope le déterminera-t-il à devenir tel ou tel individu ? L'âme choisit-elle vraiment chaque facteur astrologique qu'elle va personnifier ou bien la personnalité est-elle en grande partie le résultat du tourbillon des forces mises en mouvement au moment de la naissance ?

Pour résoudre de telles questions, on pourrait par exemple comparer l'horoscope à un vêtement achevé plutôt qu'à un morceau de tissu. Si un tissu est coupé en robe il comporte aussi des manches, des poches et un col. En revanche, s'il est coupé en chemise de nuit, le col, la taille et l'ourlet seront différents. Il peut y avoir de grandes différences de style, mais le modèle général est déterminé par l'usage du vêtement.

Sur le plan astrologique, chaque moment comporte un ensemble de caractéristiques définies. Pour obtenir un schéma dans lequel le Soleil est en Bélier et la Lune en Verseau, formant un carré avec Mars, il est nécessaire d'accepter également tout ce qui accompagne de telles configurations. De plus, l'astrologue qui observe la conduite de ce natif du Bélier trouvera probablement que les centaines de facteurs complémentaires qu'impliquent ces aspects, comme les noeuds de la Lune, les mi-points, les transits et les progressions, jouent pour la plupart un rôle dans la complexité de la vie quotidienne.

Un thème natal n'exprime pas toutes les tendances de l'âme en détail, mais les aspects mineurs ont leur importance. Comme nous devons obligatoirement nous servir de ce qui nous est accordé, cela nous aide à voir à quel point la fabrique des événements quotidiens de l'univers s'insère dans un dessein général formé d'une multitude d'événements apparemment dus au hasard. Il est dans la nature du système que l'ensemble des horoscopes possibles, une fois rassemblés, forment un tout. De ce point de vue, chaque schéma général d'horoscope est partagé par un groupe de gens éparpillés à la surface du globe. A l'intérieur de ce groupe, quelques individus vont réaliser les possibilités les plus élevées, les plus positives des aspects impliqués, tandis que les autres réaliseront les possibilités mineures et les plus négatives. D'autres encore se révéleront avoir trop peu de personnalité et répondront surtout à l'horoscope de leur nation ou de leur tribu.

Chacun de nous doit accomplir la tâche qui lui a été attribuée, en réalisant le projet cosmique dont la formule est inscrite dans le ciel, même lorsque nous suivons les ordres de notre âme.

Nous devons tous, non seulement satisfaire nos propres besoins mais aussi les besoins de l'univers tels qu'ils apparaissent dans notre vie. La sagesse réside dans la science de la réconciliation entre ces deux obligations.

Une forme matérielle ne peut jamais exprimer entièrement son essence spirituelle. De même, aucun horoscope n'est entièrement adapté aux possibilités karmiques de l'âme. Mais on peut penser que ce qui reste sera ajusté par le Grand Ordinateur Céleste où sont rassemblés tous les disques karmiques, et qui doit être continuellement reprogrammé pour tenir compte de tout ce qui se passe dans l'univers.

Normalement, chaque réservoir individuel contient plus d'un devenir. Il semble que la manière dont le thème natal indique les capacités varie en fonction de «l'âge de l'âme» qui a été choisie pour s'adapter à un dessein particulier. Chaque facteur de l'horoscope est comme un pipe-line à travers lequel s'écoule une qualité particulière de la force vitale universelle. C'est un conducteur. Alors, tout ce qui est conduit est fonction de la nature du canal que nous avons été capables de construire.

De la même façon, la rigueur de tout tracé astrologique dépend de l'intuition de la personne qui interprète. Elle doit d'abord analyser, puis synthétiser un grand nombre de facteurs disparates qui définissent la personne étudiée. On doit toutefois commencer par saisir le sens des interactions de bases qui sont décrites dans ce livre. L'aspect planétaire doit permettre au lecteur de saisir à la fois la rationalité subjective et les règles objectives de l'astrologie et lui permettre d'appliquer ces règles dans les cas individuels. Allant à l'inverse de la littérature astrologique populaire, cette approche est d'une grande dignité. Les informations que l'on y trouve sont inestimables pour le praticien qui doit traiter avec bon sens une foule de problèmes humains, aussi bien que pour le novice qui cherche à comprendre.

Ce livre aidera beaucoup ceux qui veulent élargir leur connaissance de ce qui s'allie dans l'Homme et dans l'Univers pour manifester la gloire de Dieu. Puisse-t-il aider tous ceux d'entre nous qui s'efforcent de travailler ensemble dans la grande confrérie des étoiles !

Marcia Moore

Mode d'emploi

Ce livre vous aidera à interpréter votre thème astral par la lecture des aspects. Mais au préalable, il vous faut avoir une carte exacte de votre ciel de naissance*, afin d'utiliser au mieux les informations qui vous sont données ici.

Le premier objet de cet ouvrage est de fournir une synthèse détaillée de tous les écarts planétaires possibles entre deux planètes vues de la Terre. Ces combinaisons s'appellent des *aspects*, et nous présentons ici les six aspects que nous considérons comme les plus importants pour l'analyse d'un thème. Il y en a d'autres, mais leurs effets ne nous semblent pas suffisamment significatifs pour être inclus ici. Outre la table des matières, un index utilisant les symboles astrologiques des aspects se trouve en marge des pages, il vous aidera à localiser facilement la combinaison que vous recherchez**. Nous n'étudions pas

Notes de l'éditeur :

* Pour dessiner votre carte du ciel nous vous conseillons le livre de Pierre Delebarre, *La clé de l'astrologie*, paru dans la même collection.
** Les planètes sont placées dans l'ordre suivant : Soleil, Lune, Mercure, Vénus, Mars, Jupiter, Saturne, Uranus, Neptune, Pluton. Nous étudions enfin les aspects à l'Ascendant. Chaque aspect n'est traité qu'une fois, la planète se trouvant la première dans l'ordre étant celle qu'il faut consulter pour l'aspect. Exemple : Mercure conjoint à la Lune, on trouvera l'explication de cet aspect à la rubrique *Lune conjointe Mercure*.

dans cet ouvrage les aspects qui ne se produiront pas pendant ce siècle.

Qu'est ce qu'un aspect ?

Les planètes de notre système solaire semblent toutes se déplacer sur le Zodiaque, et l'angle qu'elles forment avec la Terre est calculé en degrés (comme tout cercle, le Zodiaque en compte 360). Certains écarts angulaires entre deux planètes sont spécifiques, c'est alors qu'on les appelle : « aspects ».

Chaque écart angulaire a sa signification particulière, et bien qu'il n'y ait aucune distance angulaire entre deux planètes occupant le même degré du Zodiaque, cette situation n'en demeure pas moins extrêmement sensible et s'appelle *conjonction*. Quand deux planètes vues de la Terre sont séparées par un angle de 60°, on dit qu'elles sont en *sextile*. Quand 90° les séparent on dit qu'elles sont en *carré*. 120° s'appellent *trigone*, 150° *quinconce* et 180° *opposition*.

Un aspect peut être relevé entre une planète et un point sensible du Zodiaque tel l'Ascendant, point précis qui s'élevait à l'horizon à l'instant de la naissance.

nom de l'aspect	*degrés*	*symboles*
conjonction	0°	☌
sextile	60°	✶
carré	90°	◼
trigone	120°	△
quinconce	150°	⚻
opposition	180°	☍

Aucun aspect ne peut excéder 180°, la plus grande distance entre deux points d'un cercle. Prenons par exemple une planète à 0° du Bélier et une autre à 0° du Scorpion, la distance entre elles, si l'on suit l'ordre du Zodiaque est de 210°, soit de 7 signes (étant entendu que chaque signe équivaut à 360° : 12 signes soit 30° par signe). La distance la plus courte est de 150° ou 5 signes. L'aspect qui sépare ces planètes est le quinconce.

Bien qu'il arrive que deux planètes soient séparées précisément par le nombre de degrés spécifiques de l'aspect qui les relie, il est fréquent que ce ne soit pas le cas. Lorsque l'angle varie de plus ou moins 6°, on considère encore que les planètes sont *en aspect*. Quand le Soleil, la Lune ou l'Ascendant sont impliqués, on augmente cette tolérance de 2° supplémentaires, c'est-à-dire que l'on accepte plus ou moins 8°. Pour le quinconce, l'écart toléré est de 3°. On appelle *orbe* cet écart toléré et considéré comme zone d'influence.

Tous les écarts angulaires (ou aspects) sont mesurés à partir de la Terre. Mercure et Vénus circulant entre le Soleil et la Terre, ils ne peuvent former que peu d'aspects avec le Soleil. Mercure ne peut former qu'une conjonction, car il ne se sépare jamais du Soleil de plus de 28°. Vénus ne peut former avec le Soleil qu'une conjonction, un semi-sextile (30°) et un semi-carré (45°), ces deux derniers aspects n'étant pas étudiés dans cet ouvrage.

Après avoir décelé toutes les relations angulaires entre les planètes, faites la liste de tous les aspects que vous aurez rencontrés. Regroupez-les selon leur type. D'abord les conjonctions, puis les sextiles, les carrés, les trigones, les quinconces et enfin les oppositions. A l'intérieur de ces groupes, alignez chaque aspect dans l'ordre suivant :
Soleil, Lune, Mercure, Vénus, Mars, Jupiter, Saturne, Uranus, Neptune, Pluton et Ascendant.

Si vous avez par exemple un sextile entre Jupiter et Mercure, Mercure est la plus rapide des deux, et par conséquent, c'est elle qui «crée» l'aspect. Vous ne trouverez donc pas l'explication de l'aspect à la rubrique Jupiter sextile Mercure, mais à Mercure sextile Jupiter.

Introduction

Les planètes :
la dynamique du comportement

Avant d'être en mesure d'appliquer les informations contenues dans ce livre, il est essentiel d'étudier et de comprendre la nature de chaque planète ainsi que ses correspondances dans la psychologie humaine. Il est possible que les planètes influencent directement le comportement humain tout comme les événements qui surviennent sur cette terre. Quoi qu'il en soit, l'astrologie est un instrument qui permet de comprendre l'homme, ses potentialités et son destin.

Bien que le Soleil et la Lune bénéficient du terme de luminaires, dans un souci de simplification nous les considérerons comme des planètes. Chacune des planètes symbolise une dynamique de comportement unique et particulière qui opère à tous les niveaux de l'être (physique, spirituel, intellectuel et affectif). Lorsque leurs effets sont combinés, les planètes produisent un être extrêmement complexe. C'est la raison pour laquelle elles doivent être clairement comprises individuellement, avant d'être prises dans la signification synthétique représentée par les configurations astrales nommées aspects. Il serait inutile de vouloir passer à la synthèse avant d'avoir assimilé les éléments de base. Lorsqu'elles sont reliées par un aspect, les planètes produisent des effets ayant leur intégrité propre. La nature et l'influence des planètes représentent la base dont dépend la synthèse finale.

Dans cet ouvrage, seules les influences planétaires et la signification des aspects sont abordées. Chaque aspect a sa signification spécifique qui est communiquée aux planètes en cause.

LE SOLEIL représente l'ego, l'individualité, la volonté, l'ambition ainsi que l'aspect conscient de la personnalité. Il est l'indice principal de ce que le natif tente d'accomplir. Il symbolise en outre la force vitale qui nous pousse à exploiter toutes nos possibilités et à développer nos ressources, Le Soleil, poussée créatrice soutenue par l'instinct vital, indique l'avenir dans lequel le moi doit s'accomplir. Il concerne donc dans une vaste mesure la destinée. Les planètes en aspect avec le Soleil s'en trouvent renforcées et reçoivent un influx de forces créatrices. Le Soleil communique l'initiative à la planète qu'il aspecte.

LA LUNE symbolise l'aspect inconscient de notre personnalité, nos habitudes et nos instincts. Elle représente la personnalité constamment fluctuante qui réagit aux stimuli extérieurs. Les sentiments et les émotions du natif interviennent dans son développement, du fait des habitudes et des schémas de comportement qui l'incitent à se rétracter dans sa coquille pour se protéger contre les agressions. La Lune est l'instinct de troupeau qui trouve sa sécurité dans le nombre. Elle régit le passé ainsi que la nostalgie attachée au passé, et incite donc à suivre la tradition. Elle symbolise le besoin d'être aimé, donc le besoin de sécurité affective. Elle attire le natif vers les sujets qui exigent son attention et vers les êtres qui demandent sa protection. La

Lune symbolise l'amour maternel plus que l'amour romantique, et elle exige l'affection susceptible de lui apporter la sécurité.

MERCURE, qui symbolise les facultés intellectuelles, indique la curiosité et la soif de connaissances. Il représente l'aptitude à trier et à classer les informations assimilées par la Lune. Il représente la faculté de raisonnement qui attribue un sens à toute expérience et qui stocke ces informations pour se constituer une mémoire. Mercure interprète et résout les problèmes à l'aide de sa logique déductive. Quoiqu'il représente l'accès à la compréhension, il n'est pas nécessairement profond. Il représente la pensée mais pas la réflexion, la soif de connaissances mais pas leurs applications. Il symbolise la conscience de l'extérieur et le sentiment d'en être séparé. Mercure est l'objectif à travers lequel toutes les expériences doivent être examinées afin que leur signification puisse être classée en tant que référence pour l'avenir. Il représente la communication qui précède toute relation et qui est partiellement régie par cette planète.

VENUS indique les ajustements qui sont faits pour encourager un lien ; elle indique la main tendue dans l'espoir d'être chaleureusement accueillie. C'est grâce à cette planète que le natif se montre sous son meilleur jour, ne serait-ce que pour provoquer la même attitude chez autrui. Vénus symbolise la tendresse et l'affection, la compréhension et les concessions, le raffinement et la beauté. Elle indique le besoin de la présence d'autrui, que ce soit par les relations personnelles ou les contacts sociaux. Elle recherche le confort et l'aisance, et accorde de l'importance à la sécurité financière. Elle apprécie les œuvres d'art, la musique, le confort du foyer, le raffinement du mobilier et l'excellence des mets. Vénus indique une participation active à la vie sociale, qui satisfait son besoin de compagnie.

MARS représente l'énergie qui fait fonctionner l'ego, qui est régi par le Soleil. Il symbolise les séquelles de l'instinct animal, qui permet à l'homme d'imposer sa nature agressive et de dominer les faibles. Il représente l'élément mâle, bien qu'il existe dans les deux sexes. Mars représente l'affirmation de l'ego plus que de la volonté et il est constamment à la recherche de défis. Il représente la force de la nature qui assure la survie du plus fort et qui par conséquent dirige l'évolution vers la perfection, bien que ce ne soit pas son intention de base. Il représente le désir essentiel à la continuation de l'espèce. Son rôle est extrêmement important dans le règne animal. Lorsque ce désir est déformé par l'égoïsme, il devient grossier et vulgaire. Il résiste à la raison et à la logique, préférant agir d'abord et réfléchir ensuite. Mars, la force qui divise, transforme l'harmonie en conflit afin de pouvoir rétablir l'unité. Il compense ainsi l'apathie qui limite tout développement et toute progression. Il provoque le désordre et incite de cette façon son opposé polaire, Vénus, à rétablir l'ordre, créant de ce fait une dynamique action/réaction permanente.

JUPITER représente l'espoir d'être récompensé par l'avenir. Il symbolise la plus haute faculté mentale qui cherche le sens des événements de la vie au-delà de leur apparence. Chaque processus qui incite au développement et à l'expansion de la conscience possède une valeur spirituelle établissant une différence entre le bien et le mal. Jupiter représente la volonté de remplacer la dureté de la survie physique par l'immortalité promise dans Shangri-la. Il en résulte une ferveur religieuse ainsi que le désir d'une vie riche et épanouissante. Il indique l'intérêt pour la philosophie et l'éducation, ainsi que le sens des convenances dans la vie sociale. Il accroît les aspirations, mais confère une tendance à entreprendre plus qu'on ne peut assumer. L'aspect négatif de cette planète réside dans sa propension à vouloir récolter sans semer, ce qui peut inciter certains natifs à jouer ou à intriguer pour satisfaire leurs désirs. Il fait considérer l'échec comme improbable et toute contrainte comme intolérable.

♄

SATURNE symbolise le développement de la valeur personnelle et enseigne la nécessité de l'effort et du sens de la responsabilité. Il nous apprend à affronter la réalité et à accepter notre devoir. Il représente le jugement affiné par l'expérience. Saturne définit la peur de l'inconnu et le manque de confiance en soi qui en découle, qui inhibent trop souvent le progrès. Le natif qui a retrouvé son assurance est garanti de son développement et il est alors en mesure de réaliser les objectifs qui existaient potentiellement en lui. Il gagne alors la liberté que lui refusait son sentiment d'incompétence. Saturne établit les priorités nécessaires à la gestion efficace des ressources individuelles. Dans son aspect négatif il dénote le pessimisme et l'esprit d'échec. Lorsque l'espoir est obscurci par le poids écrasant des responsabilités les choses les plus simples deviennent pénibles. La discipline est essentielle afin que l'effort soit toujours productif. Il est absolument indispensable d'adhérer aux lois de la nature afin d'avoir le dessus sur les autres, comme le démontre le processus évolutif de la survie du plus fort. Saturne représente la sagesse qui résulte de l'application réfléchie de la connaissance.

URANUS représente le besoin individuel de se libérer de toute responsabilité. Il symbolise l'identification à la conscience collective ainsi que la possibilité pour chacun d'accomplir son destin. Il représente le refus de se soumettre à un autre maître que celui de son choix. Il indique l'évolution du sujet, au-delà de ses limites physiques, vers une dimension spirituelle. Le conventionnel et le traditionnel sont rejetés afin de permettre à l'individu de s'exprimer pleinement. C'est dans les situations où la morale n'a pas sa place qu'Uranus fonctionne le mieux, car le natif peut alors faire jouer son intellect dans le détachement. Cette planète confère au natif le sens de l'originalité dans ses contacts avec le public, qu'il traite avec une certaine distance, malgré l'intérêt sincère qu'il lui manifeste. Il s'intéresse avant tout à l'esprit humain ainsi qu'à l'expansion de la vérité et du progrès social. Dans la vie personnelle, Uranus donne le sens de la nouveauté et de l'originalité. Il considère le matérialisme pur, comme un frein pour l'évolution. Appliqué de façon négative, Uranus indique l'anarchie, le fanatisme, l'excentricité ainsi qu'une soif impérieuse de pouvoir et d'autorité. Il se rebelle alors contre toute forme d'autorité, qu'elle soit familiale, académique, professionnelle, sociale ou politique. Appliquée de façon positive, l'énergie d'Uranus confère le désir spirituel de voir la société libérée du carcan de l'ignorance.

NEPTUNE symbolise la dynamique qui porte le natif à remplir ses obligations sociales à partir d'un obscur sentiment de culpabilité. Le natif ne parvient pas toujours à comprendre le motif qui le pousse à servir la société, et il lui arrive d'errer à la recherche d'éléments susceptibles de soulager son angoisse. Neptune symbolise l'extrême sensibilité à l'injustice sociale, ainsi qu'à ses répercussions négatives. Il représente l'inconscient, la compassion, l'esthétisme, l'utopie, le rythme, l'illusion et la poésie. Il est la musique, l'imagination, le psychisme et la fantaisie, mais aussi l'érotisme et l'esclavage. Lorsque Neptune s'exprime de façon positive, il porte à apprécier les plus hautes manifestations créatrices ainsi qu'à compenser la décadence humaine qui afflige la société ; rétablir l'ordre dans son environnement apporte une certaine satisfaction personnelle. Le natif porte un intérêt aux institutions s'occupant de criminels, d'arriérés mentaux et aux déséquilibrés. Il s'intéresse également aux institutions religieuses et aux activités cléricales. En tout cas, le natif est concerné par tout ce qui touche aux conditions sociales, dans l'espoir de se libérer de son sentiment de culpabilité à cet égard.

PLUTON symbolise le besoin du natif de se sacrifier aux exigences de l'évolution des structures sociales ou d'utiliser ses ressources afin de déterminer la forme de cette évolution. Pluton représente les sources d'énergie personnelle fondues dans un immense réservoir de puissance. Il symbolise le pouvoir détenu par les organismes importants qui possèdent la puissance économique nécessaire au contrôle du destin de l'homme. Il décrit les bouleversements politiques, religieux et sociaux qui exigent périodiquement une ré-évaluation du système en vigueur. Lorsque cette énergie est appliquée de façon positive, elle élimine les excroissances parasitaires susceptibles de détruire leur hôte : l'homme. Si en revanche cette énergie est appliquée de façon négative, elle représente la pourriture qui réduit l'homme à son état le plus bestial. Par conséquent, Pluton indique soit la progression de chaque membre de la société, soit la destruction de la force créatrice par des individus se servant de la société pour satisfaire leur soif de pouvoir personnel.

Orbes des aspects

La question des orbes a toujours été matière à controverse*. (A part les problèmes des maisons interceptées, aucun autre facteur n'a suscité autant d'opinions divergentes.) La seule chose évidente est qu'il convient d'appliquer une méthode aussi précise que possible. Habituellement, on applique un orbe de 8° pour la conjonction, le carré, le trigone et l'opposition, de 4° pour le sextile et de 2° pour le quinconce. Si le Soleil ou la Lune sont impliqués dans l'aspect, 2° supplémentaires sont admis.

Personnellement, nous n'adhérons pas à ce système, car il nous semble aléatoire de déterminer de façon exacte un point d'influence maximum ou minimum. Nous préférons comparer l'effet d'un aspect au bruit d'un avion qui croît régulièrement à partir de l'instant où il est perçu ; il est à son maximum lorsqu'il nous survole et il décroît progressivement au fur et à mesure qu'il s'éloigne. Cet effet peut être dominé par le bruit d'une locomotive passant à proximité, ce qui n'annule pas pour autant le bruit de l'avion. La perception en devient toutefois plus embrouillée et plus difficile à isoler. Nous en sommes donc venus à appliquer un orbe de 6° pour tous les aspects excepté le quinconce pour lequel nous utilisons un orbe de 3°. Nous étendons cet orbe à 8° dans le cas où le Soleil, la Lune ou l'Ascendant sont impliqués dans l'aspect, sauf dans le cas du quinconce, pour lequel nous maintenons l'orbe de 3°. Même dans cette attribution d'orbes, nous restons flexibles en ce qui concerne l'affaiblissement progressif de l'effet d'un aspect. Toutefois, nous désapprouvons tout autant un laxisme excessif en matière de « lecture d'aspects » que l'application extrême de cette théorie.

Chacun des éléments d'un thème est inextricablement lié aux autres et c'est cet ensemble qu'il faut analyser. Il arrive que certains éléments semblent isolés, mais il existe généralement un fil qui les relie aux autres parties du thème.

* Note de l'éditeur:
l'orbe est l'écart angulaire toléré entre l'aspect précis (0, 60, 90, 120, 150 ou 180°) et l'aspect considéré. Un aspect est rarement « exact ».

Pour nous, l'influence d'un aspect commence à se faire sentir lorsque la planète se trouve à 6° avant le point où l'aspect est exact. Cependant, nous admettons qu'un aspect puisse jouer même lorsque cet orbe de 6° est dépassé. Nous vous laissons le soin de déterminer l'écart angulaire à partir duquel l'effet de l'aspect devient perceptible, mais il va de soi que plus l'aspect est exact et plus son effet est puissant. Il vous appartient de juger quel orbe vous pouvez appliquer dans la détermination du degré d'influence.

Accordez une importance particulière aux planètes formant les aspects les plus exacts, car elles dominent les autres. Plus les planètes s'éloignent de leur degré de relation exacte et plus l'effet de l'aspect décroît. S'il n'y a pas de planètes formant d'aspect exact, il peut s'avérer nécessaire d'appliquer un orbe plus large. Faites-en l'expérience avec votre propre thème en vérifiant si le texte se rapportant à un aspect particulier vous correspond. Ne vous limitez pas aux seuls aspects respectant l'orbe de 6°. Cette expérience vous apprendra à déterminer l'orbe souhaitable pour les autres thèmes que vous étudierez.

L'aspect le plus exact du thème sera considéré comme le plus important, car il sera habituellement caractéristique du natif.

Hiérarchie planétaire

C'est toujours la planète la plus rapide qui forme l'aspect, sauf lorsqu'il s'agit de transits (c'est-à-dire quand une planète de passage aspecte une planète natale).

La hiérarchie planétaire est déterminée par la vitesse de révolution zodiacale des planètes autour du Soleil. Dans l'horoscope natal, leur ordre est le suivant : Lune, Mercure, Vénus, Soleil, Mars, Jupiter, Saturne, Uranus, Neptune et Pluton. Cela signifie que c'est la Lune qui aspecte toutes les autres planètes, que Mercure aspecte toutes les planètes sauf la Lune, Vénus toutes les planètes sauf la Lune et Mercure, et ainsi de suite. Lorsque Mars et Neptune sont en aspect, c'est Mars qui en constitue la force active. La description de l'aspect figure sous la rubrique se rapportant au type d'aspect correspondant. Par exemple, le carré Mars-Neptune figure dans la rubrique des carrés formés par Mars. Vous ne le trouverez pas sous les carrés formés par Neptune.

Bien que la planète aspectante constitue la force active de l'aspect, la planète la plus lente imprègne de son influence la planète la plus rapide. Notre expérience nous a amenés à considérer que la planète la plus lente, occupant le rang le plus élevé, se soumet à la planète la plus rapide, bien que celle-ci occupe un rang moindre. Il faut malgré tout observer que la planète rapide ne modifie pas beaucoup l'influence de la planète lente. Les planètes *personnelles*, c'est-à-dire le Soleil, la Lune, Mercure, Vénus et Mars sont particulièrement vulnérables aux planètes lourdes Jupiter, Saturne, Uranus, Neptune et Pluton. Ce fut Dane Rudhyar, il me semble, qui compara ce phénomène à celui des marées qui montent et qui descendent ; l'homme se précipite hors de chez lui tout à la hâte d'exploiter son potentiel et se trouve forcé de se soumettre à la discipline rigoureuse du monde extérieur, devant ainsi se perfectionner sans cesse.

Application des aspects

Il serait pratique d'appliquer les aspects tels qu'ils sont décrits dans ce livre, mais la complexité de l'être humain et de l'interprétation de son thème exclut cette facilité. On peut pourtant se simplifier la tâche en suivant les principes directeurs qui sont exposés dans cet ouvrage.

La synthèse de l'analyse doit tenir compte de la nature des planètes et du type d'aspect qui les relie. L'aspect indique le comportement par lequel ces planètes se manifestent, ainsi que leur signification respective. Le plus simple est d'examiner les aspects par rapport à leurs correspondances zodiacales. Les planètes qui régissent les signes du zodiaque communiquent leurs caractéristiques aux aspects de la manière suivante : le Bélier est le premier signe du Zodiaque, 60° plus loin se trouvent les Gémeaux, et 60° avant, le Verseau. Le sextile est donc un aspect qui s'apparente aux Gémeaux et au Verseau. Il se rapporte également aux choses signifiées par les maisons correspondantes, c'est-à-dire la Maison III et la Maison XI, ainsi qu'aux planètes Mercure et Uranus qui régissent ces signes et ces maisons. Le carré est un aspect qui s'apparente au Cancer et au Capricorne, car ces signes se trouvent tous deux à 90° du Bélier. Le carré revêt les caractéristiques de la Lune et de Saturne qui régissent ces deux signes et il se rapporte aux choses signifiées par les Maisons IV et X. Les autres aspects fonctionnent de la même manière. Cette technique qui peut sembler compliquée, ne fait que révéler la nature complexe de l'homme et apporte à l'astrologue des informations lui permettant d'analyser l'influence des planètes à la fois de façon détaillée et globale.

Il est indispensable de respecter la hiérarchie planétaire dans l'analyse des aspects. C'est toujours la planète la plus rapide qui aspecte la plus lente. Supposons que la planète la plus lente se trouve à l'Ascendant — quelle que soit sa position en signe — et que la plus rapide occupe la maison déterminée par sa position en signe. Dans le cas d'un trigone (120°), la planète aspectante se trouvera dans la cinquième de la neuvième maison. Par conséquent, cet aspect relève à la fois des influences Martiennes (Maison I), Solaires (Maison V) et Jupitériennes (Maison IX). Les planètes participant à cette configuration conservent leur nature propre, mais leurs effets combinés seront imprégnés de la nature de Mars, du Soleil et de Jupiter, et influenceront les choses signifiées par la première, la cinquième et la neuvième maison.

Nous avons classé le quinconce parmi les six aspects les plus significatifs, car il revêt la même importance que la conjonction, le sextile, le carré, le trigone et l'opposition. Notre expérience nous a prouvé que les caractéristiques reliées par le quinconce incitent toujours le natif à réagir de façon excessive à ce que les autres attendent de lui, ainsi qu'aux concessions qui en résultent. Cet aspect indique également que le natif peut parvenir à la perfection en développant les aptitudes en cause et mériter les plus hautes récompenses pour ses services.

En notant ces aspects, nous nous sommes efforcés de synthétiser toutes les variantes possibles lorsque deux planètes se trouvent reliées par une distance angulaire spécifique. L'analyse de deux planètes en aspect exclut toute autre influence et ne tient pas compte des autres aspects du thème. C'est à l'astrologue d'exercer son jugement et d'analyser les divers éléments en cause. Cela exige compétence et expérience, et seule la pratique peut venir à bout de cette question. Nous nous sommes contentés de simplifier la tâche en donnant une base d'analyse.

Prenons un exemple afin d'expliquer la marche à suivre. Supposons qu'un thème contienne une conjonction Soleil-Mars et un carré Soleil-Saturne. En nous référant au texte concernant la conjonction Soleil-Mars, nous apprenons que le natif est enclin à imposer sa volonté sans restriction et sans le moindre esprit de conciliation. Il cherche à être reconnu pour ce qu'il est, et non pas pour ses réalisations. Passons maintenant au texte se rapportant au carré Soleil-Saturne, qui nous apprend que le natif est sérieux et parfois même profond. Sa maturité a été précoce et il possède un grand sens de la discipline. Il est prêt à travailler pour atteindre ses objectifs et il accepte les responsabilités qui en découlent. Il réalise ses ambitions car il met tout en œuvre pour cela. Il est reconnu pour ses réalisations et admiré pour son assurance.

En lisant ces deux textes, il semble évident qu'une synthèse s'impose. En supposant que les orbes de ces deux aspects soient équivalents, c'est la conjonction Soleil-Mars qui jouera avec le plus de puissance pendant la jeunesse du natif, lequel se comportera comme s'il n'existait dans son thème que cet aspect-là. Néanmoins le carré Soleil-Saturne est également un aspect puissant et, au fur et à mesure que le natif gagnera en maturité, la hiérarchie planétaire jouera, et l'influence de Saturne se fera de plus en plus forte. Voici la synthèse que nous pouvons en tirer :

« Votre volonté vous aide à atteindre vos buts, car votre expérience vous a appris à vous affirmer tout en obtenant les résultats souhaités. Vous réalisez que l'agressivité n'est pas une arme suffisante pour réussir, ce qui vous incite à planifier soigneusement votre action et ne pas perdre votre temps et votre énergie dans des efforts stériles. Vous ne faites de concessions que lorsque vous réalisez que vous avez tort. Vous ne tenez à être reconnu que lorsque vous êtes sûr d'avoir bien accompli votre tâche. Vous ne craignez pas d'endosser la responsabilité de vos actes, car vous n'entreprenez rien que vous ne puissiez mener à bien. »

Particularités et amas planétaires

Les configurations planétaires comprenant trois planètes ou plus en aspect étroit, revêtent une importance particulière. Les plus remarquables d'entre elles sont le Grand Trigone, la Grande Croix et la Croix en T.

Le Grand Trigone se produit lorsque trois planètes ou plus se trouvent au même degré de signes de même nature (Feu, Terre, Air ou Eau) et qu'elles sont séparées par des angles de 120°. C'est l'indice de vastes ressources créatrices pouvant être exploitées par le natif. Tout aspect étroit formé par une autre planète à l'une des planètes comprises dans le Grand Trigone aura un effet particulièrement stimulant sur la créativité du natif.

La Grande Croix se produit lorsque quatre planètes ou plus se trouvent au même degré de signes de même nature et qu'elles sont séparées par des angles de 90°. C'est l'indice d'une lutte importante de la part du natif pour résister à la dispersion de ses énergies. Il rencontrera un grand nombre d'obstacles dans la poursuite de ses buts. Tout aspect étroit formé par une autre planète à l'une des planètes comprises dans la Grande Croix réduira la tension et facilitera l'application des énergies planétaires. Dans ce cas-là, toute planète aspectant l'une des planètes de l'amas doit être considérée comme les aspectant toutes. Ce cas, extrêmement complexe, exige une analyse approfondie pour parvenir à une synthèse correcte. C'est généralement l'indice d'un caractère plutôt complexe.

La Croix en T équivaut à la Grande Croix, à la différence près qu'il manque l'un des quatre bras de la Croix, de sorte que le dessin ressemble à la lettre T. Cet aspect est l'indice d'un grand dynamisme qui se trouve souvent frustré, à moins que le natif n'adopte les qualités de la partie non fermée de la Croix. Tout aspect étroit formé par une autre planète à l'une des planètes comprises dans la Croix en T allégera la tension et permettra au potentiel dynamique du natif de s'exprimer de façon satisfaisante.

L'amas planétaire, ou cumul, est un groupe de planètes se trouvant dans le même secteur du zodiaque, généralement dans le même signe et formant plusieurs conjonctions. Les planètes ainsi configurées revêtent une importance extrême, car tout aspect émanant d'une planète située ailleurs dans le thème et touchant l'une des planètes de l'amas entraîne toutes les autres. Il arrive que quatre ou cinq planètes occupent le même signe à quelques degrés d'intervalle, ce qui fait qu'une planète se trouvant en début de signe est techniquement « hors d'orbe » par rapport à une planète se trouvant dans les derniers degrés du signe. En revanche, si l'écart entre chaque planètes n'est pas excessif et ne dépasse pas l'orbe « toléré », la planète du début du signe se trouve conjointe à la seconde planète qui elle-même se trouve conjointe avec une autre quelques degrés plus loin, et ainsi de suite, il se produit un effet de « domino » appelé également « transport d'orbe » unissant toutes les planètes entre elles en une configuration massive s'apparentant à la conjonction.

Le carré nous enseigne que les énergies ne doivent pas être utilisées n'importe comment, toute fausse manœuvre conduisant irrémédiablement à des effets négatifs. Il représente une difficulté qui, une fois dominée, fortifie le caractère et le fait progresser dans le sens de la perfection. Les carrés indiquent les grandes épreuves d'une vie, qui doivent être surmontées dans la lutte que nous menons contre notre inconscient. Cet aspect indique les crises importantes que l'âme doit affronter pour pouvoir évoluer et atteindre une plus grande lucidité.

CHAPITRE PREMIER
Les conjonctions

Les conjonctions

La conjonction est l'aspect le plus puissant qui soit. Il relie deux planètes qui se trouvent au même degré du même signe. Cet aspect peut également se produire entre une planète se trouvant dans les derniers degrés d'un signe et un autre se trouvant dans les premiers degrés du signe suivant. Dans ce cas-là, l'effet est légèrement affaibli, car deux planètes dans des signes d'éléments différents s'influencent de manière plus complexe. Cette conjonction est souvent appelée *dissociée*.

La conjonction concentre et condense la nature des planètes en cause. Cet aspect acquiert ainsi l'effet dynamisant de Mars auquel il s'apparente. La conjonction étant l'aspect énergétique le plus fort, les planètes s'expriment facilement. Le natif présente un ensemble de qualités propres aux deux planètes reliées, et a peu de considération pour leur effet sur autrui. Peu conciliant et guère disposé à faire les concessions nécessaires au maintien de l'harmonie, il manifeste une certaine inaptitude à affronter la réalité, ainsi qu'une certaine indifférence aux autres.

La conjonction confère aux énergies planétaires impliquées une force de créativité considérable et apporte un enthousiasme que n'apportent pas les autre types d'aspects. Positif et plein d'allant, le natif possède une réserve d'énergie suffisante pour affronter les obstacles. Il est compétitif, et toute forme de concurrence le stimule. Il fait preuve d'une certaine indulgence envers lui-même. Il est motivé et se montre intrépide lorsque ses désirs se heurtent à des imprévus. Il s'indigne à l'idée que sa liberté puisse être menacée.

Cet aspect révèle chez le natif une tendance à réagir négativement à la critique et à se sentir mal à l'aise quand ses points faibles sont exposés. Le natif est d'autant plus efficace que son énergie est orientée vers des buts pratiques dans lesquels ses talents peuvent s'exercer.

Prenons par exemple une conjonction Soleil-Uranus : le Soleil représente la volonté, le besoin de s'affirmer ainsi que la réalité des forces créatrices. Uranus représente le besoin d'indépendance, l'originalité et le détachement des contingences matérielles. Reliées par une conjonction, ces deux planètes donnent au natif une conscience aiguë de lui-même, peu encline aux considérations terre à terre. La vitalité va de pair avec une recherche d'accomplissement personnel. L'ambition n'exclut pas l'acceptation des responsabilités découlant de la réussite. Le natif devra s'assurer que son ambition n'oblitère pas son bon sens et ne l'amène pas à trahir ceux qui l'ont aidé dans sa marche vers la réussite. Le refus des concessions est le premier pas vers le despotisme.

Soleil conjoint Lune

La conjonction entre le Soleil et la Lune est l'indice d'un caractère paisible, peu affecté par les rapports de forces. Votre personnalité est fondamentalement équilibrée, ce qui ne signifie pas pour autant que votre vie soit dénuée de problèmes mais que vous vous êtes modéré dans vos exigences et vos objectifs. Vous ne vous adaptez aux circonstances que dans la mesure où elles peuvent servir vos intérêts.

Vous vous employez activement à réaliser vos ambitions et vous connaîtrez vraisemblablement le succès. Vous ne perdez guère de temps à des activités inutiles. Les buts que vous vous fixez répondent à vos compétences et vous êtes toujours à la hauteur de la tâche à accomplir.

Vous n'aimez pas que l'on se mêle de vos affaires et n'intervenez guère dans celles des autres. Vous avez dressé une barrière entre vous et autrui et vous pensez être le seul à avoir le droit de lever cet obstacle, ce que vous faites d'ailleurs rarement. En règle générale, toute personne désireuse de vous rencontrer devra faire le premier pas. Vous vous gardez, dans la mesure du possible, de payer de votre personne. Préférant éviter les contacts trop étroits, vous aurez pour ce faire, recours à toute votre ingéniosité pour préserver votre autonomie. Vous pouvez réussir totalement dans vos entreprises même si les autres n'en jugent pas de même, leurs critères de comparaison étant différents des vôtres. Vous réussirez davantage en travaillant seul ou en ayant l'initiative de vos méthodes de travail.

Vous être fait pour un emploi de responsabilité, mais votre aplomb peut vous valoir l'hostilité de vos subordonnés. Vous avez la faculté d'aider les autres à se réaliser mais vous considérez souvent que cela n'en vaut pas la peine.

Malgré votre assurance apparente, vous éprouvez certaines difficultés dans vos relations intimes. Vous préférez maintenir une distance dans vos rapports, tant vous redoutez voir vos sentiments heurtés. Vous savez préserver votre sensibilité qui est votre talon d'Achille. Des moments de détente vous seront bénéfiques et vous apporteront la force psychique nécessaire à votre activité publique. L'agitation et le harcèlement constant de la vie compétitive vous irritent. Faites périodiquement un retour aux sources, peut-être en pratiquant la méditation.

Soleil conjoint Mercure

Votre jugement est extrêmement subjectif. Vous donnez vos opinions avec véhémence et irritez souvent les autres en refusant d'entendre leurs avis ou en négligeant leurs conseils. Egocentrique, votre intérêt se porte généralement sur des sujets vous concernant et les préoccupations des autres vous paraissent bien secondaires. Souvent le premier à entamer une discussion, vous tenez aussi à avoir le dernier mot pour laisser derrière vous une forte impression.

Il vous arrive de prendre des décisions précipitées et même prématurées car vous ne prenez pas toujours la peine de réunir tous les éléments avant de vous faire une opinion. Ceci vous entraîne souvent à vous rétracter par la suite, sans vous justifier pour autant, car vous n'aimez pas reconnaître vos erreurs.

Cependant, vous ne manquez pas d'idées et vous savez les exposer avec habileté. La communication vous est aisée, vous vous exprimez avec intelligence. Seul votre manque d'objectivité est à l'origine de vos difficultés surtout s'il s'agit de rallier les autres à vos projets. Ceux qui vous soutiennent n'ont probablement pas osé vous résister. Particulièrement à même de motiver les personnes réservées, vous serez efficace dans des fonctions réclamant cette capacité. Toute profession en rapport avec le public est susceptible de vous intéresser. Vous vous exprimez avec conviction et aimez donner des ordres qui ne puissent être discutés. Vous serez souvent désapprouvé si vous vous montrez inconséquent. Vous avez gardé quelque chose de juvénile qui va à l'encontre de votre désir de fermeté, notamment face aux personnes plus mûres que vous. Votre audace et votre arrogance les indisposeront.

Créatif et parfois même inspiré, vous pourriez vous montrer nettement plus efficace dans votre rôle de leader si vous preniez le temps de vous informer avant d'agir et si vous vous montriez plus ouvert aux sentiments de l'autre. Efforcez-vous à plus de détachement de vous-même et cultivez peut-être un peu d'humilité. Vous dépensez une énergie nerveuse considérable, et ce désir d'être toujours dans la course vous expose à une certaine fatigue. Parfois, il serait bon de ralentir le rythme et de vous délasser.

Soleil conjoint Vénus

Cet aspect est la marque d'une grande nature amoureuse. Soucieux de séduire à coup sûr et néanmoins avec discrétion, vous êtes capable d'opérer sur vous de subtiles transformations afin de vous attirer des sympathies, sans jamais faire de concessions car vous ne voulez pas passer pour un faible. Avec vos amis vous êtes spontané, car vous ne craignez pas d'être méjugé par ceux qui vous connaissent bien.

Vous tenez particulièrement à être pris pour une personne solide qui offre beaucoup à ceux qui partagent ses valeurs. Vous communiquez facilement avec les autres et les écoutez avec enthousiasme. Vous aimez avoir de la compagnie, vous êtes souvent gai et sociable. Dans l'éventualité de rencontrer quelqu'un d'utile, vous faites en sorte de rester libre de vos mouvements, entrant en contact avec chacun. Vous savez vous mettre en valeur et faire impression, marquant notablement votre présence.

Vous avez tendance à imaginer que l'on vous estime davantage que vous ne le méritez. Vous croyez souvent que votre seule présence suffit à monopoliser l'attention. Pourtant, vous êtes un romantique et parfois vous êtes à la merci d'un geste d'affection. Vous goûtez aux bonnes choses et vous vous rassasiez de la saveur d'une vie raffinée, y prenant un plaisir intense.

Soleil conjoint Mars

Cette conjonction indique un désir de puissance. Vous ne vous sentez pas tenu de faire des concessions, imposant votre loi avec autoritarisme, vous n'impressionnez, en fait, que les personnes influençables. Vous essayez d'en imposer, moins pour vos réalisations que pour vous-même, ce qui vous vaut parfois l'hostilité de ceux qui n'acceptent pas un sentiment de supériorité que rien ne justifie à leurs yeux. Il est difficile de déterminer si c'est votre égocentrisme ou un excès d'énergie qui vous motive. Quoi qu'il en soit, vous réagissez promptement à toute forme de compétition et mettez tout en œuvre pour gagner. Votre intolérance envers le *statu quo* et toute forme d'apathie vous incite à pousser à l'action certains êtres qui n'auraient rien tenté d'eux-mêmes. Votre force physique considérable vous aide à exprimer votre enthousiasme qui est illimité.

Vous êtes un créateur et vous pourriez exceller comme chef d'entreprise. Vos activités comptent moins que la façon dont vous atteignez vos objectifs. Vous ne tolérez pas l'insubordination et réagissez violemment à la critique. Intransigeant envers ceux qui ne partagent pas vos opinions, vous n'hésitez pas à les désapprouver brutalement. Pour vous, toute personne exprimant une opinion différente de la vôtre sape directement votre crédibilité et vous met en cause personnellement.

Votre tempérament vous incite à vous lancer dans des activités où risque et danger sont fréquents. Les sports, les courses, les explorations, l'armée, la chasse et les professions se rapportant aux machines de toutes sortes représentent un bon exutoire pour votre énergie ainsi que, dans un domaine plus intellectuel, la médecine, la chirurgie, les carrières juridiques ou policières.

Vous avez le travers de toujours vouloir satisfaire vos désirs sans tenir compte des autres. Essayez de mieux évaluer la tâche à accomplir ce qui vous évitera d'avoir à la recommencer. Vous ne maîtrisez pas vos énergies à bon escient et gaspillez du temps en entreprises ingrates. Vous auriez intérêt à prendre un conseiller pour vous aider à établir votre stratégie, vous servir de porte parole dans vos litiges et freiner vos impulsions destructrices.

Votre puissante libido pourrait, en cas d'insatisfaction, vous rendre violent. Vous devez faire un effort pour vous adapter à ceux dont les sentiments sont moins intenses que les vôtres.

Votre tendance à réagir impulsivement lorsque vous êtes en colère accroît les risques de blessures accidentelles. Vous perdez énormément d'énergie dans des efforts stériles au lieu de la canaliser utilement. Ce tempérament hyperactif exige un repos suffisant si vous voulez préserver votre santé.

Soleil conjoint Jupiter

Cette conjonction incite à un manque de modération dans les actes. Vous faites preuve d'un enthousiasme illimité dans toutes vos entreprises et n'envisagez jamais l'échec. Votre optimisme exagéré vous empêche d'évaluer vos limites, ce qui pourrait vous causer des déceptions, mais vous avez la faculté de repartir à zéro. Si vous planifiez soigneusement votre action, votre réussite n'en sera que plus assurée. Votre manque d'organisation vous fait errer d'une tentative à l'autre dans l'espoir que les choses s'arrangeront d'elles-mêmes. La chance vient parfois à votre rescousse, alors même que vous n'y comptiez pas.

Bien que vous souhaitiez faire reconnaître vos mérites, ce n'est pas l'ambition qui vous motive ; il vous paraît plus important de saisir au vol les occasions qui se présentent. Vous êtes généreux à l'excès, satisfaisant les demandes de chacun. C'est une des raisons pour lesquelles vous parvenez difficilement à faire des économies. Même en cas de besoin, vous ne pouvez vous empêcher de dépenser.

Vous êtes plutôt tolérant en matière de religion et vous souciez peu des institutions. Vous éprouvez le besoin de vous forger une philosophie pour vous guider dans la vie, et par conséquent, vous êtes avide de lecture. Vous espérez beaucoup de l'avenir et refusez les situations susceptibles d'entraver votre progression. Vous êtes très intuitif, et tous les événements de la vie ont un sens dans votre prise de conscience. Vous êtes animé d'une foi qui se passe de toute idéologie et qui vous soutient dans l'accomplissement de votre destinée.

Votre sensibilité s'allie aux êtres qui partagent vos conceptions enthousiastes de l'existence, rejetant les matérialistes à l'excès. Vous respectez toute vie, qu'elle soit humaine, animale ou végétale et vous aimez ceux qui partagent ce sentiment. Mais, étant très exigeant sur le plan affectif, il ne vous est pas toujours facile de trouver un partenaire qui satisfasse à la fois vos besoins physiques, émotionnels et spirituels.

Vos problèmes de santé viennent de votre manque de modération. Un surmenage prolongé peut, à la longue, entraîner des problèmes de tension. Il vous faut, par conséquent, cultiver une hygiène de vie saine.

Vos centres d'intérêt sont multiples, mais les activités qui vous attirent le plus sont celles qui vous offrent la possibilité d'évoluer, par exemple la médecine, le droit, la pédagogie, la philosophie, les actes philanthropiques, le tourisme. Vous vous lassez rapidement des tâches monotones qui offrent peu de chances d'épanouissement et ne font pas appel à votre imagination. Votre rendement est plus important quand vous pouvez recourir à votre créativité et miser sur votre enthousiasme. Vous êtes bien informé sur la plupart des sujets et vous vous montrez toujours prêt à enrichir vos connaissances.

Soleil conjoint Saturne

Vous êtes sérieux et profondément impressionnable. Chaque expérience est pour vous riche d'enseignement. Plus que quiconque, vous êtes capable de faire face aux responsabilités, mais vous en voudrez parfois aux autres de toujours compter sur vous. Vous aurez souvent l'impression d'avoir à lutter plus durement que d'autres pour maîtriser les problèmes matériels.

Votre maturité a été précoce, vous avez sans doute été élevé plus sévèrement que certains enfants. Vous avez peut-être été frustré par l'un de vos parents dans votre enfance. On ne vous accordait rien facilement et d'ailleurs vous n'attendiez rien des autres. Vous avez été habitué de bonne heure à l'austérité, ce qui vous a probablement servi à acquérir un esprit autonome. Si vous avez réussi, c'est parce que vous êtes arrivé à mobiliser vos ressources personnelles.

Vous vous abstenez généralement d'émettre des opinions sans raison. Bien que vous ne soyez nullement pressé d'affirmer votre volonté, lorsque vous décidez de le faire, vous tenez à ce que l'on vous écoute. Vous n'avez pas l'habitude de tenir des propos futiles et n'aimez que les sujets de conversation sérieux.

Veillez à ne pas vous apitoyer sur vous-même si la route vous paraît laborieuse et pénible, votre succès sera certain car vous y aurez tout investi. Vous vous accrochez obstinément à vos acquis, et considérant que vous avez beaucoup travaillé pour obtenir certains avantages, vous n'avez pas la générosité facile. Votre réussite tient à votre aptitude à stabiliser vos ressources et à les exploiter pleinement. Vos talents peuvent s'exercer dans une multitude de domaines tels que la gestion industrielle, l'enseignement, la politique, la recherche scientifique, les mathématiques et le droit. Ces professions étant très accaparantes, il faut, pour y réussir, posséder le sens de la discipline et de la responsabilité.

La dignité est une valeur essentielle pour vous. Votre conjoint doit partager votre volonté de transcender les circonstances passées ou présentes et être capable d'accepter des restrictions momentanées en vue d'une réussite future.

Votre problème majeur est de mal supporter les retards et d'en concevoir une certaine amertume. Vos problèmes de santé pourraient se localiser dans le tube digestif par des ulcérations à moins que vous ne parveniez à redresser la barre et être résolument optimiste. Efforcez-vous de vous fixer des objectifs réalisables à court terme. Vous devriez sortir de temps en temps de votre routine et vous laisser aller à profiter de la vie. Ces moments de loisir vous permettront de reprendre le collier avec un enthousiasme et une énergie renouvelés. Ne vous écoutez surtout pas car vous perdriez vite votre dynamisme.

Soleil conjoint Uranus

Vous avez une conscience aiguë de vous-même. Vous agissez librement et vous vous exprimez d'une façon très personnelle, sans vous soucier de ce que certains vous prennent pour un original. Très volontaire, vous ne tolérez pas que l'on vous contraigne de quelque façon. Vous revendiquez vigoureusement le droit d'être vous-même et de parler franchement. Lorsque l'on entrave votre liberté, vous vous battez pour la reconquérir. Vous n'aimez pas beaucoup les traditions et les contraintes sociales qui en découlent. Votre attitude laxiste pourrait constituer une entrave à votre réussite, car même ceux à qui vous en imposez risquent de mal interpréter votre comportement et vous taxer d'instabilité.

Votre arrogance s'est manifestée de bonne heure tout comme votre sens de l'individualité. Vous êtes toujours aussi difficile à discipliner adulte qu'enfant. D'un tempérament trop impatient pour supporter les limitations imposées par vos aînés, votre maturité a été précoce, ce qui vous a valu la malveillance ou l'admiration de certains.

Comme vous êtes très épris de liberté, il vous faut une profession qui vous permette de vous acquitter de vos tâches comme vous l'entendez. Vos possibilités professionnelles sont pratiquement illimitées. La politique, la science, l'enseignement, ainsi que les branches techniques de l'industrie sont des domaines dans lesquels vous pourrez exercer votre créativité.

Ces professions pourraient bénéficier de votre intuition, de votre prudence et le fait que vous soyez tourné vers le progrès est un atout capital. Le passé n'est pour vous qu'une leçon servant à l'évolution.

Vous vous plaisez avec ceux qui partagent votre enthousiasme et vos espérances d'avenir. Cependant, votre tendance à vivre en « roue libre » a besoin d'être équilibrée par la présence d'un partenaire plus matérialiste. Sinon vous risqueriez de perdre le contact avec la réalité et de négliger les relations humaines nécessaires à votre épanouissement.

Soleil conjoint Neptune

Doutant de vous et de vos capacités, vous éprouvez certaines difficultés à vous exprimer avec assurance. Pourtant, il vous arrive parfois de vous exprimer en pleine possession de vos moyens, mais vous le regrettez après coup. Votre vision non réaliste du monde vous permet d'en éviter les désagréments et les responsabilités. Vous vous efforcez de modeler la réalité à votre image, renforçant ainsi votre isolement.

Lorsque vous vous concentrez sur des sujets artistiques, poétiques ou musicaux, vous êtes extrêmement créatif et inspiré. L'élément mystique qui vous caractérise fait ressortir votre expression artistique de la moyenne. Vous possédez des dons particuliers, mais une formation est nécessaire afin que vous puissiez les utiliser de façon efficace et qu'ils soient reconnus.

Vous devriez choisir une profession qui met en œuvre vos dons. Un emploi à horaire strict ne vous convient que si vous pouvez donner libre cours à vos talents et à votre inspiration. Les activités collectives liées aux arts vous permettraient de vous réaliser pleinement. Vous pouvez également trouver des satisfactions dans l'artisanat, l'essentiel étant de pouvoir exercer vos talents tout en manifestant votre sens de la solidarité. Les professions liées à l'enseignement, à la médecine ainsi qu'aux activités religieuses et sociales tournées vers le bien public, vous profiteront autant qu'à ceux que vous aiderez.

Il est important que vous essayiez d'affronter les réalités de l'existence qui ont trop souvent un effet démoralisant sur votre nature sensible. Demandez conseil à quelqu'un qui soit en mesure d'évaluer honnêtement les obligations auxquelles vous avez à faire face dans votre métier. Soyez réaliste dans vos désirs, sous peine de risquer une déception.

Soleil conjoint Pluton

Vous êtes un extrémiste. Vos sympathies et vos antipathies sont fortes, la modération n'étant guère votre fait. Vous avez un ego puissant que vous imposez chaque fois que vous le pouvez. Parfois courageux, vous êtes, à d'autres moments, étonnamment dénué de bon sens. Poussé par le désir de vous hisser à un poste de dirigeant, vous pourriez faire pression sur ceux qui se trouveraient sur votre chemin. Vous vous lancez dans la bagarre sans aucune précaution, même si cela entraîne une perte financière, pour le simple plaisir d'éprouver votre pouvoir.

De par votre sensibilité particulière aux conditions de vie, vous êtes capable de gros efforts pour améliorer votre environnement au profit de tous. Vous êtes admirable lorsque vous défendez les faibles et que vous vous efforcez de redresser certaines injustices. Vous rejetez les attitudes molles qui sont pour vous la cause de conditions de vie intolérables.

Vos désirs charnels sont puissants et vous êtes capable de réagir violemment si vos avances sont repoussées. Vous êtes, semble-t-il, un chasseur ou un prédateur constamment à la recherche d'une proie. Votre nature est telle que seule la capitulation de l'autre vous donne satisfaction. Votre magnétisme est réel. Cependant, même ceux qui sont sous votre charme risquent de réagir violemment à ce jeu.

Evitez de dépasser vos limites physiques. Si vous employez votre énergie dans un esprit constructif, la réussite vous est assurée.

Soleil conjoint Ascendant

Vous avez un grand besoin de vous imposer et vous possédez suffisamment d'imagination pour trouver le moyen d'attirer l'attention sur vous. Il vous arrive d'être tellement content de vous-même que vous ne voyez pas que les autres peuvent, eux aussi, y accorder de l'importance. En général vous ne faites pas de concessions, de peur d'avoir à vous soumettre à une quelconque autorité. Quoi qu'il en soit, vous êtes convaincu de pouvoir sortir vainqueur des circonstances adverses. Vous êtes capable de mobiliser vos innombrables ressources devant n'importe quel adversaire. Vous l'emportez d'ailleurs souvent, mais lorsque la lutte est serrée et l'issue incertaine, vous recourez parfois à la force pour ne pas céder sans vous battre.

Vous savez vous faire des amis et influencer les autres, ce dont vous usez efficacement. Malgré cela, tout le monde n'est pas sous votre charme, et cela vous ennuie quelque peu. Pour que votre métier vous convienne vraiment, il vous faut un poste d'autorité.

Lune conjointe Mercure

Vous êtes compatissant et compréhensif. Votre émotivité étant forte, vous êtes très démonstratif avec vos proches. Vous avez une imagination et un savoir-faire suffisants pour pouvoir exprimer votre affection de mille manières. Vous savez profiter de la compagnie des autres et communiquer avec eux. Vous acceptez tout ce qui vous arrive, comme l'occasion d'augmenter votre valeur personnelle.

Vous apprenez davantage par l'expérience que par l'étude, bien que votre capacité d'assimilation soit très grande. Il est probable que vous ayez ressenti de bonne heure l'envie d'apprendre ; grâce à cela, vous ne vous ennuyez jamais. Vous adaptant facilement aux changements, vous accueillez favorablement toute occasion d'évolution.

Il vous est difficile de ne pas mélanger sentiments et intelligence. Il arrive que vos émotions influencent vos jugements et, à l'inverse, que votre intelligence s'immisce dans vos réactions émotionnelles. Vous ne tenez ni à être considéré comme un intellectuel dénué de sensibilité, ni comme un émotif incapable de raisonnement. Vous êtes sensible à la critique et il vous arrive d'interpréter, de façon exagérée, les réactions d'autrui à votre égard.

De par votre nature amicale et ouverte, il vous est facile de travailler avec les autres, même en situation de rivalité. Il est rare que vous vous sentiez menacé, car vous êtes sûr de vos connaissances. Vous ne relevez le défi que lorsque vous êtes certain de l'emporter. Les autres se sentent à l'aise avec vous et il leur arrive de vous confier leurs secrets les plus intimes car vous savez les écouter et gagner leur confiance. Avec cette combinaison planétaire, vous devez cependant faire attention à ne pas trahir cette confiance de manière fortuite.

Vous êtes un bon parent et vous accordez à vos enfants les avantages dont vous avez vous-même bénéficié dans votre enfance. Les jeunes se sentent à l'aise avec vous, car vous êtes capable de vous identifier à eux. Les enfants qui vous entourent se sentiront plus proches de vous que de leurs propres parents car ils peuvent vous parler librement.

Lune conjointe Vénus

Cet aspect rend vos relations avec les autres faciles et simples. Vous n'attendez pas nécessairement que les autres fassent le premier pas, car vous savez que cela est difficile à certains. Lorsque vous rencontrez quelqu'un, vous êtes prêt à faire des efforts d'adaptation si vous sentez que cette attitude peut dissiper d'éventuelles tensions. Votre sensibilité est grande, et vous vous sentez blessé si l'on vous traite durement. Vous répondez à la tendresse et détestez la rudesse. Vous aimez les contacts humains et vous efforcez de maintenir des relations agréables avec les personnes auxquelles vous avez affaire. Dans la plupart des cas, vous constaterez que cette attitude est fort appréciée.

Votre enfance a probablement été agréable, ce qui vous donne envie de fonder un foyer et une famille. Vous connaissez la valeur de l'argent et la façon de le gérer pour vous garantir un minimum de sécurité. Vous aimez que votre intérieur soit confortable et raffiné, vous appréciez la cuisine soignée et la compagnie d'invités agréables. Vous vous montrez chaleureux envers vos amis et courtois envers tout le monde, quelle que soit leur disposition à votre égard. Il est vrai que votre tact et votre diplomatie vous servent, mais ces qualités vous sont naturelles.

Veillez à ne pas être trop « gentil », vos motivations pourraient paraître suspectes, car vous avez parfois tendance à « en faire trop ». Restez courtois mais ne soyez pas trop plein de sollicitude. Les gens se sentiront plus à l'aise si vous les laissez venir à vous.

Vous pouvez réussir dans tous les métiers de relations publiques. Vous savez gagner la confiance des autres, manifestant un intérêt sincère à leurs affaires et mettant tout en œuvre pour les aider à résoudre leurs problèmes. Vous faites preuve de générosité dans vos efforts pour aider ceux qui ont moins de chance que vous.

Votre vie affective est agréable, l'amour et les sentiments tenant une grande place dans votre vie. Cependant, il se peut que vos liens familiaux créent des problèmes. Vous avez tendance à vous engager avant d'être prêt à faire de votre conjoint le partenaire unique. Vous semblez plus préoccupé par la satisfaction de vos désirs que par le cours même de la vie conjugale. Cependant, vous devriez parvenir sans trop de mal à trouver le moyen terme entre la satisfaction égoïste et le partage.

Lune conjointe Mars

Vos sentiments sont puissants mais instables, vous êtes extrêmement sensible à l'opinion et au comportement des autres. Votre imagination vous pousse à voir toutes sortes d'affronts dont vous vous défendez sans raison et brutalement.

Dans votre égocentrisme, il vous arrive d'être désagréable avec ceux qui s'efforcent de composer avec vous ; à la longue, ils vous éviteront. Lorsque vous vous sentez agressé, vos répliques sont cinglantes. Vous souhaitez désespérément nouer des liens intimes avec les autres, mais une fois proche d'eux, vous êtes en porte-à-faux. Il se peut que dans votre enfance, vos parents vous aient souvent reproché à tort de mal vous comporter.

Cette combinaison planétaire ne dispose pas à des professions spécifiques. En revanche, elle indique des difficultés de relation avec vos collaborateurs, quelle que soit votre activité. Mauvais perdant, il vous arrive même d'insinuer que votre adversaire abuse de ses privilèges. Vous êtes tellement susceptible, que la moindre critique suffit à déclencher une réplique cinglante. Vous êtes capable des mots les plus virulents, pour vous étonner par la suite des réactions des personnes que vous avez mises en cause.

Il y a contradiction entre votre hyper-susceptibilité et votre indifférence à la sensibilité des autres. Si vous voulez réussir dans des activités qui exigent un contact étroit avec le public ou avec des collaborateurs, il vous faudra résoudre ce problème. Vous vous affirmez de façon excessive à seule fin de satisfaire vos besoins émotionnels. Lorsque vous vous sentez rejeté, vous êtes capable de méchanceté et de rancœur. Vous avez toutes sortes d'amis, mais vous ignorez leurs besoins et votre jalousie fausse votre jugement. Vous vous plaignez amèrement d'être « lâché » par vos amis, mais vous attendez d'eux qu'ils fassent des concessions, sans voir l'utilité de leur rendre la pareille.

Vous devez accomplir un grand travail sur vous-même avant de trouver la sérénité. Evitez tout jugement hâtif, attendez d'avoir tous les faits en main. Efforcez-vous de vous mettre à la place des autres et imaginez ce qu'ils peuvent ressentir lorsque vous les traitez avec dureté. Si vous êtes honnête avec vous-même, vous reconnaîtrez que votre comportement est souvent immature et injuste et que les mésententes vous incombent. Tâchez de comprendre qu'on ne cherche pas forcément toujours à vous nuire, c'est votre imagination qui vous joue souvent des tours.

Lune conjointe Jupiter

Vous êtes très sensible à votre entourage que vous essayez de comprendre le mieux possible. Vos réactions aux stimulations extérieures sont en grande partie d'ordre émotionnel. Vous savez pouvoir agir efficacement au niveau social grâce à votre réelle intelligence des problèmes. Votre intérêt pour les autres est sincère et vous aimez avoir l'occasion de leur prouver votre attachement. Toujours disponible lorsqu'il y a un travail important à accomplir, vous donnez ainsi la preuve de votre nature généreuse. Vous trouvez des moyens ingénieux pour aider ceux qui sont incapables de prendre soin d'eux-mêmes, et n'hésitez pas à solliciter le soutien d'organismes politiques ou religieux. Vous êtes hospitalier envers les sans-ressources et, bien que vous ne cherchiez pas à vous afficher, vos efforts seront néanmoins reconnus.

Vous avez été habitué de bonne heure à donner plus qu'à recevoir ; votre générosité sincère vous fait apprécier et admirer de tous ceux qui vous approchent. Vous encouragez vos enfants à se dévouer sans compter. Votre foi est assez forte pour déplacer des montagnes et elle ne faiblit jamais, même devant des situations désespérées. Vous êtes totalement convaincu qu'il est toujours possible d'éveiller la conscience des autres, vous considérez même que c'est un devoir moral.

Votre nature active est à son aise dans l'organisation de l'édifice social, les relations publiques, la défense des droits sociaux et des économiquement faibles, ou bien dans l'organisation d'orphelinats, de centres de réinsertion professionnelle pour anciens détenus et drogués. Vous pourriez être amené à voyager pour le compte de l'Unicef ou toute autre organisation du même genre. La médecine, le droit, ou les métiers ecclésiastiques sont des domaines dans lesquels vous pourrez exprimer votre altruisme. Votre force spirituelle vous donne le courage nécessaire pour réussir là même où les chances semblent être contre vous.

Les membres de votre famille ou vos associés vous tiennent en grande estime, ainsi que vos amis et tous ceux qui bénéficient de vos services. Vous laisserez un bel héritage à ceux qui seront appelés à poursuivre votre tâche.

Il faut vous accorder le repos et la détente qui vous sont nécessaires. Le surmenage vous guette, à moins que vous ne fassiez preuve de modération dans vos activités et ne parveniez à vous décharger d'une partie de vos responsabilités.

Lune conjointe Saturne

Emotionnellement, vous êtes sur la défensive. Prudent et réservé, vous avez une certaine appréhension devant les expériences nouvelles. Il se peut que vos parents ou vos éducateurs vous aient imposé une discipline telle, que vous ayez souvent eu l'impression qu'ils ne vous aimaient pas. Votre sensibilité extrême vous porte à exagérer les aspects négatifs de l'existence. Peut-être avez-vous connu des expériences traumatisantes étant enfant, celui de vos parent ayant exercé son autorité vous ayant profondément marqué. Votre éducation ne vous a pas appris à faire face avec sérénité aux tracas quotidiens dont vous avez appris à attendre le pire.

Il se peut que le sentiment de culpabilité que l'on vous a inculqué soit à la base des difficultés que vous éprouvez à nouer des liens affectifs étroits ; il vous arrive souvent d'échouer lorsque vous vous y employez. Evitez néanmoins de penser que le bonheur vous échappera toujours. Prenez conscience de votre valeur et allez vers les autres avec plus d'optimisme.

Il est probable que vous réussissiez sur le plan professionnel, car vous concentrez vos efforts dans les domaines où les sentiments ne jouent pas. Grâce à cette capacité de vous couper de vos émotions, vous pourrez réussir en affaires. Vous êtes fondamentalement honnête dans vos transactions (parfois même trop), et vous attendez des autres la même attitude. L'organisation est votre point fort et vous devriez exceller dans ce domaine. Vous exigez de vos subordonnés une extrême compétence, leur donnant l'exemple par votre propre efficacité. Vous n'hésitez pas à licencier quiconque ne se trouve pas à la hauteur de sa tâche.

Vous pourriez utiliser vos compétences en travaillant pour un juge, un avocat, un médecin, un industriel, un pédagogue ou un politicien. Vous sauriez gagner leur confiance et les conseiller efficacement, servant leurs intérêts au mieux. Vous pouvez fort bien exercer vous-même l'une de ces professions. Votre objectivité vous permettrait de donner des avis impartiaux dans l'intérêt de vos clients.

Vous ne trouverez d'épanouissement affectif qu'au contact d'individus mûrs et sérieux. Il ne vous sera possible d'avoir une relation durable que si votre conjoint vous considère comme un associé, que ce soit socialement, intellectuellement ou professionnellement. Il est essentiel que vous partagiez votre vie avec quelqu'un, à condition que l'échange soit complet. Le respect mutuel devra être une notion primordiale.

Il se peut que vous souffriez du dos, ce qui à l'occasion pourrait vous immobiliser. Les organes génitaux pourront également vous poser des problèmes à certains moments de votre existence. Quoi qu'il en soit, il est important que vous preniez la vie du bon côté. Certaines expériences négatives, pénibles sur le moment, permettent de tirer des enseignements et de devenir plus optimiste.

Lune conjointe Uranus

Cette conjonction vous rend très attirant. Vous êtes particulièrement démonstratif lorsque vous êtes séduit. Vous préférez avoir peu de secrets que de vivre dans l'anxiété, seul avec ce qui vous tourmente. Bien que vous vous laissiez aller à des états d'âme, vous vous efforcez toujours de les analyser avec réalisme, étant persuadé que c'est le meilleur moyen de clarifier la situation.

Votre tolérance et votre compréhension vous valent l'appréciation de vos amis. Vous prenez rarement parti dans un litige ; chacun des adversaires vous paraissant toujours avoir partiellement raison, vous savez qu'il existe entre eux un terrain d'entente. Votre honnêteté fondamentale est ce que l'on admire le plus en vous.

Vous manifestez tant d'espoir et d'optimisme que les autres se sentent bien en votre présence, même s'ils ont des difficultés personnelles. Cependant, vous réglez moins facilement vos propres problèmes pour lesquels vous êtes tendu et irritable.

Une grande variété d'individus traverse votre vie affective, vous réservant le meilleur et le pire. En fait, il vous plaît de nouer des liens avec des êtres « impossibles », car les personnalités « fades » ne vous intéressent guère. Bien qu'il vous arrive de jouer les entremetteurs vous vous retrouvez souvent seul. Lorsque vous tombez amoureux, c'est pour de bon, et si ce n'est pas réciproque, vous vous sentez anéanti.

Votre singularité de caractère supporte mal les contraintes. Vous revendiquez le droit d'organiser votre vie comme bon vous semble, sur un mode qui ne ressemble guère à celui de vos parents. Vous partez du principe que vos succès et vos échecs ne regardent que vous et refusez de vous laisser influencer.

Lune conjointe Neptune

Vous êtes d'un tempérament imaginatif, émotif et sensible, avec une tendance à la rêverie. Vos capacités psychiques vous permettent de capter des stimuli extérieurs que d'autres ne perçoivent pas. Vous offrez votre aide à quiconque semble en avoir besoin. Cela vous vaudra parfois des reproches de la part de personnes dont vous n'aurez pas résolu les problèmes. Les déceptions seront fréquentes dans votre vie car vous partagerez souvent les souffrances des autres mais rarement leurs joies.

Dans vos activités professionnelles, seuls les défis vous stimulent. Evitez toute occupation répétitive, monotone et fastidieuse, vous vous évaderiez par le rêve et pourriez vous faire licencier pour paresse, incompétence ou indifférence, ce qui serait exact en l'occurrence. Vous devez trouver votre accomplissement dans des activités tournées vers le public, par exemple les organismes d'assistance sociale, les crèches, les centres pour handicapés. Le contact étroit avec ceux qui attendent beaucoup de vous, catalysera votre énergie, vous rendra prodigue et enthousiaste.

Vous êtes plutôt romantique et peu d'êtres correspondent à vos aspirations. Vous avez tendance à fuir la réalité. Vous jugez les autres en fonction de vos projections, et vous êtes stupéfait lorsqu'ils dévoilent leur vraie nature. Apprenez à les accepter pour ce qu'ils sont et ne leur prêtez pas des qualités imaginaires. Certains apprécieront votre attitude compréhensive des « hauts » et des « bas » de leur existence. Votre imagination s'épanouit dans les activités artistiques telles que le dessin, la peinture, la musique ou la poésie. Vous pouvez aider les autres en mettant de la joie dans leur vie, en partageant avec eux vos instants d'évasion poétique.

Lune conjointe Pluton

Vous avez la faculté d'aimer avec intensité et ténacité. Plutôt que de perdre votre temps en relations sans intérêt, vous préférez guetter l'être qui répondra enfin à votre affection, et attendre l'oiseau rare sans vous laisser aller à des amourettes. Vous êtes extrêmement possessif et exigeant, et si l'être aimé vous repousse, vous devenez dur et vindicatif. Vous seriez facilement un tyran domestique, et par conséquent très difficile à vivre. A moins d'être vigilant et attentif, vous vous mettrez à dos ceux que vous aimez, devenant ainsi l'artisan de votre propre isolement.

La sexualité tenant une place importante dans votre vie, vos relations seront souvent motivées par vos désirs. Mais même lorsque la relation physique est tout à fait satisfaisante, vous vous sentez frustré si le cœur et l'âme ne sont pas également concernés. Ces exigences vous amènent à constamment réévaluer vos partenaires et vous-même. Il se peut qu'avec le temps votre personnalité subisse de profonds changements, et certains amis de longue date auront du mal à vous reconnaître.

Cette configuration astrale est puissante ; d'un tempérament idéaliste, vous recherchez la perfection. Vous préférez la solitude plutôt que de vous contenter d'un partenaire médiocre, tout en regrettant cette intransigeance qui vous pèse parfois. Même en amitié vous êtes sélectif, car les rapports superficiels vous hérissent.

Dans cette configuration, la Lune représente les émotions, l'amour et les humeurs, tandis que Pluton symbolise la capacité de métamorphose. La conjonction de ces deux astres vous pousse à aimer le changement dans vos amours et vos attachements. Vous pourrez avoir vécu la moitié de votre vie avant de réaliser qu'un amour passé était le seul qui ait compté pour vous. Cette prise de conscience venant en général trop tard.

Votre vulnérabilité sentimentale incite les autres à profiter de vous, provoquant ainsi votre attitude défensive. Mais votre vitalité vous porte également à profiter des autres, et avec le temps vous saurez évaluer ces expériences à leur juste valeur. Cette configuration peut sembler difficile à vivre, mais elle peut en revanche vous ouvrir à l'amour véritable. Si vous rencontrez enfin l'être aimé, vous éprouverez une profonde satisfaction affective qui sera à l'origine de votre évolution spirituelle.

Lune conjointe Ascendant

Votre caractère est d'une grande complexité. Vous désirez des contacts étroits avec les autres, mais vous vous montrez distant par peur de leur devoir quelque chose. Cette appréhension vous amène à renoncer à des amitiés agréables plutôt que de prendre le risque de vous engager vers une intimité plus poussée. Vous êtes plein de contradictions : d'une part, vous êtes très exigeant et ne supportez pas qu'on le soit envers vous ; d'autre part, vous attendez que l'on vienne vers vous, pour alors vous éloigner. Vous ne vous engagez dans une relation intime qu'avec l'assurance de la réciprocité des sentiments. Bien que vous soyez très imaginatif, vous réagissez souvent de façon négative et critique envers les gens qui vous attirent. Vous êtes tellement émotif qu'il vous est pratiquement impossible de juger sainement des démarches des autres à votre égard. Sous des dehors d'indépendance, vous éprouvez au fond de vous le désir de partager une vie calme avec un être dont l'attachement vous serait acquis. Cela ne vous sera possible que lorsque vous aurez appris à lâcher prise et à aller vers les autres.

Mercure conjoint Vénus

Cet aspect vous confère des manières affables et un certain charme. Vous vous entendez avec la plupart des gens, car vous savez faire des concessions et entretenir l'harmonie. Cela ne signifie pas pour autant que vous cédiez lorsque vous désapprouvez l'autre. Vous jugez généralement les situations équitablement et n'offensez personne sans de sérieuses raisons. Vous donnez vos opinions habilement, sans heurter quiconque, et vous êtes suffisamment documenté pour étayer vos arguments. N'étant ni hostile ni agressif, en cas de conflit, vous préférez accorder le bénéfice du doute. Votre nature raffinée vous incite à donner à vos adversaires une chance de convaincre avant que vous ne passiez à l'action.

Votre personnalité amène et conciliante vous avantage dans la plupart des professions, avec toutefois certaines difficultés à affronter les duretés de la compétition ouverte. Cet élément sera à prendre en considération dans votre choix. Il est préférable que vous travailliez seul ou en petit comité, de façon à éviter ces problèmes.

Vous seriez un excellent orateur ou un très bon comédien. L'écriture vous est également accessible, car vous savez vous exprimer avec aisance. Votre style, plein de poésie et de fraîcheur, attire une vaste audience soucieuse de se distraire et de s'instruire. Vous êtes à l'aise dans des sujets qui ne sont ni trop denses ni trop pesants.

Vous améliorez ingénieusement vos finances. Vous savez exploiter adroitement vos talents et rentabiliser vos idées. Vos associés vous soutiennent dans vos démarches car votre bon sens les rassure. Vous savez les convaincre de la solidité de vos projets, obtenant ainsi la collaboration dont vous avez besoin. Cela dit, vous n'attendez pas qu'ils prennent des risques que vous ne prendriez pas vous-même. Vous prenez un tel soin à l'élaboration de vos plans, que la part de risque est minime. Vous avez tendance à éviter les projets compliqués qui exigent de trop longs efforts avant de prendre forme.

Mercure conjoint Mars

Votre esprit est rapide, curieux et dépourvu de tout dogmatisme. Vous faites preuve d'une grande imagination créatrice et savez exploiter vos idées énergiquement, mais vous n'avez pas la patience de vous concentrer longtemps sur le même sujet. Quelle que soit la position que vous adoptiez, vous êtes sûr de vos opinions et tenez beaucoup à les exprimer. Vous aimez la controverse, et si l'on vous provoque, le débat ne vous fait pas peur. Cependant, à moins que d'autres éléments de votre thème n'indiquent le contraire, vous prenez rarement la peine de fournir les arguments nécessaires à la discussion. Etant toujours persuadé d'avoir raison, vos jugements sont généralement hâtifs. Il ne vous est pas facile de reconnaître vos erreurs, ce que vous ferez pourtant si vous le jugez opportun. Vous avez tendance à interrompre le cours des conversations et à exaspérer vos interlocuteurs en donnant votre avis sans que l'on vous le demande. Il n'y a pas grand chose qui échappe à votre vigilance, il se pourrait que l'on vous appelle « Je-sais-tout ».

Votre vivacité, vos idées créatrices et l'agressivité de votre tempérament vous donnent accès à de nombreuses professions qui vous permettront de vous exprimer librement : l'enseignement, les relations publiques, l'art lyrique, le théâtre ou l'écriture. Ces métiers vous offriront un champ d'action illimité pour exercer vos talents. Vous déployez une énergie farouche à la réalisation de vos objectifs, voulant imposer votre rythme de travail. Peu de gens vous suivent et il vous arrive alors de leur faire des observations d'une franchise brutale, si vous avez l'impression qu'ils « lambinent ». Il se peut que vous ayez tort, mais personne ne parviendra à vous en convaincre.

Sur le plan affectif, vous n'aimez pas vous sentir rejeté, mais vous ne vous laissez pas abattre. En fait, vous êtes toujours assuré de trouver quelqu'un d'autre, et votre esprit, tourné vers l'avenir, ne vous a pas habitué à vous appesantir sur le passé. Cette attitude vous conduit à refaire les mêmes erreurs, car vous ne prenez pas de recul par rapport à vos expériences pour en tirer profit. Vous vous justifiez en prétendant que vous êtes trop occupé pour perdre votre temps sur des sujets sans importance. Il serait pourtant sage d'analyser ce comportement, ce qui pourrait révéler les entraves à votre évolution.

Efforcez-vous de ralentir votre rythme. Votre esprit a tendance à s'emballer, ce qui se répercute sur votre système nerveux. Vous êtes plein de vivacité, mais votre constitution physique demande des ménagements.

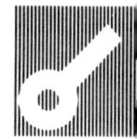

Mercure conjoint Jupiter

Votre capacité de raisonnement est excellente et vous avez la faculté de rester enthousiaste pour ce qui vous intéresse. Vous êtes avide de connaissances, et votre cerveau est une véritable encyclopédie. La communication est votre réel atout ; vous savez être persuasif dans la formulation de vos opinions. Votre jugement infaillible vous rend sûr de vous et de vos connaissances. Vous développez vos idées avec adresse et ingéniosité et vous exploitez vos ressources avec beaucoup d'intuition.

Dans votre enfance, vous étiez curieux de tout et exigiez des réponses précises. Cette curiosité vous caractérise, elle persistera toute votre vie ; chaque réponse vous ouvre des horizons illimités et suscite de nouvelles questions. Votre vie se résume en un processus incessant d'acquisition de connaissances, et vous avez suffisamment de souplesse pour réviser vos façons de voir lorsqu'il s'en présente de nouvelles. Malgré votre intérêt pour les enseignements du passé, c'est vers l'avenir que s'oriente votre esprit. Vos immenses capacités intellectuelles peuvent trouver leur application dans les domaines de l'enseignement, la philosophie, l'histoire (ancienne et contemporaine), les relations publiques, l'écriture (journalistique et littéraire) et le tourisme. Il se peut même que vous soyez considéré comme un spécialiste dans votre domaine et respecté pour votre apport à la société.

Vous avez du mal à vous focaliser sur un sujet précis sans vous laisser distraire par les autres ; mais si vous vous disciplinez suffisamment, vous parviendrez à garder des centres d'intérêt variés, tout en sachant vous concentrer lorsque vous le jugerez utile. Grâce à ces capacités exceptionnelles, vous découvrirez vos qualités latentes.

Dans un débat, votre immense érudition fait de vous un adversaire redoutable. Votre seul problème est de choisir votre voie et de définir vos objectifs.

Une maladie nerveuse pourrait vous contraindre à laisser momentanément de côté vos ambitions, le temps de récupérer. Le repos vous est indispensable, c'est un point sur lequel il faut insister.

Mercure conjoint Saturne

Votre éducation vous a rendu responsable, sérieux et pondéré. Vous trouvez une solution logique à vos problèmes et perdez peu de temps à des sujets superficiels. Vous êtes une mine d'informations et extrayez l'essence de toute expérience. Vous savez écouter, et vous donnez prudemment vos opinions. Vous préférez vous fixer des buts que vous pouvez atteindre, plutôt que de vous perdre dans des rêves stériles. Vous êtes parfois pessimiste, et pouvez vous laisser déprimer par des revers.

Professionnellement, vous pourriez être attiré par les mathématiques, l'architecture, l'enseignement, la politique, l'armée ou la carrière d'ingénieur. En réalité, il y a beaucoup de domaines dans lesquels vous pourriez réussir. S'il ne met pas en œuvre vos talents, vous perdrez votre intérêt pour votre travail, si vous savez vos efforts reconnus, vous êtes capable de lui apporter une énorme contribution. D'une nature solitaire, vous travaillerez mieux seul et ne serez pas irrité par les distractions provoquées par vos associés. Votre employeur s'y retrouvera toujours financièrement, car vous êtes honnête et remplissez scrupuleusement votre partie du contrat. Vous n'espérez pas être payé à ne rien faire.

Bien que vous ayez des capacités intellectuelles indéniables et que vous soyez ambitieux, vos mérites pourront être amoindris ou masqués par des concurrents jaloux. Faites particulièrement attention à ce que vos collaborateurs ne vous chipent pas vos idées ; vous voulez tellement montrer comment les choses doivent être faites, que vous donnez des informations que vous devriez garder pour vous. Que cela ne vous empêche pas de faire connaître vos idées quand elles sont bonnes, éventuellement par quelqu'un en qui vous avez confiance.

Votre indifférence apparente peut donner à penser que les autres ne vous intéressent pas, en réalité, vous êtes plongé dans vos pensées et pouvez même être distrait. Dans des groupes, vous êtes si lointain que l'on oublie votre présence, vous aussi.

Vous avez besoin d'un confident de toute confiance. Vous aimez les êtres mûrs, sincères, honnêtes et responsables. Vous respectez la tradition et l'habitude qui sont pour vous un gage de sécurité. Vos croyances sont probablement celles de vos parents. Vous refusez tout changement qui n'ait déjà fait ses preuves.

Débrayez souvent, prenez de nombreuses petites vacances. Voyez le côté positif des choses et riez de vos erreurs. Evitez de vous obnubiler sur les échéances. Les études supérieures sont pour vous d'une importance capitale ; c'est grâce à vos connaissances que vous apporterez une contribution réelle à la société. Le monde a besoin du potentiel créatif d'individus tels que vous.

Mercure conjoint Uranus

Votre esprit est brillant, cohérent, curieux et intuitif et vous faites montre d'un grand courage intellectuel. Vous êtes toujours très ouvert et souvent fasciné par ce qui sort de l'ordinaire. Vous cherchez activement des réponses aux questions qui se posent, car vous ne supportez pas les ténèbres de l'ignorance.

Enfant, vous vous montriez curieux de connaître le mécanisme de vos jouets ; vos parents n'avaient aucun mal à vous occuper. Votre sens créatif s'est développé de bonne heure et il vous est arrivé de faire des découvertes captivantes.

La vérité vous importe avant tout. La recherche scientifique, la philosophie, la psychologie et les sciences du comportement humain sont les domaines dans lesquels vous pouvez réussir. Vos capacités d'invention pourraient être heureusement employées dans la recherche et le développement industriels.

Le partenaire que vous choisirez devra avoir un caractère similaire au vôtre, sinon vous pourriez vous ennuyer. Vous avez tendance à établir des relations platoniques fondées sur des causes communes. Vous n'hésitez pas à rompre avec un partenaire dépourvu de franchise.

De mentalité futuriste, vous regardez rarement en arrière. Seuls les projets d'avenir accaparent votre esprit. Vos possibilités d'expression sont illimitées. La faille de cette configuration planétaire est le manque de continuité. En vous isolant et en prenant parfois le temps d'analyser chacune de vos difficultés, vous parviendrez à surmonter cette faiblesse.

Mercure conjoint Neptune

Votre imagination est débordante. Lorsque vous raisonnez, vos jugements sont mal formulés et se fondent sur des idées fausses. Souvent mal à l'aise face à la réalité, vous avez tendance à la modifier à votre convenance. Vous êtes extrêmement sensible à votre environnement et supportez mal les expériences pénibles qui vous font fuir. Il est essentiel que vous parveniez à canaliser votre sensibilité extrême dans une voie constructive.

Votre profession devra requérir vos talents artistiques. Ce goût pour l'art sous toutes ses formes peut vous assurer la réussite dans l'écriture, l'art dramatique ou la danse. Votre sens du rythme et votre imagination trouveront à s'épanouir dans ce type d'activité. Quelle que soit la profession que vous choisissiez, vous vous y consacrerez corps et âme.

Pour fructifier, votre potentiel créatif exige une formation afin d'utiliser pleinement vos talents. Vous êtes fasciné par tout ce qui est mystérieux, romanesque et chimérique, mais méfiez-vous de votre propension à vous évader de la réalité et à fuir vos responsabilités.

Montrez-vous prudent dans vos relations sentimentales afin d'éviter les déceptions. Vous avez tendance à idéaliser vos partenaires, surestimant leurs qualités et sous-estimant les vôtres. Vous avez tendance à vous laisser éblouir par l'éclat et la renommée des gens célèbres. Vous imitez ceux que vous admirez, et il vous arrive même d'imaginer que vous jouez un rôle personnel dans leur existence, savourant ainsi, par procuration, une relation qui n'existe que dans votre imagination. Vous êtes très sensible à la suggestion et devriez éviter les stimulants artificiels.

Mercure conjoint Pluton

Votre esprit est profond, pénétrant et extrémiste. Vous interprétez vos expériences à la manière d'un détective reconstituant un crime, cherchant un sens caché au moindre détail. Votre évaluation des faits est subjective et vous avez le don de découvrir certains indices échappant à des observateurs moins sensibles. Curieux à l'excès, vous allez jusqu'au bout pour réunir les éléments nécessaires à la solution des problèmes.

Lorsque vous voulez quelque chose, vous avez le génie de la persuasion. Vous poursuivez vos objectifs sans la moindre défaillance et vous êtes admiré pour votre détermination et votre persévérance. Lorsque vous avez pris une décision, vous ne changez d'avis que devant l'évidence. Défendant vos opinions avec véhémence, il arrive que votre attitude passe pour agressive.

Vous êtes fasciné par ce qui est mystérieux. Avec votre sens du détail, vous pourriez réussir dans le métier d'analyste ou d'enquêteur. Dans les domaines de la chimie, la pathologie, la chirurgie, la recherche et la police, vos capacités pourront être utilisées à bon escient. Vous pourriez également devenir explorateur ou conseiller financier.

Vous devez absolument modérer vos tendances anarchistes. Même si vous n'êtes pas vraiment vindicatif, lorsque l'on vous provoque, vous pensez néanmoins à vous venger un jour. Les injustices sociales vous hérissent particulièrement et vous devriez employer votre potentiel d'agressivité en luttant contre les inégalités. Vous avez l'art de dramatiser les événements de façon à convaincre ceux qui ont le pouvoir d'intervenir. Vous seriez à même de devenir le porte-parole de ceux qui ont du mal à exprimer leurs pensées. La politique vous offrirait la plateforme idéale pour réaliser certains de vos objectifs, tant pour vous-même que pour les autres.

Dans vos amitiés vous êtes exigeant et ne tolérez aucune faiblesse. Vous recherchez la compagnie de ceux qui se plient à vos désirs, mais vous les méprisez par la suite. C'est là le paradoxe de cette configuration planétaire qui explique les difficultés de contact que certains éprouvent avec vous. En fait, vous admirez la force et respectez l'autorité, et vous demandez aux autres d'avoir ces qualités. Idéalement, il vous faut un partenaire affirmé, capable de se mesurer à vous, pour pouvoir établir une relation bénéfique aux intérêts de chacun. Des motivations et des buts analogues seraient la garantie de la permanence de votre union.

Mercure conjoint Ascendant

Vous êtes extrêmement préoccupé de vous-même. Vous parlez très souvent à la première personne et le mot « moi » revient très souvent dans vos propos. Sans être un grand défaut, ce trait de caractère ennuie surtout les autres.

Vos facultés intellectuelles sont très développées et vous faites souvent preuve d'un esprit vif et spirituel. Enthousiasmé par toute nouvelle information, vous avez tendance à vous emporter et à émettre des opinions impétueuses à la moindre provocation. Vous vous vantez de votre facilité à apprendre et méprisez les esprits lents. Vous êtes intellectuellement impulsif et laissez peu d'occasions de répliquer à vos arguments. En société, vous monopolisez la conversation, faisant les questions et les réponses. Vous êtes un orateur original et ingénieux ; vous vous lancez souvent dans un véritable numéro d'acteur pour mettre en valeur vos propos. Les gens sont fascinés par votre maîtrise verbale et par l'efficacité de votre discours. Vous ne craignez pas de défendre vos opinions, persuadé d'avoir raison, ce qui n'est pas toujours le cas. Si l'on critique votre point de vue, vous vous indignez et ripostez sans coup férir.

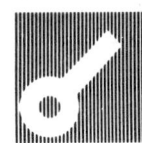

Selon vous, les traditions ne valent que par leur enseignement, et l'avenir n'est assuré que si nous nous libérons du passé. Vous êtes le défenseur d'une morale de la liberté.

Vénus conjointe Mars

Vous avez besoin de satisfaire à tout moment votre tempérament ardent. Il se pourrait que des liaisons amoureuses vous satisfassent pleinement ou que l'alternative d'activités artistiques ou sociales prenne le relais, vous mettant en contact avec des personnes ayant des affinités avec vous et cherchant le dialogue. Votre nature chaleureuse et généreuse exerce une réelle attraction, mais vous ne vous rendez pas toujours compte des effets de votre présence sur les individus ou dans un groupe. Il arrive alors que vos intentions soient mal interprétées, ce qui vous oblige à vous tenir sur la défensive.

Dans votre impatience à nouer de nouvelles relations, il vous arrive de manquer de discernement. Vous faites généralement le premier pas avec le sexe opposé, vous faisant parfois rabrouer pour votre insistance. Cette attitude augmente vos chances de succès en cas de compétition, car vous ne renoncez jamais avant d'avoir tout fait pour prouver votre compétence. Cette configuration planétaire n'indique pas en soi des inclinations professionnelles précises, mais vous séduirez par votre détermination, vous octroyant ainsi un gros atout. Il est probable qu'une carrière dans les relations publiques vous conviendrait. Un métier solitaire vous frustrerait et vous finiriez par vous ennuyer. Vous êtes trop ouvert pour vous passer des contacts humains.

Vous êtes attiré par les personnes actives, dynamiques et ardentes, mais elles ne doivent pas se montrer possessives. Vous vous considérez comme un être libre et ne supportez aucune contrainte. Vous ne faites de concessions qu'après mûre réflexion, mais vous attendez que votre partenaire en fasse. Vous demandez beaucoup à l'être aimé et vous avez souvent des exigences difficiles à satisfaire. Certains partenaires éventuels s'enfuient à cause de votre désinvolture.

Vénus conjointe Jupiter

Vous êtes bienveillant, charitable, compréhensif et généreux. Mais il vous arrive d'aller trop loin et de manifester votre indulgence envers des êtres qui n'en sont pas dignes. La vulgarité et la brutalité vous sont intolérables. Vous avez le sens de l'humour, et bien que vous soyez parfois réservé, vous vous comportez généralement de façon théâtrale. Vous êtes particulièrement optimiste face à l'adversité, espérant toujours que les choses s'arrangeront au mieux. Vous tenez à votre confort matériel : la vie doit vous apporter l'aisance vous permettant de participer à des activités sociales agréables. Peut-être n'avez vous pas connu l'abondance durant votre enfance, mais il ne vous a probablement rien manqué d'essentiel. L'amour, la gentillesse et la compréhension de vos parents vous ont permis de vous développer et de grandir.

Vous êtes fait pour les professions où votre extraversion peut se libérer. Les relations publiques, le tourisme, le professorat ou l'animation ainsi que l'organisation d'activités sociales, sont des domaines où vous pouvez exceller. En apportant votre contribution à des œuvres sociales, à quelque fondation par exemple, vous pourriez soulager ceux qui sont économiquement ou physiquement désavantagés.

Votre nature cordiale et chaleureuse vous fait apprécier de la plupart des gens. Vous êtes parfois crédule, ce qui incite certains à profiter de vous. Ces expériences négatives ne vous laissent cependant aucune amertume. Vous êtes attiré par les gens sûrs d'eux, qui veulent réussir, et vous les recherchez, évitant ceux qui ont du temps à perdre. Vous aimez les personnes honnêtes et rejetez celles qui agissent par intérêt. Tout accomplissement, qu'il soit matériel ou spirituel, vous remplit de bonheur. Un aspect défavorable émanant de Saturne sur cette conjonction peut éprouver ce bonheur qui sera néanmoins possible.

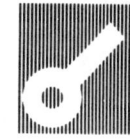

Vénus conjointe Saturne

Vous avez l'impression de devoir faire des concessions pour obtenir ce que vous désirez. C'est toujours à vous de concilier pour faire régner l'harmonie dans vos relations. Il en résulte une insatisfaction fréquente, soit que vous jugiez vos rapports frustrants, soit que vous ayez le sentiment d'être exploité. Vous pouvez vous contenter d'une relation où vous donnez davantage que vous ne recevez ; c'est la preuve que vous prenez les choses à cœur. Vous êtes loyal et sincère dans vos attachements, mais vous êtes peu démonstratif car vous craignez que l'on ne profite de vous.

Vos jugements sont sûrs, ce qui est utile en affaires. Vous gérez bien votre argent et vous ne serez jamais pris au dépourvu, quels que soient vos revenus. Cette sagesse compense vos déboires sentimentaux, c'est un bon succédané. Ce goût de l'épargne vous procure un sentiment de sécurité tout autant que le confort matériel.

Votre tempérament s'adapte aux activités liées au respect des lois et des règlements. La finance, la banque, l'industrie du bâtiment, les assurances, le droit, l'immobilier et la vente sont des domaines où vous avez des chances d'exceller.

L'idéal serait que vous exerciez une activité indépendante. Vous êtes consciencieux et responsable, capable de travailler sans directives. Tout en acceptant de collaborer, vous préférez travailler seul.

Sentimentalement, vous êtes attiré par les individus sérieux, sincères et honnêtes. Il vous faut un partenaire que vous puissiez respecter et que cela soit réciproque. Un partenaire mûr représente pour vous la sécurité affective et sociale. L'être aimé doit avoir du tact, du raffinement, aussi bien que du caractère. La vulgarité vous répugne et le désordre vous perturbe. Vos objectifs sont bien définis, et vous attendez de votre partenaire qu'il prenne part à la réalisation des projets que vous avez formés ensemble. Pour sauvegarder l'intégrité familiale, vous n'hésiterez pas à écarter tout élément extérieur susceptible de la menacer.

Il est essentiel que vous abordiez la vie avec davantage d'optimisme et de gaieté car les attitudes défaitistes peuvent avoir de fâcheuses conséquences. Des problèmes thyroïdiens pourraient avoir une telle origine. C'est en adoptant une attitude plus positive que vous améliorerez votre bien-être en général, si toutefois votre optimisme est authentique.

Vénus conjointe Uranus

Votre personnalité est vive et enjouée. Sociable, vous êtes apprécié plus que quiconque, et votre vitalité vous porte à mener une vie pleine et sans contraintes. Vous allez au-devant des rencontres les plus diverses, dans le but d'enrichir votre expérience. Ne cultivez les relations sociales que si elles sont réellement intéressantes et vous procurent de l'agrément.

Les occupations qui vous plaisent sont celles qui répondent à votre besoin de nouveauté et qui vous permettent de mettre en œuvre votre créativité. Vous ne supportez ni la monotonie, ni les tâches répétitives qui vous plongent dans l'ennui. Votre tempérament ouvert se plairait dans les relations publiques, la mode, la décoration, les activités sociales ainsi que le conseil de gestion qui répondent à votre désir de mobilité.

Dans vos relations intimes, vous exigez une totale liberté qui vous permette de prendre vos distances, tout en ayant bonne conscience lorsque vous vous détachez. Si votre partenaire vous fascine assez de temps, vous tisserez un lien plus solide. Cela ne vous empêchera pas pour autant de rompre ultérieurement si vous rencontrez un être qui vous séduit davantage. Il ne vous est pas facile de vous fixer vraiment, car d'une part, vous êtes très sollicité, et d'autre part, vous êtes très préoccupé par votre carrière. Vous ne devriez pas vous marier avant d'avoir assouvi votre désir d'indépendance.

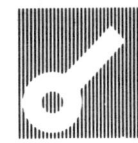

Vos réactions affectives étant imprévisibles, il serait plus sage de prolonger vos fiançailles. Si vous vous mariez sur un coup de tête, cet engagement sera probablement de courte durée. Seul un Saturne puissant en signe de Terre serait susceptible de compenser cette instabilité. Votre sens des responsabilités est quelque peu défaillant et laisse présager une absence de liens profonds au cours de votre vie.

Vénus conjointe Neptune

Vous êtes un idéaliste, et votre nature confiante vous rend vulnérable aux individus perfides qui tenteront de profiter de vous. Votre délicatesse ainsi que votre raffinement esthétique vous portent à aimer les arts, la musique et la littérature. Vous avez une imagination artistique et vous découvrez la beauté là où les autres l'ignorent.

Votre nature tendre réclame un métier où une certaine tranquillité est de règle ; évitez ceux où l'agitation et l'agressivité sont monnaie courante, car vous ne tiendriez pas longtemps. Toutes les activités artistiques ou culturelles telles la musique, l'écriture ou la mode seront pour vous un moyen d'exprimer vos dons réels.

Dans vos relations intimes, votre idéalisme et votre nature romantique vous handicaperont. Bien que vous cherchiez à établir des rapports sereins et dénués de complications, des gens tenteront d'abuser de votre confiance. Votre difficulté à voir les autres tels qu'ils sont vous désigne comme une proie possible pour les gens malhonnêtes. Cette épreuve vous horrifie et vous bouleverse. N'étant pas un lutteur né, vous avez tendance à abandonner la partie. Si une telle mésaventure se répétait (ce qui n'est pas exclu), vous vous leurreriez vous-même en cherchant un terrain d'entente ou en décidant d'utiliser les mêmes procédés pour vous protéger. Votre propension à voir la vie en rose vous attirera des difficultés, à moins que vous ne parveniez à vous habituer à la grossièreté et à la rudesse de tous les jours.

Vénus conjointe Pluton

Votre nature romantique est souvent en butte à des conflits et à des insatisfactions. Vous recherchez la perfection sur les plans physique et émotionnel et votre tempérament ardent attire une grande diversité de partenaires. Vous vous montrez possessif envers celui que vous aimez, tout en pouvant aller vers une autre personne qui vous offrirait une relation plus intense. Vous exigez souvent des preuves d'amour avant de vous engager totalement. L'être aimé doit savoir faire des sacrifices pour vous prouver son affection. Cela vous rassure quant à la solidité du lien qui vous unit, car l'harmonie physique ne vous suffit pas. Vous espérez toujours parvenir à une entente parfaite physique, affective et spirituelle.

Vous provoquez des réactions très vives, même chez ceux que vous connaissez à peine, car votre personnalité éveille en eux le meilleur et le pire. Certains vous trouveront irrésistible, alors que d'autres redouteront de tomber dans le piège de votre séduction. Vos préoccupations sexuelles diminueront avec le temps, vous ouvrant alors à d'autres types de rapports humains.

Vous avez un pouvoir magnétique. Il se peut que l'on soit attiré par votre sens théâtral et par vos dons artistiques, ou bien par votre témérité et votre goût du risque. Vous refusez les injustices sociales, ressentant violemment la nécessité d'y remédier, et l'indifférence des pouvoirs publics vous révolte. Vous êtes prêt à collaborer à l'amélioration des conditions des plus défavorisés. Aucun sacrifice ne vous semble trop important, même pour un résultat modeste. Vous aimeriez promouvoir des campagnes pour réunir des fonds ; vous auriez ainsi l'occasion de prouver de façon constructive votre respect pour la dignité humaine. Vous n'hésiteriez pas à faire pression sur les gens aisés pour trouver le soutien financier nécessaire à vos desseins.

Vénus conjointe Ascendant

Cet aspect vous confère une séduction et un charme évidents aux yeux de ceux que vous côtoyez. Vous désirez la consécration, car vous ressentez un profond besoin d'être reconnu. Vous n'éprouvez aucune difficulté à faire des concessions pour obtenir ce que vous désirez. Aimant le raffinement, vous allez vers ceux qui partagent vos goûts dans l'espoir d'une relation durable avec l'un d'eux. Mais vous ne saurez pas toujours convaincre de la sincérité de votre jeu. Quelle que soit l'image que vous donnez, sous votre vernis se cache une machine à calculer sur laquelle vous évaluez les avantages et les inconvénients de chaque amitié, de chaque relation et de chaque invitation.

Vous savez admirablement utiliser vos qualités, et votre charme vous attire bien des admirateurs. Vous êtes généralement courtois et raffiné, mais si vous n'obtenez pas ce que vous voulez vous devenez excessivement agressif et exigeant. Le monde doit s'arrêter tant que vos désirs ne sont pas comblés. Vous incitez les gens à profiter de vous, pour ensuite vous plaindre de leur sans-gêne. Apprenez à tempérer votre égoïsme, car seuls vos talents bien exercés vous feront obtenir les avantages que vous convoitez.

Mars conjoint Jupiter

Votre considérable énergie et votre enthousiasme vous permettent d'exécuter des tâches qui paraissent insurmontables à d'autres. Pour obtenir ce que vous voulez, vous ferez preuve de courage même dans l'adversité. Vous avez une sorte de foi téméraire en votre capacité à provoquer le sort, à prendre des risques, ne doutant pas un seul instant de votre réussite. Vous compensez par l'arrogance ce qui vous manque en subtilité. Vous répondez à la moindre provocation, et vos concurrents ont de bonnes raisons de s'inquiéter. Vous aimez affronter directement vos adversaires et vous en tirez de la gloire. Fasciné par ceux qui battent des records, vous rêvez d'être du nombre.

Votre sens théâtral ne vous porte pas à la modération. Non content de vaincre un concurrent, vous n'avez pas le triomphe modeste, et vous le faites connaître avec force publicité. Vous savez admirablement faire reconnaître vos talents. Ray Charles, Lee Marvin et John F. Kennedy ont cette configuration astrale dans leur thème.

Diverses possibilités s'offrent à vous avec cet aspect extrêmement puissant qui favorise la synthèse d'énergies physiques et intellectuelles. Puisque vous n'envisagez pas l'échec, vos chances de réussite se trouvent décuplées. Si vous libérez votre créativité par une activité physique, vous utiliserez au mieux votre potentiel intellectuel. En revanche, si vos objectifs sont d'ordre intellectuel, vous serez servi par une endurance physique et un sens de la compétition remarquables. Les activités sportives, les explorations, le droit, la politique, les arts dramatiques ainsi que les métiers d'écrivain ou de compositeur vous apporteront toutes les occasions de manifester vos talents.

Votre défaut le plus tenace est le manque de modération, cela peut vous conduire à l'épuisement physique. Votre ambition dévorante et les objectifs que vous vous fixez peuvent détériorer votre santé. Il est essentiel que vous preniez des vacances, vous éloignant périodiquement des tensions de la vie compétitive.

Mars conjoint Saturne

Vous avez la capacité d'exploiter votre dynamisme à bon escient. Vos impulsions sont contrebalancées par une juste évaluation de leurs conséquences. Cette modération peut vous valoir des réussites capitales, car vous ne gaspillez jamais votre énergie à des entreprises stériles. Votre sens de l'économie et de l'efficacité vous garantissent le succès. Vous savez mettre vos talents au service d'objectifs appropriés, et vous êtes capable d'envisager une situation avec réalisme avant d'agir.

Vous avez été formé de bonne heure à prendre des responsabilités importantes. Connaissant vos limites, il est rare que vous les dépassiez. Vous êtes à la fois prudent et courageux, circonspect et dynamique, travailleur et capable de vous ménager. Malgré votre complexité, vous aimez simplifier les problèmes. Votre équilibre entre extériorisation et intériorisation est parfait.

Vous n'êtes jamais indifférent aux sentiments des autres mais vous supportez mal que l'on se mêle des vôtres. La frustration provoque chez vous des réactions dangereuses. Vous n'êtes pas habitué à ce que l'on contre vos projets, et vous êtes capable d'attaquer vos adversaires avec violence et parfois même d'en venir aux mains. Les autres éléments de votre thème tempéreront plus ou moins cette tendance. Une multitude de possibilités professionnelles s'offrent à votre grande endurance physique. L'archéologie, l'exploration, les relevés topographiques, les activités forestières, l'industrie, la recherche et le développement sont des secteurs qui vous conviennent. La carrière militaire pourrait être un moyen de canaliser votre énergie.

Dans vos relations intimes, vous en venez souvent à jouer tour à tour le rôle du bourreau et de la victime. Vous évaluez toujours avec précision la ligne de moindre résistance de votre partenaire avant de définir votre tactique, mais vous êtes souvent pris à votre propre piège.

Vous devez veiller à ne pas prendre froid lorsque vous vous dépensez physiquement. Rafraîchissez-vous progressivement et évitez de boire glacé pour vous épargner des crampes. Salez vos aliments aussi peu que possible lorsque vous n'avez pas d'activités physiques.

Mars conjoint Uranus

Vous êtes expansif et énergique et vous débordez de dynamisme dans la poursuite de vos objectifs. Vous avez vos propres règles de conduite, et ne vous soumettez qu'à elles seules. Vous vous dirigez vers vos objectifs sans complexes, convaincu qu'il faut être libre de ses mouvements pour obtenir ce que l'on désire dans la vie. Vous ne connaissez jamais l'ennui.

Votre tempérament impulsif pourrait vous valoir des difficultés, car la société est fondée sur des lois et des règlements contre lesquels vous vous rebellez, irritant ainsi ceux qui les respectent. Si vous tenez vraiment à atteindre vos objectifs il vous faudra vous plier aux règles.

Votre courage se prête aux activités qui demandent de l'audace, comme certains sports : la course automobile, l'alpinisme ou les voyages d'exploration. Avant de les pratiquer, veillez toutefois à prendre certaines précautions, faute de quoi les conséquences pourraient être dramatiques. Seul un Saturne puissant dans votre thème vous conférerait la prudence qui vous manque.

Vous pourriez très bien devenir le défenseur des faibles et lutter pour l'amélioration de leurs conditions sociales ; vous avez suffisamment de courage pour attaquer le pouvoir en place, et grâce au soutien de vos adhérents, vous pourriez devenir une réelle menace. Lorsque vous constatez une injustice, rien ne peut vous empêcher d'essayer d'y remédier.

Votre instinct sexuel est puissant, et vous n'aimez pas être repoussé. Malheureusement, vous l'êtes par ceux qui recherchent l'affection au-delà du contact physique. Vous prenez toujours davantage que vous ne donnez.

Mars conjoint Neptune

Il y a un conflit entre votre désir d'action et l'acceptation des responsabilités qui généralement en découlent. Non que vous refusiez systématiquement les conséquences de vos actes, mais votre manque de lucidité vous rend souvent irresponsable. Parfois, votre imagination se bloque et vous avez du mal à prendre vos dispositions à temps. Vous laissez alors le hasard faire les choses.

Presque tout ce que vous faites impulsivement s'avère décevant, et avant d'agir, vous devriez absolument vous assurer que l'énergie investie sera proportionnelle aux résultats escomptés.

Dans vos entreprises, vous êtes souvent irréaliste et indifférent aux sentiments des autres.

Votre magnétisme est réel et vous séduisez «en douceur». Le théatre et tout ce qui s'y rapporte conviendront parfaitement à votre vive imagination. Ce talent de comédien vous donne l'assurance de «tenir votre rôle» dans un grand nombre de professions. Vous devrez peut-être recourir à certains subterfuges pour être accepté dans le milieu qui vous intéresse. Pourtant, votre talent de comédien ne suppléera jamais à votre réelle compétence si vous souhaitez maintenir votre position. Si d'autres éléments de votre thème vous confèrent le sens des responsabilités, les carrières médicales conviendront parfaitement à votre sensibilité.

Vous devez vous montrer prudent dans vos relations affectives. En effet, ce qui au premier abord peut passer pour un attachement véritable, ne sera pour vous ou votre partenaire qu'une simple aventure et vous serez parfois cruellement déçu. Vous vous laissez souvent entraîner dans des aventures qui se terminent mal. Faites en sorte de ne pas tricher, la sincérité est nécessaire.

Méfiez-vous des médicaments non prescrits par un médecin. Une bonne hygiène quotidienne est essentielle à votre santé car vous êtes particulièrement sujet aux infections.

Mars conjoint Pluton

Vous avez un tempérament ardent et vous êtes tenace et obstiné pour obtenir ce que vous désirez. Une fois satisfait, vous vous apercevez souvent que l'objet de vos désirs ne vous intéressait pas vraiment, mais vous êtes rassuré. Vos actions sont motivées par la recherche d'une satisfaction personnelle et vous confondez la volonté et le désir.

En période de crise, vous savez vous contrôler jusqu'au moment d'agir ; alors, vous mettez tout en œuvre pour résoudre le problème en cause. Vous éprouvez un besoin impérieux de vous imposer, particulièrement lorsque l'on tente de vous limiter. Vous ne supportez pas d'être dominé, mais vous respectez l'autorité si elle est impartiale.

Vous êtes relativement brutal dans votre approche des êtres, et l'on vous redoute. Vous êtes possessif en amour et exigeant en amitié. Votre tempérament ardent vous précède, et si de futur(e)s partenaires succombent d'avance à vos charmes d'autres, en revanche, se sentant menacé(e)s vous fuiront. Vos besoins sexuels sont impérieux, et vous utiliserez votre sexualité pour satisfaire vos ambitions. Vous croyez que la fin justifie les moyens.

Très conscient des problèmes sociaux inhérents à votre environnement, vous seriez fort convaincant en incitant les autres — parfois par l'intimidation — à effectuer des modifications. Vous êtes assez courageux pour prendre sur vous des tâches pénibles, et vous êtes particulièrement ingénieux pour obtenir le soutien financier qui est indispensable. Il est nécessaire que vous vous employiez à des tâches constructives.

Mars conjoint Ascendant

Votre réserve d'énergie est inépuisable. Vous êtes constamment en mouvement, parfois sans aucun but. Votre manque de discipline vous expose inéluctablement aux risques. Vos partisans vous prennent pour quelqu'un de courageux, tandis que vos « ennemis » vous trouvent arriviste et arrogant. Cela vous indiffère, car l'essentiel pour vous est que l'on reconnaisse votre supériorité et que l'on respecte votre espace vital. Si vous tenez tant à prouver quelque chose, c'est peut-être qu'au fond vous êtes moins sûr de vous que vous n'en avez l'air ; l'image que vous projetez dissimulerait un profond complexe d'infériorité. C'est en faisant le plus de bruit que vous avez raison de vos adversaires dans vos discussions, ou bien en minant leurs résistances. Il est dommage que vous gâchiez ainsi votre énergie, car vous avez de grandes capacités créatrices que vous pourriez utiliser à bien. Une fois cela acquis, vous réussirez mieux que personne et garderez toujours de l'énergie en réserve.

Vous êtes une personne très physique et vous n'aimez pas le compromis que vous abandonnez aux faibles. Il est difficile d'avoir avec vous une conversation simple et amicale, car vous vous emportez dès que vous sentez votre position menacée. Vous pourriez même vous laisser aller à la violence et certains s'effaceront derrière un bref « oui » ou « non » pour échapper à votre furie. Pourtant, d'un caractère indépendant et ayant de l'assurance, vous savez mobiliser les individus et les ressources indispensables à la réalisation de vos projets. Malgré votre aptitude au travail, vous préférez souvent jouer le rôle de l'instigateur qui tire les ficelles.

Jupiter conjoint Saturne

Cette conjonction vous donne de grandes chances de succès, mais rien ne vous sera donné sans effort. Au-delà des obstacles insurmontables, vous êtes prêt à mettre en œuvre des moyens considérables pour reconquérir votre place dans le monde, trouvant toujours la force d'âme et la ténacité nécessaires. Il est essentiel que vous organisiez vos projets jusqu'au moindre détail : savoir quand passer à l'action ou quand vous abstenir. Vous êtes très conscient de votre avenir et suffisamment réaliste pour accepter les responsabilités à prendre ; vous jugerez de votre réussite avec beaucoup de lucidité. C'est avec courage que vous affirmez la foi qui est en vous, tout en ne dépassant jamais vos limites. Votre aptitude à réaliser vos projets est proportionnelle à votre volonté d'autodiscipline et de travail ardu, mais la réussite vous est si douce que vous êtes prêt à accepter toutes les obligations.

Vous êtes à la fois optimiste et réaliste, enthousiaste et sérieux, volontaire et modéré. En règle générale, vous ne prenez pas de risques, préférant utiliser des méthodes éprouvées. Vous exercez vos talents avec un grand sens pratique, sans vous perdre dans des projets stériles. Des domaines tels que le droit, l'enseignement, la médecine, la comptabilité ou les ordres ecclésiastiques vous conviendraient, vous y apporteriez votre profonde compréhension de l'humanité et votre savoir-faire. Vous êtes patient et toujours disponible à offrir vos services.

Vous aimez occuper vos loisirs à la lecture d'ouvrages concernant votre profession. Avec cet effort constant pour vous rendre compétent, il se peut même que vous suiviez des cours du soir pour vous perfectionner davantage. Vous n'êtes jamais satisfait de vos connaissances, et la vie compétitive vous oblige à vous tenir au courant de l'évolution de votre profession.

Vous respectez les leçons de l'Histoire, elles stimulent vos méditations sur le destin et le devoir de l'être humain. Votre mémoire vous est d'un grand secours dans les moments critiques qui exigent de la présence d'esprit.

Le surmenage est votre grand problème, vous risquez l'épuisement physique, et il vous faudrait abandonner par moments les préoccupations quotidiennes et vous détendre complètement. De courtes vacances vous aideront à retrouver votre vitalité et à porter un regard neuf sur vos objectifs.

Jupiter conjoint Uranus

Cet aspect vous promet de grandes espérances. Vous avez une profonde intuition de la façon dont il faut exercer vos talents pour en retirer un plein bénéfice. Votre respect de la connaissance est profond, et vous admirez les géants intellectuels passés ou présents. Votre désir d'apprendre est insatiable, alimenté par la conviction que la connaissance est la clé de la liberté et du pouvoir.

Votre capacité d'assimilation est excellente et toujours pertinente : créer une ouverture maximale pour accroître vos potentialités. Vous êtes avide de progrès et ne laissez jamais passer l'occasion d'apprendre. Vous êtes très philosophe dans votre recherche de la vérité, et vous connaissez le sens de ce que vous entreprenez. Malgré votre fascination pour la politique, vos efforts se porteront probablement vers l'enseignement. Vous êtes tourné vers l'avenir, et vous avez le pouvoir de stimuler les dons des autres. Malgré votre impatience, vous ne manquez pas de tirer les leçons du passé.

Si ce n'est pas l'enseignement, ce seront peut-être les carrières juridiques et administratives qui vous attireront. Vous avez la possibilité de dresser des plans d'action sociaux et politiques d'intérêt historique.

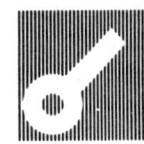

Vous êtes à l'aise dans les rapports avec les gens qui partagent vos points de vue, et vous êtes extrêmement généreux dans vos amitiés. Vous éprouvez le besoin de vous lier librement avec des individus progressistes qui relancent votre enthousiasme. Votre partenaire devra également être plein d'allant dans la vie quotidienne. Vous recherchez quelqu'un qui partage vos projets d'avenir et qui vous soutienne dans vos aspirations. Pensez à ralentir votre rythme de temps à autre afin d'être toujours dispos.

Jupiter conjoint Neptune

Vous avez tendance à la démesure. Il vous arrive d'aborder des sujets que vous ne connaissez pas vraiment, ou de vous lancer dans des entreprises dépassant vos capacités. Vous accordez votre confiance de façon inconsidérée à des personnes qui vous trahissent, et vos déceptions sont parfois cruelles. Votre foi en l'humanité est profonde, quoique souvent aveugle.

Votre attitude envers les gens est empreinte d'une certaine philosophie, et vous gardez l'espoir de trouver quelqu'un en qui vous fier totalement. Vous avez su tirer certaines leçons de vos expériences, ce qui a affiné votre discernement. Vous placez les obligations sociales sur un plan spirituel, et vous les remplissez avec inspiration et imagination, usant chaque fois de votre talent. Vous êtes particulièrement efficace dans les professions à vocation sociale ; vous pourriez enseigner dans tout organisme ayant en charge la santé mentale ou physique, vous y prodigueriez sans compter sympathie et compréhension.

Vous risquez de vous faire exploiter par ceux qui ont reconnu votre serviabilité. Si vous n'y prenez garde, la même chose pourrait se produire dans vos relations intimes. Votre soif de mariage tend à vous leurrer sur les sentiments de votre partenaire. Si vous ne cherchez pas à comprendre ce qui motive les autres à votre égard, les déceptions seront nombreuses. Vous devriez apprendre à vous faire à la dure réalité qui vous entoure, car dans votre désir de vivre les émotions et les sensations les plus exquises, vous risquez de rejoindre la cohorte des déçus en tous genres. Evitez plus que quiconque les drogues, les sectes et les charlatans.

Jupiter conjoint Pluton

Cet aspect vous incite à profiter de la vie au maximum. Votre ambition vous pousse à atteindre vos objectifs le plus rapidement possible, tout contretemps vous fait perdre patience.

Même si vos projets semblent irréalisables à certains, vous les poursuivez avec une détermination étonnante ; il vous vient rarement à l'esprit que vous puissiez échouer. Vous êtes poussé par un besoin insatiable de tirer le maximum de vos potentialités, et votre réussite, dans des entreprises apparemment impossibles, tient souvent du prodige. Votre ambition s'accompagne d'une foi intense en votre capacité à renverser les obstacles. Vos succès seront approuvés et enviés par la plupart.

Vos intérêts professionnels sont extrêmement variés et vous pouvez exceller dans de nombreux domaines. Vous ne vous laissez pas griser par la réussite et serez toujours en quête d'une œuvre à accomplir. Vous êtes attiré par les métiers ayant trait aux rapports humains, comme les carrières juridiques, la médecine, la psychologie ou la religion. Sinon, votre narcissisme vous poussera à vous mettre en valeur dans les sports, la recherche, l'exploration ou même le jeu, le risque et le danger vous fascinant. Vous pourriez être associé à de vastes entreprises financières qui rapporteraient des sommes considérables.

Dans vos relations amicales, votre goût du succès vous fera choisir ceux qui réussissent. Vous rechercherez un partenaire dont vous puissiez admirer tout à la fois la force de caractère, les réalisations et la renommée. Vous comprendrez ses motivations, et l'encouragerez à réussir. Veillez cependant à ne pas trop mettre l'accent sur son aptitude à gagner de l'argent et à mener grand train, vous remettriez en cause les belles qualités qui sont à la base de sa réussite.

Jupiter conjoint Ascendant

Vous êtes exagérément optimiste, et ne faites rien avec modération, espérant toujours que vos excès tourneront à votre avantage. Jamais à court d'idées, vous misez toujours sur le succès de vos entreprises. Cette foi illimitée en vos capacités et dans la chance vous rendent insouciant du lendemain et inconséquent. Ambitieux, vous avez les yeux plus gros que le ventre. Vous exagérez votre importance, ce qui vous jouera des tours si vous cherchez des appuis ; les gens n'aiment guère les vantards et ceux qui se surestiment. Vous savez tenir vos subalternes en éveil, mais prenez garde à ne pas faire de promesses que vous ne puissiez tenir.

Vous êtes généreux, bon, sympathique et bienveillant, et vous faites les délices de ceux qui cherchent à réunir des fonds pour une campagne quelconque, car vous avez le cœur sur la main. Vous vous tenez périodiquement au courant de ce qui concerne vos activités professionnelles, mais aussi de sujets d'ordre général. Vous avez un très grand respect des institutions pédagogiques, et il est possible que vous fassiez un jour un don à une école. Vous manquez de réserve dans vos relations amicales et professionnelles, et si un concurrent sort un produit nouveau, il est probable que c'est vous qui en aurez eu l'idée. Efforcez-vous à plus de discrétion et de sérieux.

Vous devriez essayer de modérer votre appétit, sinon, avec les années, il y aura fort à parier que vous prendrez de l'embonpoint.

Saturne conjoint Uranus

Vous avez la faculté de donner une forme concrète à vos idées. Vous faites preuve d'une rare maturité dans votre comportement, ce qui vous permet de tirer profit de tout ce que vous entreprenez. Votre besoin de liberté trouvera à se satisfaire pleinement, car vous savez mobiliser vos ressources efficacement, dans des buts bien précis ; vous serez toujours récompensé de votre autodiscipline. Votre respect de l'autorité et les leçons que vous en tirez sont sains. Votre ambition est suffisamment puissante pour vous permettre de soutenir des réalisations importantes qui assureront votre avenir.

Vos opportunités professionnelles sont pratiquement illimitées, car vous ne craignez ni les responsabilités ni les contraintes propres aux hautes fonctions. Vous avez probablement beaucoup à offrir grâce à votre intelligence et à votre expérience. Vous êtes sensible aux leçons du passé, et vous employez toute votre énergie à faire reculer l'ignorance. Ces qualités seraient les bienvenues dans des entreprises de groupe ou dans des activités socio-politiques. Vos talents pourraient également s'exercer avec profit dans des domaines tels que la science, les mathématiques, la recherche, la politique, les sciences occultes ainsi que l'enseignement.

C'est avec des individus solides, aux idéaux élevés, que vous vous sentez le plus à l'aise, et vous ressentez le besoin de fréquenter des êtres qui ont le sens de l'aventure et des projets d'avenir définis. Vous avez des affinités avec ceux qui sont « dans le coup » et sur le chemin de la réussite, et vous supportez difficilement les individus insignifiants et superficiels. Votre vie a un but et un sens que vous voulez partager avec ceux qui contribuent au progrès de l'humanité.

Vous avez besoin de vous détendre périodiquement et de recharger vos batteries, car vous avez tendance à vous surmener. En état de fatigue, vous réagissez avec pessimisme à des projets qui semblaient pourtant prometteurs.

Saturne conjoint Neptune

On ne vous maintient pas longtemps dans l'illusion, en effet, vous savez vous protéger, et toute situation nouvelle, tout individu qui ne vous est pas familier attire votre méfiance. En ce qui concerne les questions spirituelles ou religieuses, vous refusez les dogmes. Cela vient peut-être de votre éducation. En règle générale, vous faites preuve de maturité sur les questions religieuses et d'une profonde intelligence de vos obligations sociales.

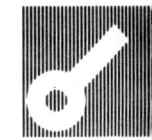

Vous êtes d'une nature essentiellement psychique, dans le sens le plus commun du terme, et vos expériences vous incitent à intensifier votre intuition. Les postes de direction vous conviennent, car vous êtes capable de prendre des décisions importantes avec de grandes chances de succès. Vos activités professionnelles bénéficient de votre aptitude à détecter la malhonnêteté ou le mensonge. Dans votre réel souci des faits, vous exigez des gens qu'ils prouvent leurs dires. Vous vous méfiez de l'inconnu et ne prenez de décision qu'après avoir étudié tous les aspects de la question. Vous avez à la fois l'esprit pratique et intuitif.

Vous agissez de même dans vos relations affectives : vous êtes un « idéaliste pratique ». En règle générale, vous ne vous engagez pas sans avoir la preuve formelle de l'attachement de votre partenaire ; ne vous donnant pas à la légère, que ce soit en amour ou en amitié. Votre tempérament n'est pas fait pour les aventures, mais vous êtes prêt à investir beaucoup dans une relation solide.

Evitez tout médicament qui ne vous soit prescrit par un médecin. Les comprimés vitaminés, les remontants et les tranquillisants ne sont pas pour vous, vous risqueriez des réactions secondaires déplaisantes.

Saturne conjoint Pluton

Vous êtes extrêmement ambitieux dans la réalisation de vos objectifs : vous voulez réussir, et pour cela vous mobilisez toutes vos ressources et toute votre expérience. Il se peut qu'une période d'austérité vous soit imposée, mais vous êtes prêt à tout endurer pour voir vos projets aboutir. La crainte d'une vie d'insatisfaction vous pousse à en faire le plus possible. Vous êtes persuadé que votre détermination et votre ténacité vous mèneront à la réussite.

Vous pourriez vous trouver dans l'obligation d'exercer n'importe quel métier avant de découvrir votre voie. Vous avez un penchant pour les métiers traditionnels, qui assurent la stabilité dans un monde fluctuant et financièrement insécurisant. Ayant tendance à résister au changement malgré l'insistance de certains, c'est avec anxiété que vous vous adaptez si l'on vous y oblige. Quoi qu'il en soit, vous prenez toujours des mesures extrêmes. Au mieux, vous allez dans le sens du changement, transformant un inconvénient en avantage, au pire, vous résistez et vous vous sentez tenu en échec par la marche inexorable du progrès.

Vous êtes secret et ne confiez vos projets et vos ambitions à personne. Vous travaillez en coulisses, amassant patiemment vos biens afin d'assurer vos vieux jours. Vous gérez vos affaires avec efficacité et savez dépenser votre argent de façon avisée. Qualifié pour des postes de pouvoir et d'autorité, vous êtes un organisateur né, respecté de vos subalternes. Très scrupuleux de la loi, votre jugement est équitable, quoique sévère. Vous avez le pouvoir inquiétant de démasquer les motivations de chacun, et ainsi d'innocenter ou de condamner.

Saturne conjoint Ascendant

Vous êtes conservateur et discipliné. Votre timidité est souvent prise pour de l'indifférence. Vous doutez de votre valeur, et cela vous rend prudent dans les affrontements. Ce manque d'assurance pourra avec l'expérience faire place à une certaine confiance en vous. Vous ne manifestez pas ce genre d'ambition agressive qui impressionne au premier abord, mais votre probité vous attire la confiance. Les autres sont les premiers à remarquer vos qualités ; de nature effacée, vous préférez rester en retrait et, surtout, ne pas vous faire remarquer.

Vous vous mobilisez avec efficacité, confiant dans la réussite, mais sous-estimant vos capacités. Lent à démarrer, vous avez besoin d'être rassuré par quelques projets menés à bien avant d'aller plus avant. Pas à pas, le chemin de la perfection vous est ouvert. Vous hésitez à prendre des décisions, vous donnant le temps de réfléchir. Ainsi, il vous arrive de ne pas saisir certaines occasions par peur de vous ridiculiser. Scrupuleux à l'excès, vous ne laissez jamais tomber celui qui compte sur vous. Apprenez à vous apprécier davantage, et persuadez-vous que vos efforts méritent récompense. Certaines personnes pourront vous exploiter si vous n'osez pas revendiquer vos droits. Mais, rancunier, vous en tirerez la leçon, et bien que peu vindicatif, vous attendrez le moment où ils auront besoin de votre assistance pour réagir avec une indifférence glaciale.

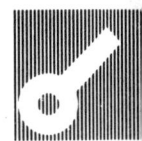

Uranus conjoint Neptune

Vous êtes particulièrement conscient de vos obligations sociales en tant que citoyen, et vous vous identifiez étroitement à la conscience collective. Votre clairvoyance des agissements des dirigeants et de leurs mystifications envers le peuple vous affecte profondément. Vos revendications portent sur la défense des libertés individuelles : vous exigez des mesures pour que soient écartés les coupables. En effet, votre génération ne tolère pas les abus d'autorité ou de pouvoir qui menacent la liberté. Les générations actuelles ne peuvent avoir cette configuration planétaire. Celle-ci en effet, ne réapparaîtra que de 1992 jusqu'à la fin de 1994. La dernière conjonction entre ces deux planètes s'est produite de 1821 à 1824, mais il est intéressant de noter certaines inventions de l'époque, comme le tissu imperméable ou l'emploi généralisé du ciment, qui inaugurèrent la révolution industrielle.

Vous êtes à l'écoute de ceux qui ont besoin de compréhension ou d'aide. Vous savez que seul, vous ne pouvez pas grand-chose, mais que l'effort combiné de ceux qui partagent vos préoccupations constitue une force importante dans la lutte contre les injustices sociales. C'est par ce travail mené collectivement que vous rétablirez l'ordre et la liberté là où sévissaient le chaos et la misère.

Uranus conjoint Pluton

Cette conjonction vous pousse à sauvegarder votre liberté à tout prix. La liberté revêt pour vous une multitude de significations. Elle ne s'accommode ni de la pollution, ni de la maladie, ni du chômage pas plus que des opérations de surenchère de la classe industrielle. Vous voulez être libre de vos actions et contribuer activement, avec ceux qui partagent vos motivations, au progrès de l'humanité. Partisan de programmes locaux et nationaux en faveur de la qualité de vie, vous irez jusqu'à vous engager personnellement, pour mener ces projets à terme, et ferez appel à l'effort de chacun pour vous opposer au pillage incessant des ressources naturelles. Vous éprouvez un profond respect pour la vie, et si la nature se trouve dégradée, au profit d'intérêts privés et sans le moindre égard envers ceux qui nous succéderont, vous vous consacrerez entièrement à sa préservation. (Cette conjonction a eu lieu de 1963 à 1968 et c'est durant cette période que le gouvernement américain a rendu public un dossier sur les méfaits du tabac, signalant les risques de cancer et de maladie cardiaque chez les fumeurs. Cette époque connut également l'abus de drogues nocives agissant sur les cellules du cerveau : les hallucinogènes du type LSD et marijuana, et les drogues « dures » comme l'héroïne et la cocaïne. L'utilisation de la thalidomide par un certain nombre de femmes enceintes fut la cause, en Europe, de la naissance d'enfants difformes jusqu'à ce que les effets secondaires de ce médicament soient enfin reconnus.)

Vous pourriez soit vous désintéresser totalement de la dégradation de la qualité de la vie, soit vous efforcer de rétablir l'ordre en luttant contre l'inconscience de certains.

Uranus conjoint Ascendant

Vous êtes un représentant de l'individualisme. Eminemment sympathique, vous êtes admiré par la plupart, et craint par certains. Particulièrement par ceux que vous écrasez de votre personnalité, et qui se sentent, à votre insu, insignifiants en votre présence. Pourtant vous ne devriez pas les rendre mal à l'aise, car il émane de vous liberté et sincérité.

Vous communiquez facilement avec toutes sortes de gens et vous vous montrez cordial envers chacun, quelle que soit sa situation sociale. Vous ne jugez les gens ni sur leur tenue vestimentaire, ni sur leur éducation, variables selon les coutumes et les traditions sociales. Chaque personne que vous rencontrez est pour vous un être unique qui ne peut être catalogué. Le progrès humain et social est fonction de chacun et vous défendez âprement les droits de l'individu. Selon vous, les traditions ne valent que par leur enseignement, et l'avenir n'est assuré que si nous nous libérons du passé. Vous êtes le défenseur d'une morale de la liberté.

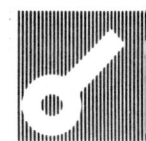

Neptune conjoint Ascendant

Vous êtes doué d'une immense sensibilité, et peut-être même de dons de médium. Votre vision de la réalité est floue, et il vous faudrait appréhender celle-ci avec plus de fermeté. Vous vous réfugiez souvent dans un univers personnel, échappant ainsi à la dure réalité qui vous est particulièrement insupportable. Les injustices sociales peuvent vous rendre malade. L'environnement exerce sur vous une telle pression que vous devriez contribuer activement à sa défense. Vous êtes particulièrement réceptif aux mauvaises conditions sociales ou économiques qui touchent la plus grande partie de la population. Vous êtes compréhensif envers les déséquilibrés mentaux, charitable envers les opprimés et indulgent envers les petits délinquants.

Quand les gens vous déçoivent, vous leur accordez le bénéfice du doute et dissimulez votre déception. Vous vous laissez facilement bouleverser par les événements contre lesquels vous ne pouvez rien, et le sentiment de culpabilité que vous en éprouvez vous incite à vous retrancher dans un univers dénué de toute responsabilité.

Quand la confrontation vous paraît trop rude, vous êtes capable de recourir à des euphorisants pour soulager votre anxiété. Vous devez veiller particulièrement à n'abuser ni de l'alcool ni du tabac, qui ne serviraient qu'à vous rendre plus vulnérable encore. Vous attirez des gens étranges, et vous pourriez être facilement manipulé par de fortes personnalités ; vous avez intérêt à fréquenter des personnes ayant les pieds sur terre, qui vous équilibreront. Vous devriez faire un effort pour vous stabiliser dans la vie réelle, car vous pouvez apporter beaucoup. Vos qualités de compréhension sont très précieuses, et vous ne refusez jamais votre aide à qui la sollicite.

Pluton conjoint Ascendant

Vous avez suffisamment d'autorité et d'imagination pour pousser les autres à reconstruire le monde. Vous dénoncez les conditions et les pressions économiques qui engendrent la frustration, allant jusqu'à soulever la population à la révolte. Vous voulez jouer le rôle d'un leader et contribuer à l'élimination des parasites qui sont les facteurs de décadence et de dépravation de la société. L'autorité avec laquelle vous vous exprimez ne vous fera jamais éconduire comme un simple gêneur. Vous n'êtes prêt à agir que si la situation est grave. Dans ce cas, vous mettrez en œuvre toutes les ruses dont vous êtes capable pour obliger les responsables à prendre les mesures nécessaires au rétablissement de l'ordre, et vous ne serez satisfait que lorsque le système fonctionnera de façon efficace.

Vous ne supportez pas davantage les abus dans vos affaires personnelles. En règle générale, vous savez ce que vous attendez de l'existence, et vous êtes prêt à déployer tous vos talents et tous vos efforts pour la réalisation de vos objectifs. Vous défendez âprement ceux qui sont confiés à vos soins, et ceux que vous aimez peuvent être sûrs que vous gérerez au mieux leurs intérêts. Vous devez veiller à ne pas outrepasser vos forces et à ménager celles des autres. Choisissez soigneusement vos adversaires, car vous pourriez être victime de situations violentes. En effet, vous faites ressortir le pire chez les autres.

CHAPITRE DEUX

Les sextiles

Les sextiles

Le sextile combine les dynamiques de deux planètes séparées par un angle de 60°. Les signes occupés par les planètes sont en harmonie qu'ils soient positifs ou négatifs, et cette relation harmonieuse est transmise aux planètes. La seule exception est lorsque les planètes sont reliées par plus de 60°, auquel cas une planète peut se trouver dans les derniers degrés d'un signe et l'autre dans les tout premiers degrés du troisième signe suivant. Ce type de sextile est appelé «dissocié» et son effet est quelque peu diminué.

Le sextile appelle l'influence des planètes à se manifester principalement dans le monde des idées. Cet aspect indique le mode de pensée de la personne et quels sont les sujets qui l'intéressent. L'esprit est aiguisé. L'individu est intelligent, curieux, inventif, astucieux, communicatif, et sa pensée est bien articulée. Il a une grande facilité à récolter des informations et de l'habileté à les mettre en œuvre de façon pratique. Le sextile a beaucoup des qualités généralement associées avec les signes des Gémeaux et du Verseau ainsi qu'avec les planètes qui les maîtrisent : Mercure et Uranus. Il dénote la capacité de comprendre des sujets complexes et de les traduire de façon intelligible afin que les autres les comprennent à leur tour.

Le sextile est particulièrement utile à la créativité, car il procure un mode d'expression qu'il soit oral ou écrit. Il montre que les opinions sont extrêmement flexibles, car la personne ayant cet aspect est capable de s'adapter continuellement à des informations nouvelles ou supplémentaires.

Le sextile incline à aimer les contacts qui enrichissent la vie. Il apprend à ne pas être trop sélectif dans le choix des associés, et à ne pas trop attendre de ceux dont les capacités intellectuelles sont moins développées.

Soleil sextile Lune

Cette configuration vous assure une vie relativement heureuse et calme. Vous communiquez facilement avec les gens en général, et vos rapports familiaux devraient toujours être agréables. Vous êtes quelqu'un de profondément équilibré ; sachant tirer les meilleures leçons de vos expériences, et les utilisant pour mener à bien vos entreprises. D'un caractère assez volontaire, vous vous imposez quand il le faut en vous efforçant de ne pas heurter la sensibilité d'autrui. Vous traitez les autres comme vous aimeriez que l'on vous traite, et cette déférence vous attire la sympathie. Vous comprenez les êtres et faites preuve d'indulgence envers leurs défauts, tout en appréciant leurs qualités.

Grâce à votre tempérament créatif, les idées ne vous manquent pas. Vous n'avez pas de problèmes de communication et faites en sorte de toujours créer un climat de compréhension ; vous n'hésitez pas à faire des concessions si cela peut améliorer les rapports. Etant sûr de vos objectifs, vous ne vous sentez pas menacé si l'on vous provoque ; l'échec ne vous arrête pas, car vous savez que vous aurez votre revanche par la suite. Votre personne vous importe, mais pas au point d'assujettir les autres à vos désirs. Vous aimez traiter tout le monde d'égal à égal quelles que soient les différences de conditions.

Vous avez de fortes chances de réussir professionnellement. Quelle que soit la profession que vous choisissiez, vous y trouverez l'épanouissement ; il faut seulement que vous trouviez l'occasion de mettre en œuvre votre créativité. Vous êtes en bons termes avec vos supérieurs et vos collègues, car vous répondez à la confiance qu'ils mettent en vous. Vous savez autant écouter que vous exprimer avec aisance, ce qui vous permet d'apprendre et d'utiliser vos connaissances.

Vous assimilez les leçons du passé, mais vous n'aimez pas revenir en arrière. Vous êtes satisfait du présent, sachant qu'il vous apporte de quoi affronter courageusement l'avenir. Vous êtes tout aussi à l'aise avec les hommes qu'avec les femmes. Vos rapports avec vos parents vous ont permis d'adopter de bonne heure une attitude saine à l'égard des gens, car aucun conflit intérieur ne vous a accaparé. Il est probable que vous pourrez toujours compter sur eux en cas de besoin. Vous transmettez à vos enfants votre vision simple de la vie. Si vous pouvez travailler chez vous, vous tirerez beaucoup de plaisir de vos intérêts professionnels. Vous aurez tendance à élire domicile là où votre destin vous mènera, ne serait-ce que temporairement.

Soleil sextile Mars

Votre énergie est telle que vous abattez facilement le travail de deux personnes. Par ailleurs, vous possédez des dons créateurs qui sont sans cesse en éveil ainsi que de grandes capacités intellectuelles. Bien que ferme dans vos opinions, que vous exprimez avec force, vous êtes très ouvert au dialogue. Généralement, vous n'agissez pas sans avoir pesé les conséquences de vos actes, et tout ce que vous entreprenez a été longuement réfléchi. Même si cela vous ennuie, vous reconnaissez volontiers vos erreurs.

La communication est votre point fort. Vous pouvez réussir dans le journalisme, l'écriture, l'enseignement, les médias, ou bien comme conseiller ou porte-parole de hauts personnages. Etre détective vous conviendrait également. Vous pouvez vous faire une bonne situation dans ces secteurs, et en imposer par votre obstination et par la perfection des résultats obtenus.

Vos intérêts professionnels sont multiples : vous pouvez trouver beaucoup de plaisir à travailler avec des jeunes et à les préparer à l'avenir. Vous êtes un lecteur insatiable car vous savez qu'il faut, pour votre situation, vous tenir au courant de l'actualité, et saisir les occasions qui se présentent. A vos yeux ne pas lire équivaut à ne pas savoir lire, et pourtant, la lecture n'est pas votre passe-temps favori.

Malgré une tendance à l'arrivisme, votre courtoisie vous évite d'être perçu comme menaçant. Sûr de vos connaissances, vous êtes rarement sur la défensive. Vous recherchez la compagnie de personnes ayant bon caractère pour compenser votre agressivité. Vous respectez ceux qui sont moins doués que vous, et vous êtes toujours prêt à leur reconnaître des qualités.

Vos désirs physiques sont impétueux mais avant de vous engager dans une relation sentimentale, il vous faut bien connaître la personne.

Soleil sextile Jupiter

Vous vous montrez philosophe, curieux et bienveillant et vous êtes plein d'enthousiasme. Conscient de vos capacités, vous avez confiance en vous. Votre éducation vous a appris à lutter pour atteindre vos objectifs, et il est rare que vous vous laissiez aller au pessimisme. Vous avez un grand sens de l'humour et savez rire de vous-même, quand bien même vous êtes le dindon de la farce. Vous menez votre vie avec sérieux, mais sans solennité. Vous savez saisir les occasions au vol, peut-être trop rapidement pour votre bien. Connaissant vos limites, il vous arrive de les dépasser.

La communication est votre point fort. L'enseignement, les médias, la philosophie, les carrières juridiques, le théâtre, les relations publiques et les carrières ministérielles vous conviendraient parfaitement. Vous vous révélez habile dans les débats et redoutable dans les discussions, car vous êtes extrêmement bien informé. Votre sens théâtral vous confère l'art du discours clair et poignant. Vous avez le don de la persuasion et l'on vous croit facilement. Vous jouez votre rôle avec beaucoup de talent et votre très grand sens du dialogue ne vous laisse jamais à court de sujets de conversation.

Sans cesse des idées nouvelles vous viennent, et vous éprouvez le besoin de leur faire prendre forme. Les exigences du quotidien vous frustrent intellectuellement et bloquent votre créativité. Votre rendement est meilleur lorsque vous pouvez agir à votre guise ; les plans de travail rigides ne sont pas pour vous.

Votre extraversion vous vaut certainement un vaste cercle d'amis qui prisent votre humeur joviale. Vous cultivez l'amitié de personnes optimistes, courageuses et ennemies de la monotonie. Vous aimez vous offrir les bonnes choses de la vie et vous vous montrez généreux envers ceux qui partagent vos goûts. Les activités qui vous permettent de vous détendre de temps à autre sont celles qui vous attirent le plus : les sports, les voyages ou autres activités récréatives. Vous profiterez beaucoup de la vie, sachant y mettre beaucoup du vôtre.

Soleil sextile Saturne

Vous avez une grande profondeur de pensée ainsi que le don de transmettre vos connaissances aux autres. Modeste et conscient de vos limites, vous savez également tirer parti au mieux de vos possibilités. Vous respectez l'autorité et la compétence. Vous donnez rarement votre avis sans qu'on ne vous l'ait demandé, et l'on vous considère comme compétent et honnête. Vous préférez généralement rester en retrait et laisser les autres obtenir l'attention dont ils ont besoin. Il n'est pas vital pour vous que vos projets soient approuvés, et vous agissez généralement avec un grand respect des règles.

L'ambition n'égare pas votre esprit méthodique et vous vous dirigez pas à pas vers votre but, sans ameuter la population. Vos relations avec vos supérieurs hiérarchiques concernent strictement le travail en cours, évitant ainsi de les inquiéter par votre ambition. Vous savez tirer les leçons de vos expériences.

Les activités qui vous conviennent sont celles qui touchent à l'enseignement, à la recherche et au développement, à la gestion des entreprises, à la politique et aux carrières juridiques. Dans n'importe laquelle de ces professions, vous parviendrez probablement à un poste de direction. Vous prenez votre travail au sérieux, et vous êtes toujours soucieux de maintenir votre position en vous tenant au courant des derniers développements de votre branche d'activité. Il serait difficile de vous enlever de votre poste, car vous y avez accédé par votre compétence, votre efficacité et votre intégrité. Vous avez mérité ce que vous avez obtenu.

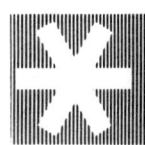

Vous avez de bons rapports avec ceux qui possèdent des qualités semblables aux vôtres. Il est probable que votre conjoint partagera votre respect des traditions et de l'ordre. Par vos efforts conjugués, vous vous forgerez un avenir assuré.

Soleil sextile Uranus

Vous avez constamment besoin de contacts avec les autres. Vous aimez partager avec eux vos expériences, et vous souhaitez qu'ils en fasssent de même. Vos opinions sont nettes et sincères, et vous savez être convaincant. Relativement dénué d'inhibition dans votre comportement, vous ne vous laissez pas limiter par les traditions. Vous trouvez la vie stimulante et vous en savourez pleinement chaque instant. Votre esprit étant toujours actif, vous ne connaissez pas l'ennui. Selon votre philosophie de la vie, tout a un sens ; même les événements négatifs ont leur aspect positif, et vous êtes rarement abattu.

Votre originalité de pensée et votre volonté vous rendent apte à la politique, aux sciences ou à l'enseignement. Vous êtes capable de vous adapter à toute profession dont l'objectif est le bien public. Vous savez exposer idées et opinions sans les imposer aux autres, mais vous êtes impatient envers les indécis. Votre esprit est vif et votre intuition suffisamment fine pour évaluer les faits instantanément et prendre les décisions qui s'imposent. L'enseignement vous est tout particulièrement indiqué, car vous savez fort bien mettre vos connaissances à la portée de chacun.

La vérité est pour vous une chose capitale et vous êtes implacable envers ceux qui la déforment en votre présence.

Votre esprit actif et votre nature enthousiaste sont vos meilleurs atouts dans vos relations sentimentales. Vous vous montrez libéral et très compréhensif de la nature humaine. Vous tolérez l'échec mais n'admettez aucune malhonnêteté chez l'être aimé. Vous pouvez vous détacher d'une personne ayant manqué de sincérité envers vous, comme si vous n'aviez jamais éprouvé un quelconque sentiment pour elle.

Soleil sextile Neptune

Vous avez profondément conscience de vos aptitudes. Ayant un grand sens du devoir, vous connaissez vos responsabilités envers la société et vous savez pouvoir contribuer à soulager une partie de la souffrance existante. Toutefois, vous préférez laisser à ceux qui en ont la force et la détermination, la responsabilité de transformer les conditions sociales. Votre tâche à vous est d'aider ceux qui souffrent de ces conditions, de traiter les symptômes. Votre sensibilité est extrême et vous êtes profondément vexé par tout rejet de vos services. Cette prédisposition vous posera certains problèmes, car vous avez besoin de contacts humains.

Vos possibilités professionnelles sont très variées. Tel un caméléon, vous revêtez les caractéristiques exigées par vos occupations, et vous vous adaptez à toutes les situations quelles que soient vos préférences. L'idéal serait que votre métier vous mette en contact avec les gens. Votre imagination et vos dons créateurs seraient les bienvenus dans l'écriture ou les médias en général. Vous pourriez éventuellement travailler dans une agence de voyages, sur un bateau ou dans un avion et dans n'importe quel lieu de villégiature. Même si vous préférez travailler seul, vous devriez choisir un métier dans l'art, l'artisanat ou le théâtre où vous trouveriez l'épanouissement. Votre sens du théâtre sert vos projets, et lorsque vous concentrez votre énergie sur ce qui vous tient à cœur, vous faites preuve d'inspiration et d'imagination.

Vos fréquentations sont aussi variées que vos intérêts professionnels. Vous communiquez librement avec toutes sortes d'individus, et il en faut beaucoup pour vous choquer. Vous admirez ceux qui réussissent et sympathisez avec ceux qui échouent, ne manifestant à leur égard ni exigence, ni intolérance. En règle générale, vous laissez les autres libres de déterminer leur propre valeur. Vous êtes particulièrement attiré par ceux qui sont sûrs d'eux et qui connaissent leurs possibilités. Vous saisissez des occasions que d'autres refuseraient dans le but de vous prouver que vous pouvez réussir, quelles que soient les complications. Vous êtes un visionnaire, ce qui vous permet de déterminer l'issue de chaque situation dans laquelle vous vous trouvez impliqué.

Soleil sextile Pluton

Vous êtes tout à fait conscient de posséder une grande force de volonté. Au fond de vous, vous savez que vous pouvez presque tout entreprendre sans rencontrer de résistances. Toutefois, vous réalisez que sans les connaissances indispensables, vous ne pourrez accomplir votre destinée.

Votre aptitude à communiquer vos pensées est telle, que votre auditoire est toujours captivé. Cette facilité oratoire est votre plus grand atout. Vous avez un flair certain en ce qui concerne les possibilités de chacun ; on fait confiance à votre jugement. Vos talents sont précieux, et vous vous devez de les mettre à la disposition de tous.

Vous êtes constamment à la recherche de moyens pour remédier aux conditions sociales qui vous paraissent injustes. Vous avez assez de courage pour attaquer les problèmes de front et pour veiller à ce qu'ils trouvent une solution : vous pouvez amener la population à faire pression sur les autorités afin d'effectuer les modifications nécessaires. Votre grandiloquence vous désigne pour devenir le porte-parole du changement. Vous stimulez ceux de vos amis qui ont échoué, afin qu'ils retrouvent confiance en eux-mêmes.

Vous êtes attiré par le mysticisme, le yoga et les sciences occultes en général, qui vous sont d'un abord facile. Vos fortes qualités psychiques vous servent, même lorsque vous n'en êtes pas conscient, elles vous aident à sentir immédiatement ce qui ne va pas, quelle que soit la situation. Il ne vous est pas nécessaire de vous appuyer sur la logique pour trouver la solution à un problème, et certaines personnes pourront vous prendre pour un mystique.

Soleil sextile Ascendant

Votre facilité d'expression est grande. Vous savez vous mettre en valeur avec finesse et intelligence, et l'on vous écoute lorsque vous avez quelque chose à dire. Il émane de vous une certaine autorité, et vos propos ajoutent à votre crédibilité. Vous êtes généralement chaleureux, vous aimez que l'on se sente à l'aise en votre compagnie. Votre esprit juvénile vous permet d'apprécier la présence des autres, quel que soit leur âge. Votre magnétisme les incite à vous rendre service, d'autant que vous ne leur demandez rien. Votre caractère jovial et votre sens de l'humour sont communicatifs. Vous ne manquez jamais de sujets de conversation, et l'on peut compter sur vous pour animer une réunion.

Au cours de votre carrière, vous pourriez avoir l'impression que l'on ne vous donne pas l'occasion de prouver votre compétence, ce qui vous agacerait quelque peu. En fait, l'incroyable assurance dont vous faites montre et votre perpétuel jaillissement d'idées effrayent vos supérieurs hiérarchiques qui se sentent menacés. Ne clamez pas trop haut qu'il vous déplaît d'être exploité.

Votre manière d'être est pleine de charme et de gaîté. Vous vous faites facilement des relations qui pourraient vous être utiles, mais la seule chose que vous recherchez est l'amitié sincère. Vous agissez toujours de façon honnête envers ceux à qui vous avez affaire. Ruse et tromperie vous sont intolérables, et vous n'hésitez pas à rompre définitivement avec ceux qui usent de tels subterfuges avec vous.

Lune sextile Mercure

Vous êtes sensible et réfléchi, et vous êtes avide d'acquérir des connaissances, car votre intelligence et votre mémoire sont très développées. Vous voulez être utile à ceux qui vous entourent, ce qui vous incite à sans cesse élargir la sphère de vos connaissances. Vos sentiments sont rarement en conflit avec votre intelligence, ce qui vous permet d'aborder vos problèmes avec lucidité.

Vous êtes compréhensif, et vous vous liez donc avec toutes sortes de gens. Fasciné par tout ce qui éveille votre curiosité, vous ne vous montrez satisfait que lorsque vous êtes allé au bout de votre intérêt. Vous connaissez à fond des quantités de sujets, et votre conversation est captivante ; votre charme et votre humour fascinent les interlocuteurs. Votre optimisme et votre gaîté sont communicatifs.

Votre talent pour la communication vous ouvre un grand nombre de métiers. Les relations publiques sont pour vous un secteur idéal, mais vous pouvez réussir également dans toute activité de groupe. Vous mettez les gens à l'aise par la sincérité de vos égards à leur encontre, et ils ne se sentent jamais insignifiants en votre présence. Votre tact et votre diplomatie sont tels que vous faites l'admiration de tous, y compris de vos concurrents. Vous trouvez toujours le temps de vous occuper de détails que d'autres trouvent fastidieux. Vous pressentez immédiatement la malhonnêteté.

Vous êtes vivement attiré par les êtres cultivés, brillants et spirituels, et c'est avec un partenaire ayant un projet que vous vous entendez le mieux. Vous tenez à ce que l'échange entre vous soit total et, pour vous, le silence n'est pas d'or. Vous aimez partager les objectifs de votre conjoint, forgeant ainsi des souvenirs sur lesquels vous pourrez un jour revenir ensemble. Vous savez enrichir votre vie d'intérêts multiples ; vous avez des violons d'Ingres et vous avez aussi des centres d'intérêt qui ne sont pas à portée immédiate. Il se peut que vous participiez à des activités « civiques », à moins que vous ne préfériez des passe-temps impliquant la participation active de toute la famille. Quoi qu'il en soit, vous apportez beaucoup à ceux que vous aimez, jusqu'à l'environnement que vous créez à leur intention.

Lune sextile Vénus

Cet aspect vous dispose à une union heureuse et satisfaisante. Vous savez parfaitement ce que vous attendez de la vie et vous faites partager cette conviction à votre partenaire. Vous avez beaucoup à offrir sur le plan personnel, et vous utilisez talents et imagination pour enrichir votre relation conjugale. Vous aimez faire part de vos expériences à votre conjoint, donnant ainsi une autre dimension à votre relation. Vous êtes créatif, aimable, tendre et affectueux et mettez tout en œuvre pour protéger votre union. Prêt à faire des concessions, vous attendez la même chose de votre partenaire. Le véritable partage est à la base de vos sentiments l'un pour l'autre. Vous êtes capable d'avoir des différends qui ne devraient normalement pas vous ébranler, car vous êtes très sûr de vos sentiments.

Vous êtes extrêmement sociable, et vous trouvez toujours un mot aimable pour chacun. Optimiste, vous savez que les situations les pires finissent un jour par se redresser. A vos yeux, il n'y a aucun problème qui ne puisse être résolu par le dialogue. Vous occupez vos loisirs utilement, à des activités sociales, en travaillant avec des jeunes ou en vous perfectionnant dans certaines techniques.

Vous gérez votre budget avec beaucoup de sérieux et savez faire preuve d'imagination pour tirer le meilleur parti de vos ressources. Cependant, il n'est pas de votre goût qu'un parent éloigné fasse appel à votre bourse. Vous êtes suffisamment conservateur pour ne pas risquer la sécurité de vos proches afin d'aider un tiers. Si malgré tout le besoin était réel, vous n'y resteriez pas indifférent. Pourtant, cela vous déplaît que l'on fasse pression sur vous.

En règle générale, vos affaires ne devraient pas connaître de complications particulières. Votre jugement est équilibré, vous savez quand faire des concessions et discuter un problème pour dissiper un malentendu. Vous trouvez le silence inadmissible lorsque des difficultés pourraient être résolues par le dialogue. Vos enfants s'enrichiront beaucoup en conversant avec vous ; vous les aiderez à se comprendre eux-mêmes et à surmonter leurs crises. Il se pourrait qu'il n'y ait pas entre vous le fameux « fossé des générations », car vous vous préoccupez sincèrement d'eux et vous êtes toujours disponible.

Lune sextile Mars

Vous êtes très sensible à la provocation. Vous êtes tout à fait conscient de cette faiblesse, et vous vous efforcez de contrôler et d'évaluer objectivement la situation avant de céder à vos impulsions. Malgré cela, il vous arrive de vous mettre en colère lorsque vous avez envie de vous défouler ou que vous êtes de mauvaise humeur. Néanmoins, ces crises ne devraient pas avoir de conséquences fâcheuses. Vous n'êtes généralement pas rancunier, préférant éclaircir l'atmosphère en dialoguant avec votre adversaire éventuel, et l'on appréciera que ces explosions n'aient pas un but agressif. Vous ne voulez fermer la porte à aucune relation, tâchant au contraire de la laisser entrouverte, afin de renouer avec votre adversaire un jour ou l'autre, ce qui est un signe de maturité.

Votre personnalité est tonique, énergique et stimulante, et les gens sont séduits par votre exubérance et votre charme. Vous êtes de bonne compagnie et en bons termes avec la plupart de vos relations. Connaissant votre tendance à agir de façon subjective, vous accordez toujours le bénéfice du doute à votre adversaire. Vous êtes particulièrement humain et ouvert aux sentiments d'autrui. Grâce à votre faculté de tirer la leçon de vos expériences, votre avenir s'annonce riche en espérances de toutes sortes. Votre aptitude à réfléchir plutôt deux fois qu'une vous évite bien des complications inutiles ; vous savez prendre le recul nécessaire devant vos mouvements d'humeur.

Vous pouvez réussir dans toute occupation qui appelle des contacts sociaux ou une étroite collaboration. Les projets audacieux ne vous font pas peur, et vous ne vous laissez pas démonter si leur issue n'est pas favorable. Quel que soit votre statut social, vous saurez l'apprécier. Vous tenez suffisamment à vos droits pour les défendre le cas échéant. Votre vie familiale vous apporte joie et satisfaction, et vous pouvez vous réfugier dans votre foyer lorsque les pressions de la compétition professionnelle se font sentir.

Evitez de manger lorsque vous êtes en colère et ne rapportez pas de travail à faire chez vous. Psychologiquement, votre personnalité est orientée de façon positive, et il n'y a pas de conflit majeur entre votre émotivité et votre combativité. Vous pouvez avoir d'excellents contacts avec tout le monde.

Lune sextile Jupiter

Votre agilité intellectuelle est considérable, favorisée par une sensibilité et une personnalité complexes, toujours en éveil. Vos réactions émotionnelles sont relayées par votre curiosité et votre intelligence. Vous êtes extrêmement efficace dans vos rapports avec les autres, car vous comprenez toujours leurs motivations, tant dans leur vie professionnelle que privée. Peu de choses vous échappent, et vous êtes capable d'engranger énormément de connaissances. Vous savez vous faire valoir grâce à votre possibilité d'aborder une multitude de sujets avec plus de compétence que quiconque. Vos amis sont toujours bien disposés envers vous, car jamais vous n'oubliez les services rendus.

Vous tirez profit de toutes vos expériences dans un but constructif. Vous pouvez réussir dans la plupart des activités qui exigent un certain niveau intellectuel, et vous avez la faculté de résoudre tout problème quotidien par l'intellect. La médecine, l'enseignement, les relations publiques, les carrières juridiques, les affaires financières et boursières, la rééducation des handicapés ainsi que les organisations à caractère social, sont des domaines dans lesquels vos compétences s'emploieront avec succès. Votre excellente mémoire sera également un atout dans votre profession.

Vous êtes compatissant envers les personnes moins favorisées que vous, vous les aidez à affronter leurs problèmes avec espoir et optimisme. Votre journal intime, traitant de vos relations, de vos difficultés ainsi que de la philosophie que vous aurez développée, donnerait matière à un livre passionnant. Si vous étiez écrivain, vous puiseriez dans votre expérience des sujets à la fois saisissants et authentiques.

Vous êtes chaleureux et sincère dans votre désir de stimuler chez les autres les réactions les plus positives. Vous avez bon espoir de trouver le compagnon idéal en la personne de votre choix. Vous souhaitez partager pleinement l'existence, escomptant ainsi un épanouissement réciproque. D'un optimisme infaillible, il vous arrive d'être fier et même orgueilleux, mais vous souhaitez sincèrement être utile à quiconque vous demande conseil. Les gens n'ont pas lieu de douter de vos intentions, vous les aidez du mieux que vous pouvez, sinon vous les recommandez à la personne adéquate. En tout cas, vous ne jugez pas les gens sur leurs points faibles, voyant toujours en eux le meilleur, même s'ils ont pris un mauvais départ dans la vie.

Lune sextile Saturne

Votre tempérament est sérieux, réservé et vous êtes prudent dans vos sentiments. Vous avez été amené de bonne heure à faire des efforts pour ceux que vous aimiez. Il se peut que vous ayez été habitué à écouter et à aider vos frères et sœurs lorsqu'ils avaient des difficultés, et à présent, vous êtes prêt à discuter avec eux de tout problème susceptible de se présenter. Vous saisissez l'importance qu'il y a à préciser les sentiments de chacun avant de tenter de résoudre ses difficultés. Cette approche réaliste des problèmes affectifs donne généralement un résultat constructif.

Votre intelligence innée, votre intégrité et votre bon sens devraient vous assurer le succès professionnel. Le droit, la médecine, la gestion industrielle, la politique, l'enseignement et les relations publiques pourraient correspondre à vos capacités.

Vous faites preuve de patience et de sens pratique face aux problèmes quotidiens, ce qui vous réussit toujours. Vos pensées sont structurées et vous ne vous laissez pas aller à des rêveries fantaisistes. Vous n'avez pas de grandes ambitions, et vous voulez apprendre en progressant dans le domaine que vous avez choisi. Quoi qu'il arrive, vous ne sacrifierez jamais votre intégrité au nom de l'ambition.

Vous compensez votre manque d'enthousiasme par la détermination. N'ayant pas de problème pour communiquer, vous pourriez par exemple trouver un accomplissement dans l'enseignement. Vous êtes discipliné, et supportez mal ceux qui perdent leur temps ou vous font perdre le vôtre. Vos élèves auraient beaucoup à apprendre de vous, car vous transmettez vos connaissances avec clarté et autorité. Vous vous plaisez en compagnie d'amis choisis avec soin, en qui vous avez toute confiance. En effet, c'est avec des êtres aussi soucieux que vous de vérité que vous vous sentez le mieux. Votre partenaire devra être sérieux et réfléchi, et même s'il n'a pas «réussi», vous l'accepterez tel qu'il est si ses intentions sont sincères. Vous serez prêt à l'aider, et vous ne vous sentirez pas exclu si ses obligations professionnelles devaient l'éloigner de vous de temps à autre. Une relation uniquement sexuelle ne vous satisfait pas, car vous recherchez avant tout un compagnon pour son équilibre intellectuel et psychologique.

Vous employez souvent vos loisirs à lire ou à étudier, l'évolution de votre carrière en dépend. En consolidant vos connaissances, vous voulez vous tenir prêt à saisir toute occasion qui serait bénéfique à long terme.

Lune sextile Uranus

Vous avez très tôt pris conscience que vous étiez différent des autres. En effet, vous avez toujours compris mieux que personne le sens de vos expériences, tirant parti de chaque situation ou événement nouveau ; vos parents ont dû se demander pourquoi vous n'étiez pas un enfant comme les autres. Votre développement intellectuel et émotionnel a été précoce, principalement parce que vous savez prendre de la distance avec le passé ; vous en respectez les leçons, mais vous dirigez vos aspirations vers l'avenir.

Vous excellez dans l'enseignement, car vous communiquez instantanément aux autres votre enthousiasme de la découverte. L'Histoire, notamment, devient un sujet vivant au fur et à mesure que vous en analysez le sens. Vous tenez à ce que les gens s'instruisent et vous les encouragez à laisser de côté ce qui pourrait entraver leurs progrès.

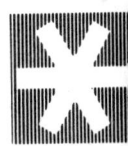

Quelle que soit votre profession, vous avez un effet extrêmement stimulant sur les autres. Vous pourriez être écrivain, journaliste, politicien ou chercheur en médecine. Vous pourriez également faire avancer la science. Néanmoins, vous manifestez une certaine impatience devant les efforts laborieux exigés par les métiers de recherche, et c'est en fixant votre propre rythme que vous obtenez les meilleurs résultats. La finesse de votre intuition vous permet de résoudre des problèmes avec une facilité remarquable. Il se peut, de ce fait, que vous ayez souffert de la lenteur du rythme scolaire.

Sur le plan des relations personnelles, vous êtes attiré par les contacts qui mobilisent la part logique de votre tempérament, les attaches purement sentimentales ne suffisant pas à vous lier durablement à un autre être.

Lune sextile Neptune

Votre imagination est très vive. Votre sensibilité et vos capacités intellectuelles vous permettent d'exprimer votre créativité. Vous avez le sens du devoir envers la société, et envers ceux dont les conditions de vie parfois pénibles vous causent une véritable souffrance. Vous savez formuler vos reproches et éveiller la colère de la population pour obtenir l'amélioration du sort des plus défavorisés.

Votre engagement personnel vous donne accès à des professions très variées. L'écriture est une activité qui pourrait vous convenir, de même que tout autre travail nécessitant de réunir des informations et de les diffuser. L'essentiel pour vous est de participer au progrès social. Vous pourriez un jour travailler dans un journal afin d'informer le public sur les agissements de certains hauts fonctionnaires qui oublient quelque peu la nation pour se servir eux-mêmes. Vous savez soulager les souffrances d'autrui. Médecin, vous feriez toujours d'excellents diagnostics ; artiste, vous sauriez faire passer ce que vous ressentez profondément, et diététicien, vous pourriez amener chacun à améliorer notablement son régime alimentaire.

Dans vos relations, votre comportement est équilibré et vous ne vous laissez pas affecter par les manquements des autres. Votre compréhension et votre tolérance vous autorisent à vivre pleinement toutes les expériences. Veillez cependant à ne pas vous laisser exploiter par ceux qui tenteront d'abuser de votre serviabilité.

Votre vie devrait être riche et pleine. Vous remplirez vos obligations familiales tout en servant la communauté lorsque c'est nécessaire. Efforcez-vous de sauvegarder des moments de solitude, afin de recouvrer vos forces physiques et de vous recharger sur le plan psychique.

Lune sextile Pluton

Ce sextile vous donne une profonde connaissance de l'amour. Vous vous efforcez toujours de comprendre les motivations des êtres et plus particulièrement de ceux qui vous sont proches. L'amour compte beaucoup pour vous, et vos émotions sont puissantes. Vous manifestez volontiers vos sentiments, et vous attendez des autres qu'ils soient aussi démonstratifs ; vous avez besoin que l'on vous exprime ouvertement de l'attachement.

Vous connaissez vos priorités affectives et vous apporterez à vos enfants et à vos proches la chaleur de la tendresse dont ils ont besoin, tout en réservant les aspects les plus ardents de votre nature pour vos moments d'intimité avec l'être aimé.

Vous n'êtes pas insensible à la souffrance et vous faites tout pour la soulager. Vous débordez d'imagination et de ressources pour traiter les affaires quotidiennes, toujours prêt à adopter des idées nouvelles pour vous faciliter la vie. Vous êtes soucieux de votre environnement et de vos responsabilités civiques.

Votre plus grand talent est de communiquer avec les jeunes que vous cherchez à mieux connaître. Ils se confient facilement à vous car l'intérêt sincère que vous leur témoignez les sécurise ; ils ne sont pas gênés par votre autorité qu'ils acceptent et respectent. La chaleur et la tendresse qui émanent de vous aident les jeunes à se stabiliser au fur et à mesure qu'ils gagnent indépendance et maturité.

Vous avez le sens des affaires et vous êtes un gestionnaire efficace ; ces caractéristiques vous aideront à acquérir une sécurité matérielle. Vous êtes organisé et savez éviter ce qui entrave votre progression. Etant donné votre réceptivité, ce sont les métiers de contact humain qui vous conviennent le mieux. Vous feriez merveille dans les relations publiques, les assurances, la finance, la rééducation et les thérapies physiques.

Lune sextile Ascendant

Cet aspect montre que vous essayez de comprendre l'origine de votre hyper-sensibilité aux propos que tiennent certains. Vous désirez analyser les divers événements de votre vie pour rétablir l'harmonie dans tous les domaines. Vous n'avez pas toujours été ainsi. Jusqu'à votre maturité, vous appréhendiez quelque peu la critique, craignant toujours de ne pas être à la hauteur. Même à présent, vous avez parfois du mal à distinguer la réalité de la fiction, mais vous progressez dans ce domaine. Ce n'est pas que vous perdiez en sensibilité, vous gagnez plutôt en compréhension de vous-même. Vous avez tendance à faire preuve d'une émotivité excessive dans vos relations, et à sous-estimer votre aptitude à faire face aux situations qui se présentent. Pourtant, on vous considère comme une personne compétente, et vos inquiétudes sont souvent injustifiées.

Vous avez une foule d'idées que vous devriez exploiter. Peut-être dans votre profession aurez-vous l'occasion de faire des suggestions qui puissent être utilisées de façon constructive par vos supérieurs. Votre travail compte beaucoup pour vous. Vous acceptez les tâches avec enthousiasme, et tenez à prouver votre compétence dans leur exécution. Vous cherchez continuellement à vous perfectionner. Lorsque vous aurez surmonté votre complexe d'infériorité, vous parviendrez à faire face à vos concurrents.

Vous espérez être apprécié pour la contribution que vous apportez au maintien de vos relations amicales. Vous êtes plus que capable de partager les intérêts de votre partenaire sans reculer devant les responsabilités. Lorsque les autres s'en rendent compte, il se peut qu'ils tentent de profiter de votre obligeance. Vous vous retrouvez avec plaisir avec vos nombreux amis et appréciez les mondanités qui vous donnent l'occasion d'aborder une multitude de sujets de conversation. Cultivé, vous êtes rarement pris de court dans les discussions.

Mercure sextile Vénus

Vos manières sont affables et gracieuses. Vous vous entendez avec la plupart des gens et savez faire des concessions pour maintenir l'harmonie, ce qui ne signifie nullement que vous cédiez si votre interlocuteur est dans son tort. En règle générale, vous vous efforcez d'être équitable dans vos jugements afin de n'offenser personne. Vous savez exprimer habilement vos opinions, avec courtoisie, et vous êtes toujours suffisamment documenté sur les sujets que vous abordez. N'étant pas porté à la controverse, vous préférez accorder aux autres le bénéfice du doute en cas de désaccord ; votre nature raffinée vous incite à leur laisser une chance de vous convaincre avant de réagir.

Votre personnalité douce et souple représente un atout dans la plupart des professions, et il se peut que vous éprouviez certaines difficultés à affronter la compétition directe. Vous devriez tenir compte de cet élément dans le choix de votre métier. Vous travaillerez mieux seul, ou intégré à un petit groupe dans lequel vous n'aurez pas à craindre les rivalités. Vous pouvez trouver du plaisir à parler en public ou à faire du théâtre. L'écriture vous donnerait également des satisfactions, car vous vous exprimez avec facilité ; votre style, à la fois plein de séduction et d'imagination, attirerait les lecteurs désireux tant de se distraire que de s'instruire. Vous êtes davantage à l'aise en traitant de sujets ni trop denses ni trop pesants.

Vous améliorez l'état de vos finances de façon ingénieuse. Vous exploitez efficacement vos talents, et vous savez rentabiliser vos idées. Vos associés vous soutiendront dans vos opérations, car votre jugement équilibré les rassure ; vous savez les convaincre de votre réussite et obtenir la coopération nécessaire à vos projets. Vous ne demandez pas aux autres de prendre des risques que vous ne prendriez pas vous-même. Etant donné votre aptitude à bien planifier votre action, la part de risque s'en trouve considérablement réduite. Vous savez vous garder des projets complexes qui nécessitent de longs efforts avant de devenir rentables.

Mercure sextile Mars

Votre esprit aiguisé par une curiosité insatiable vous pousse à acquérir en permanence de nouvelles connaissances. Pourtant, vous n'en savez jamais assez pour être satisfait et vous continuez à apprendre, votre vie durant. Vous faites en sorte d'être suffisamment documenté avant d'émettre un avis, car vous recherchez l'approbation de vos interlocuteurs. Vous vous exprimez d'une façon imagée et vos propos sont pétillants d'intelligence. Même ceux dont les opinions diffèrent des vôtres se laissent convaincre par vos arguments et gagner par votre point de vue. Vous savez jusqu'où vous pouvez aller dans l'exposé de vos idées, sans dépasser les bornes, mais il est probable que vos interlocuteurs se seront laissé convaincre bien avant. Vous ne tirez aucune conclusion hâtive avant d'être sûr de votre fait.

Votre attitude est naturellement amicale, vous n'attendez pas d'être présenté pour aller vers les autres ; vous aimez rencontrer les gens et leur parler. Orateur convaincant, vous savez également écouter. C'est une des raisons pour lesquelles vous en savez tant, car vous n'hésitez jamais à poser des questions.

Votre cordialité, de même que votre agilité intellectuelle, peuvent vous valoir la réussite dans plusieurs domaines. Vous pourrez être attiré par des activités liées au droit, à l'enseignement, à l'écriture, aux relations publiques et toute occupation exigeant une grande rapidité d'esprit. Vous pourriez également réussir en tant que journaliste, car la mobilité de cette profession convient à votre tempérament. Votre intérêt pour tout ce qui est nouveau est un des éléments de stimulation de ce métier, et votre style est suffisamment vivant pour faire passer les informations les plus sombres. La communication est votre fort et vous devriez exploiter à fond cette qualité. La politique pourrait également faire appel à vos talents. Les débats animés ne sont pas pour vous déplaire, et cette fonction vous fournirait maintes occasions d'exprimer vos opinions à ceux qui se sentent concernés.

Vous vous montrez toujours aimable, mais gare à ceux qui chercheront à vous tromper ! Votre réaction ne se fera pas attendre et le fautif n'osera pas y revenir. Vous êtes fidèle, même dans les moments difficiles ; vous savez reconnaître vos erreurs et en rire.

Mercure sextile Jupiter

Votre esprit est toujours en éveil, votre soif de connaissances est illimitée et vous avez une grande capacité d'assimilation. Il ne vous suffit pas d'avoir certaines connaissances, vous tenez également à les appliquer de façon constructive. Votre jugement est acéré et vous raisonnez admirablement bien. Grâce à votre maîtrise du langage, vous vous exprimez et écrivez de façon convaincante. La vérité est pour vous capitale, et vous n'hésitez pas à acculer ceux qui la déforment. Ne laissant rien au hasard, vous ferez toujours en sorte que la vérité triomphe ; vous supportez difficilement ceux qui se permettent de donner des informations sujettes à caution sur des sujets qu'ils connaissent à peine.

La connaissance peut être une arme à double tranchant, et vous êtes prompt à réagir lorsque vous constatez que certains s'en servent pour manipuler les esprits. (Adolf Hitler avait dans son thème cette configuration planétaire.)

Etre enseignant, conférencier, journaliste, écrivain ou attaché de presse sont des occupations dans lesquelles vos talents pourraient trouver à s'exprimer. Vous pouvez en fait réussir dans tous les métiers impliquant la retransmission de connaissances ou de données pour une application sur un plan pratique.

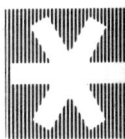

Votre soif de connaissance et votre quête de la vérité persisteront toute votre vie. En temps qu'enseignant, vous pourriez inspirer à vos élèves le désir d'atteindre leur plus haut niveau de développement. Les voyages élargiraient vos horizons en vous aidant à comprendre les différences ethniques. Quoique vous ne soyez pas un adepte des sectes religieuses, vous reconnaissez qu'il est important de croire en quelque chose et vous laissez les autres libres de leurs croyances sans chercher à leur imposer les vôtres.

Mercure sextile Saturne

Ce sextile vous confère une intelligence pleine de ressources, ainsi que le sens de la réflexion et de l'organisation. Vous croyez en vous, et vous voulez prouver vos capacités. Vous avez le courage de vous prononcer sur certaines questions qui vous intéressent, car vous vous savez bien informé ; vous êtes tout à fait à même d'étayer vos propos de statistiques ou de citations. Vous aimez établir de vrais rapports avec les gens, qui soient fondés sur une base solide.

Vous avez très tôt pris conscience qu'il vous fallait exploiter vos talents, et vous avez accompli les efforts nécessaires pour acquérir le plus de connaissances possible, sachant que vous en auriez besoin pour vous mesurer aux autres. Vous trouvez toujours les réponses qui vous permettent de gagner du terrain dans les domaines professionnels. Tous les secteurs vous sont ouverts, car vous pouvez apprendre ce que vous voulez. Vous pourriez réussir dans l'enseignement, la politique, la science, et la recherche ou bien la gestion industrielle, l'exploitation et la préservation des ressources naturelles, ou l'architecture. Vous savez comment vous organiser pour obtenir ce que vous désirez, et vous faites preuve d'une grande persévérance. Votre réussite n'est due ni au hasard ni à la chance.

Il se peut que vous ayez souffert de la solitude dans vos jeunes années, car vous ne vous sentiez pas à l'aise avec les enfants de votre âge. Votre précocité vous engageait sans doute à préférer la compagnie de gens plus mûrs. Vous avez une bonne mémoire et votre intelligence est au-dessus de la moyenne. Le rythme scolaire était certainement trop lent pour vous.

Eternel étudiant, vous êtes toujours à l'affût de connaissances nouvelles, traditionnelles ou non. Votre désir de savoir est insatiable ; c'est en grande part ce qui vous donne ce comportement social brillant. Votre allure est l'image du bon goût, et vous êtes admiré à la fois de vos subordonnés et de vos supérieurs. Une fois votre réussite assise, il se peut que vous vous tourniez vers l'écriture comme passe-temps pour enrichir votre vie privée. Si vous choisissez le métier d'écrivain, il est probable que vos œuvres traiteront de sujets historiques ou rassembleront des informations vouées à la postérité. Une profonde réflexion habiterait vos écrits, dont la documentation serait considérable.

Les personnes honnêtes et mûres vous attirent en priorité, et votre mariage sera certainement fondé sur la compréhension et le respect réciproques. Ce lien pourrait être platonique tout en s'avérant aussi solide qu'un rapport fondé davantage sur la sexualité. Une relation simplement physique ne vous suffirait pas. Dans la seconde partie de votre vie, il se peut que vous épousiez un partenaire plus jeune, à la condition qu'il existe entre vous des affinités intellectuelles.

Mercure sextile Uranus

Votre intelligence est au-dessus de la moyenne. Vous manifestez une certaine impatience devant l'ignorance, mais vous faites preuve de tolérance envers ceux qui apprennent moins vite que vous. Vous êtes extrêmement vif, curieux, et vous possédez une bonne culture générale. Votre facilité à prendre la parole fascine votre entourage. Vous n'êtes pas avare de vos connaissances, toujours prêt à les faire partager à ceux qui font preuve d'un intérêt authentique. Vos parents étaient probablement étonnés de votre précocité par rapport aux autres enfants. Adolescent, vous aimiez parler avec les adultes et vous étiez déjà capable de comprendre certains sujets difficiles.

Vous devriez orienter vos intérêts professionnels vers l'enseignement ou vers tout autre domaine dans lequel vous ne vous sentiriez pas limité sur le plan intellectuel. Vous avez besoin de la liberté nécessaire pour exploiter vos talents, laissant libre cours à votre originalité et à votre sens théâtral ; c'est ainsi que vous obtiendrez les meilleurs résultats. Vous n'acceptez les méthodes traditionnelles que si elles ont été éprouvées. Votre mentalité d'avant-garde ne respecte du passé que les leçons réelles. Vous avez le don d'insuffler aux autres suffisamment d'enthousiasme pour qu'ils aillent au bout de leurs propres responsabilités.

Pour réussir vous avez besoin de discipline et de ténacité. Fixez-vous des objectifs et planifiez-en la matérialisation. N'attendez pas d'avoir tout en main avant d'agir, sinon vous n'entreprendrez jamais rien. Il est de votre devoir de faire partager vos découvertes aux autres. Vous serez réceptif aux vérités nouvelles votre vie durant.

Il vous est difficile de ralentir votre rythme, car votre cerveau est constamment en ébullition. Apprenez à lâcher la bride et à vous détendre, il y a toujours un lendemain. Votre impatience et votre excitabilité peuvent vous conduire au surmenage psychique.

Mercure sextile Neptune

Votre imagination est fertile et vous la mettez à contribution dans le quotidien. Votre intuition vous permet d'affronter les problèmes difficiles avec une certaine aisance. Sur le plan de vos rencontres, vous savez mettre à profit la réflexion et la méditation de vos expériences diverses. Vous êtes avide de connaissances que vous aimez exploiter tant pour vous-même que pour les autres. Conscient du danger qu'il y a à accepter les choses aveuglément, vous êtes toujours en quête de vérité. Votre curiosité est insatiable, et grâce à votre aptitude à interpréter les événements, l'expérience vous apporte davantage qu'aux autres.

Votre potentiel créatif vous offre un grand choix dans le domaine professionnel. Le journalisme, l'enseignement, la médecine, les arts, la musique, le dessin et les programmes sociaux sont les secteurs dans lesquels vous pourriez vous exprimer. Vous êtes apprécié pour votre compétence ainsi que pour la chaleur de votre compréhension. La communication devrait être un élément important dans votre vie professionnelle. Grâce à cette qualité, les gens se sentent toujours à l'aise en votre présence.

Il est important pour vous d'acquérir une certaine éducation si vous voulez tirer parti de votre imagination et de votre inspiration. Etant extrêmement réceptif à votre environnement, une bonne formation vous ouvrirait des possibilités illimitées. Il est essentiel que vous fixiez assez rapidement des objectifs à votre vie et que vous parveniez à les mettre en œuvre de façon réaliste. Ne laissez pas les autres vous distraire de votre route, car vous auriez du mal à repartir avec le même enthousiasme.

Vos relations amicales sont généralement chaleureuses et solides. Vous avez des affinités avec les êtres ayant une certaine philosophie de la vie, et qui ne se soucient pas trop des intérêts matériels et physiques. Vous êtes un idéaliste, mais vous n'attendez pas des autres qu'ils satisfassent votre besoin de perfection. Vous préférez ceux qui aspirent à une certaine perfection. Une foi spirituelle vous habite, et seule la conscience de vos responsabilités morales et sociales vous guide.

Mercure sextile Pluton

Votre intelligence analytique vous permet d'appréhender les sujets les plus obscurs. Votre compréhension est profonde et votre perception aiguisée, vous saisissez mieux que d'autres le sens de vos expériences. Vos qualités psychiques prononcées sont plus utiles que vous ne le penseriez, et vous prendrez peu à peu conscience de cette faculté ainsi que de ses développements possibles. Vous trouvez facilement une explication logique aux événements apparemment les plus mystérieux.

Vous pouvez utiliser vos compétences dans beaucoup de professions. La criminologie, la recherche, la psychologie, la médecine, la chimie, et l'enseignement sont des domaines qui conviennent à votre structure intellectuelle. En tant qu'enseignant, vous pourriez apprendre aux autres à développer leur perspicacité. Dans la recherche, votre intuition, qui devance le raisonnement, vous aiderait à résoudre des problèmes importants.

Vous explorez courageusement des idées nouvelles, et vous réunissez une documentation importante sur les sujets qui vous intéressent. Vous usez de vos facultés avec discipline, et trouvez facilement le soutien financier nécessaire à vos projets que vous savez présenter avec honnêteté et sincérité. Votre imagination fertile vous est particulièrement utile avec vos intimes. Vous n'hésitez pas à faire des suggestions pour résoudre les problèmes sociaux apparemment sans solution.

Vous attendez des autres une sincérité égale à la vôtre. Si l'on vous abuse, ou que l'on travestit la vérité, vous le faites remarquer sans attendre et vous oubliez difficilement ce genre d'incident, rompant définitivement, sans un regard vers le passé. Vous recherchez un partenaire sincère, digne de confiance et toujours ouvert à la discussion en cas de désaccord. Il devra faire preuve d'une certaine assurance et être ambitieux. La gestion d'un budget commun ne vous posera aucun problème.

Mercure sextile Ascendant

Vous êtes brillant, spirituel, expressif et curieux. Vous connaissez vos qualités et vos défauts. Vous savez mettre les autres à l'aise, vous exprimant avec clarté et précision, et ne laissant aucun doute sur vos intentions. Vous ne donnez votre opinion qu'après avoir examiné les faits en détail.

Etant aussi bien informé que possible, vous n'êtes jamais à court de sujets de conversation. La communication est un de vos talents, et vous en faites certainement bon usage dans votre carrière. Vous avez le sens de l'écriture et n'avez aucun mal à vous défendre dans un débat. Tout en appréciant la gymnastique intellectuelle qu'implique une bonne discussion, vous n'êtes pas un discutailleur : l'intérêt de la conversation vous suffit à lui seul.

Vous travaillez sur vos projets dans l'espoir qu'ils puissent un jour devenir rentables. Vos amis vous encouragent dans vos convictions, et il se peut même qu'ils flattent votre ingéniosité et votre habileté. Vous savez mettre à profit vos qualités, et vos suggestions sont prises en compte. Vous aurez même parfois la responsabilité de les faire aboutir. Veillez à ne pas vous laisser chiper vos idées par vos supérieurs hiérarchiques, qui pourraient prendre ombrage des compliments que vous valent vos compétences.

Vous comprenez les motivations des actes de chacun, même lorsqu'ils en donnent une version différente. Votre esprit analytique vous aide à saisir instinctivement ce que les autres attendent de vous. C'est dans les activités de contacts humains que vous fonctionnez le mieux, car vous aimez les gens. Vous savez créer l'harmonie dans vos relations, et l'on se sent à l'aise avec vous. Il est rare que vous ne parveniez pas à trouver un terrain d'entente avec quelqu'un.

Vénus sextile Mars

Votre nature est chaleureuse et affectueuse. Vos besoins physiques sont considérables, mais vous êtes capable de les dominer, jusqu'à ce que vous rencontriez le partenaire avec qui vous aurez une relation agréable. Vous ne lui manifesterez vos sentiments que lorsque vous le connaîtrez bien, et que vous saurez si vos affinités sont à la fois sociales, intellectuelles et physiques. Vous savez qu'il est nécessaire de faire des concessions pour préserver vos amitiés, les autres en font aussi, car votre attitude les y encourage. Vous ne les heurtez pas en insistant sur leurs lacunes. Malgré votre indulgence pour les faiblesses humaines, vous aimez que les gens paraissent au mieux de leurs qualités.

Vous préférez apprécier les belles choses que vous attarder sur le côté sordide de la vie. Votre nature artiste vous porte vers la musique, l'art, la littérature, les relations sociales et les amitiés agréables. Cette combinaison planétaire n'est pas spécifique d'intérêts professionnels précis, mais toute occupation exigeant de bons contacts humains pourrait vous convenir. Avec les gens que vous ne connaissez pas, vous aimez entamer la conversation sur des sujets sans importance, juste pour le plaisir de vous présenter et de briser la glace. Vous êtes d'un naturel optimiste et votre sourire montre que vous êtes une personne sympathique. Les relations publiques sont pour vous l'activité idéale, car vous êtes honnête en affaires et savez mettre les gens à l'aise.

Il est probable que vous avez gardé des amis de longue date, même si vous n'êtes pas en relation régulière avec eux.

Il se peut que vous choisissiez un conjoint qui vous aide à découvrir le meilleur de la vie. Que la raison de votre mariage soit le besoin de sécurité ou l'attirance sentimentale, votre union sera enrichissante.

Vous avez tendance à une certaine désinvolture dans le domaine financier, et à vivre parfois au-dessus de vos moyens. Etant donné votre goût pour les raffinements de l'existence, vous vous souciez peu d'économie ; lorsque vous vous offrez une folie, vous donnez l'impression d'avoir énormément d'argent. Il vous faudra faire un effort pour modérer vos dépenses.

Vénus sextile Jupiter

Votre tempérament extraverti et votre aisance attirent tous ceux qui vous approchent. Vous savez dire ce qu'il faut au bon moment pour obtenir ce que vous désirez. Vous savez faire des louanges lorsqu'elles sont méritées, et même lorsqu'elles ne le sont pas. On vous considère comme une personne généreuse, sympathique et indulgente, toujours disponible. Même les pessimistes repartent pleins d'espoir, car vous êtes toujours en mesure de trouver une solution à leurs difficultés, quoique vous n'ayez pas l'habitude d'intervenir dans les affaires d'autrui. Ceux qui ont besoin de vous, parviennent toujours à vous joindre. On apprécie que vous n'exigiez pas trop des autres, toujours tolérant envers leurs faiblesses.

Vous pouvez exercer vos talents dans toutes sortes de directions, car cette configuration planétaire n'implique aucune compétence spécifique. Elle confère un charme personnel qui représente un atout certain dans un grand nombre de domaines. Les métiers de contact humain se trouvent très facilités par ce genre de tempérament ; il serait extrêmement positif que vous trouviez un emploi dans ce domaine.

Vous pourriez être directeur du personnel dans un grand organisme, enseignant ou même guide touristique. L'écriture pourrait également représenter pour vous un mode d'expression réel ; vous n'avez pas la patience nécessaire pour vous lancer dans des ouvrages de longue haleine, mais la rédaction de nouvelles ou d'articles de journaux pourrait vous convenir.

Une « bonne vie » dans un cadre confortable et un intérieur luxueux, de bons amis et une vie sociale bien remplie sont les choses que vous souhaitez. Vous supportez difficilement une vie d'austérité, réduite au strict minimum.

Vous remplissez votre quotidien d'une foule d'intérêts. La lecture, les voyages, les activités sociales, la musique, les arts et le théâtre font partie des distractions qui vous apportent le plus de satisfaction. Non content de jouir de ces activités en spectateur, il vous arrive souvent d'y participer activement. Dans vos relations, vous attendez l'honnêteté et la sincérité. Même lorsqu'il s'agit de relations plus superficielles, votre intérêt tiédit si vous vous apercevez qu'il s'agit de personnes déloyales, indifférentes, insensibles ou grossières. Vous avez des affinités avec ceux qui ne se contentent pas de stagner, mais qui se montrent désireux d'améliorer leur situation.

Vénus sextile Saturne

Vous savez ce que vous voulez, et vous êtes prêt à tous les sacrifices pour l'obtenir. Aucune privation ne vous paraît excessive si elle doit vous apporter la satisfaction de vos désirs. Sachant qu'il ne sert à rien de tirer des plans sur la comète, vous acceptez vos responsabilités comme un investissement pour l'avenir. Vous vaquez tranquillement à vos occupations, convaincu que vos efforts d'adaptation et vos concessions trouveront leur récompense.

Vous avez été préparé de bonne heure à prendre vos responsabilités personnelles ou publiques. Vos amis savent qu'ils peuvent compter sur vous pour tenir vos promesses. Fiable, sincère, honnête et équitable, vous respectez ceux qui sont riches comme ceux qui le sont moins. Vous tenez à votre autonomie, et vous refusez de vous sentir redevable envers les autres en acceptant leurs faveurs. Conscient du fait que vous êtes capable de réussir par votre propre mérite, vous poursuivez vos objectifs, seul s'il le faut. Vous êtes prêt à faire la moitié du chemin vers les autres, sans plus. Vous aimez l'ordre et planifiez soigneusement votre action, ne laissant rien au hasard.

Vous avez un jugement excellent. Lorsque vous vous exprimez, vos interlocuteurs comprennent exactement ce que vous voulez dire. Vous savez également écouter, et vous êtes prêt à apprendre de ceux qui ont plus d'expérience que vous. Ces qualités se prêtent idéalement à des domaines tels que la finance, la banque, l'industrie du bâtiment, les assurances, le droit, l'immobilier, la vente ou le design. Il est assez facile de s'entendre avec vous, car vous êtes patient et savez faire des concessions.

Sur le plan de vos relations, vous ne manifestez jamais vos sentiments avant de vous assurer qu'ils sont réciproques. Vous pouvez même passer pour timide ou réservé, mais le fait est que vous ne vous ouvrez qu'aux êtres que vous aimez. Vous êtes distingué, vous avez même un vernis mondain, et vous faites toujours preuve de raffinement et de bon goût. La vulgarité vous répugne, et vous préférez diriger votre attention vers des intérêts culturels.

Il se peut que vos frères et sœurs sollicitent vos conseils, à cause de votre maturité et de votre justesse de jugement. Vous êtes optimiste pour l'avenir, car vous savez que vous rencontrerez le partenaire qui vous convient, et avec lequel vous partagerez une vie gratifiante. Les nombreuses qualités que vous apportez à votre union en assureront la durée.

Vénus sextile Uranus

Vous faites preuve d'une certaine adresse dans vos relations sociales. Vous êtes compétent dans vos entreprises professionnelles et plein de charme dans vos relations sentimentales. Vous sentez ce que veulent les autres, et vous savez faire quelques concessions afin d'accéder à leurs désirs. Vos contacts sont donc stimulants et satisfaisants. Vous manifestez votre sympathie et votre compréhension en vous joignant aux espoirs et aux projets de vos amis.

Vous avez de grandes ambitions personnelles, mais vous refusez toute indélicatesse pour parvenir à vos fins. Vous savez communiquer aux autres l'intérêt qu'ils vous inspirent, et vous êtes considéré comme quelqu'un de fondamentalement honnête et sincère. Vous n'avez pas l'habitude de braquer les gens ou de les mettre sur la défensive. Vous aimez votre liberté, mais vous respectez également celle des autres. Il va de soi que vous êtes entouré de nombreux amis avec lesquels vous resterez longtemps liés.

Vous êtes extrêmement créatif et trouvez à vous exprimer soit dans des activités de caractère social, soit dans des domaines artistiques. Les métiers liés à l'enseignement et à l'enfance pourraient être bénéfiques aux autres et à vous-même. Grâce à votre sens théâtral, vous transmettez vos connaissances avec véhémence.

Vous êtes capable de communiquer aussi bien avec des groupes qu'avec des individus. Vous êtes suffisamment détaché pour faire preuve d'objectivité, et suffisamment émotif pour vous montrer sensible. Grâce à ces qualités, vous pourriez réussir dans la politique ; vous vous efforceriez de justifier la confiance placée en vous.

Sur le plan de vos relations intimes, vos contacts avec l'être aimé devraient être empreints de chaleur et de romantisme. Vous êtes prêt à apporter beaucoup à votre union afin qu'elle soit toujours dynamique. Vous n'êtes pas trop soucieux de l'argent, c'est simplement pour vous un moyen de satisfaire vos désirs les plus authentiques.

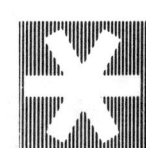

Vénus sextile Neptune

Votre imagination est vive, et vous pouvez vous en servir efficacement. Vous avez le don de traduire vos impressions sur un mode aisément compréhensible pour tous. Vous trouvez toujours le moyen d'exprimer votre créativité, et votre vie s'en trouve enrichie. Vous avez de la compassion pour les autres et vous vous efforcez de localiser leurs problèmes.

Vous pouvez vous montrer efficace dans un grand nombre d'occupations. Vous résolvez facilement les problèmes humains. Il y a en vous quelque chose d'apaisant qui réconforte ceux qui sont dans la détresse. Cela vous donnera des chances de réussite dans des métiers liés à la médecine ou à la thérapie physique. En cas de conflit, vos qualités de médiateur peuvent dissiper un climat orageux. Votre tempérament et vos dispositions vous poussent tout particulièrement vers les activités de caractère social. Si vous préférez travailler seul, la musique, les arts ou l'écriture devraient vous plaire.

D'un naturel romantique, vous êtes sensible aux êtres qui partagent votre idéal. Vous êtes attiré par des individus raffinés, qui éprouvent la même répugnance que vous pour les aspects sordides de l'existence. Dans votre désir de vivre un sentiment sublime, vous êtes prêt à vous investir spirituellement. Veillez toutefois à limiter vos aspirations, sans quoi vous pourriez être cruellement déçu.

En règle générale, vous êtes prêt à faire les ajustements et les concessions nécessaires pour maintenir et consolider cet attachement. Vous pouvez parfois vous sentir oppressé par des difficultés passagères. Veillez alors à ne pas succomber à l'indolence ou à l'apathie, car votre nature sensible vous porte à réagir plus négativement que d'autres aux circonstances difficiles.

Vénus sextile Pluton

Ce sextile vous porte à reconnaître la puissance de l'amour. Pour vous, tout lien affectif exige des efforts d'adaptation des deux côtés pour s'ajuster un tant soit peu, si la relation est valable. Vous considérez que l'harmonie est importante, car elle permet de s'exprimer physiquement intensément. Par conséquent, vous vous efforcez toujours d'établir un niveau de communication réel avec votre partenaire avant de vous engager. Vous constaterez peut-être que votre attirance pour certains êtres tient uniquement à leur apparence. Toutefois, lorsque vous les connaîtrez mieux, il se peut que leur superficialité refroidisse vos sentiments.

En règle générale, vous êtes en mesure de percevoir et d'évaluer les motivations de ceux qui vous approchent. En fait, vous adhérez toujours à la conception que vous aviez de l'amour dès votre plus jeune âge, et les contacts frivoles sont pour vous une perte de temps et d'énergie qui pourraient vous faire ajourner tout engagement définitif. Vous tenez à vous assurer que votre relation repose sur des intérêts communs, et il n'est pas question pour vous d'accepter le premier venu.

Vous êtes attiré par les individus désireux de s'épanouir et de s'accomplir pleinement. Vous vous sentez plus proche de ceux qui ont davantage à offrir qu'une apparence physique, et qui se montrent prêts à répondre aux désirs des autres.

Dans un cadre social plus large, vous supportez difficilement le cynisme des hauts fonctionnaires qui négligent les besoins humains les plus élémentaires. Au besoin, vous seriez capable d'aller aux extrêmes pour démasquer les coupables, en lançant une campagne avec des témoignages accablants, utilisant les médias pour informer le public. Vous êtes tout particulièrement scandalisé par l'utilisation abusive des fonds publics, ce que vous ressentez comme un abus qui vous lèse personnellement ; vous n'en démordrez pas.

Vous pourriez réussir dans des professions telles que trésorier, conseiller financier, agent d'assurances ou avocat spécialisé dans les testaments et les successions. Ces occupations vous apporteront une grande satisfaction et vous permettront en outre d'enrichir les autres.

Vénus sextile Ascendant

Vous faites des efforts pour maintenir des rapports harmonieux avec votre entourage. Vous êtes prêt à faire des concessions importantes si cette attitude peut redresser une situation. Pacifique de nature, vous aplanissez volontiers les difficultés dans vos relations. En cas de désaccord avec une tierce personne, vous accordez à cette dernière le bénéfice du doute, persuadé que si elle est dans son tort elle le reconnaîtra. Vous n'imposez pas vos opinions aux autres, préférant trouver un terrain d'entente.

Vous savez ce que vous attendez de la vie, et vous exprimez librement vos désirs. N'étant pas d'un naturel cachottier, vous aimez révéler ce que vous comptez faire avant de passer à l'action. Mais, comme vous êtes quelque peu timide, on imagine mal que vous puissiez aller très loin dans la poursuite de vos objectifs. Vous aspirez surtout à la sécurité pour vos vieux jours, et vos projets sont dirigés dans ce sens.

Sur le plan de votre caractère, vous faites tout ce que l'on attend de vous, mais vous devriez veiller à ne pas vous laisser aller à trop de familiarité avec vos collègues ou vos supérieurs. Vous êtes trop souple et trop indulgent, ce qui peut inciter les autres à profiter de vous.

Fondamentalement, vous êtes quelqu'un d'honorable, ayant le respect de la loi à tous les niveaux. Il vous déplairait profondément de vous trouver impliqué dans une affaire juridiquement déplaisante, qui risquerait de perturber votre équilibre. Veillez aussi à ne pas vous laisser entraîner dans les complications légales de vos proches, car cela pourrait vous coûter cher. Parfois, le fait d'accorder aux autres le bénéfice du doute peut se retourner contre vous. Cependant, vos rapports avec les autres sont généralement équilibrés, et tout désaccord pourra se régler par la transaction.

Mars sextile Jupiter

Ce sextile montre que vous avez la possibilité d'utiliser vos ressources intellectuelles et physiques immenses pour parvenir à vos fins. Vous vous fixez des objectifs ambitieux, et vous êtes prêt à tout pour vous assurer que vos projets seront correctement exécutés. Vous avez été habitué de bonne heure à exploiter vos capacités intellectuelles, et il se peut même que vous inventiez des jeux dans lesquels vous auriez l'occasion de mettre à l'épreuve votre esprit de compétition. Vous vous préparez ainsi à affronter plus tard des adversaires plus sérieux.

Vous êtes capable de vous imposer dans les moments de crise et vous avez développé votre aptitude à communiquer par l'habileté et l'efficacité de votre langage. Dans les débats, vous savez étayer vos propos de façon convaincante. Vous êtes prompt à prendre la défense de ceux qui ne peuvent se défendre eux-mêmes, que ce soit par manque d'information ou par manque d'entraînement dans les joutes oratoires.

Vos compétences pourront être efficacement appliquées à un grand nombre de professions. Vous pencherez probablement vers les activités intellectuelles, dans lesquelles vous vous révélez brillant. Vous pouvez, par exemple, envisager des activités liées au droit, à l'enseignement, à l'écriture, au théâtre, au gouvernement et aux médias. Vous pourrez vous distinguer dans n'importe lequel de ces domaines. Cependant, la reconnaissance de vos talents compte moins pour vous que leur exercice.

Vous savez projeter votre personnalité à merveille, et votre nature communicative vous vaut beaucoup d'admirateurs. Les jeunes peuvent être particulièrement impressionnés par votre personnalité et vous prendre pour modèle. Vous vous exprimez souvent de façon directe, et il est rare que vous affirmiez des contre-vérités. Vous êtes attiré par ceux qui ont une idée relativement claire de leurs désirs et vous respectez ceux qui ont le courage de leurs convictions, même si vous ne les partagez pas. L'honnêté et l'intégrité vous paraissent indispensables dans la réalisation de vos projets.

Vos sentiments sont intenses, et il vous faut un partenaire affectueux, qui partage vos épreuves. Vos besoins physiques sont puissants, mais vous préférez les satisfaire avec un partenaire avec lequel vous ayez des affinités intellectuelles. Cette configuration planétaire réunit harmonieusement les qualités spirituelles et physiques.

Mars sextile Saturne

Cet aspect indique l'alliance heureuse du corps et de l'esprit. Vous vous efforcez toujours d'agir intelligemment, de façon à n'avoir pas à recommencer. Vous réfléchissez avant de vous lancer dans une entreprise, ce qui donne de bons résultats. On peut faire appel à votre logique et à votre intelligence, et vous aimez que l'on vous fasse des propositions correctes et acceptables. Votre sens de la discipline et votre patience vous permettent d'accomplir plus que vos concurrents, car vous prenez le temps de comprendre tous les détails d'une question avant d'y répondre.

Bien que vos intérêts se dirigent généralement vers des secteurs physiques, vous préférez les activités requérant aussi des capacités intellectuelles. Cette combinaison vous donne un penchant pour l'archéologie, les explorations, le service forestier, la recherche et le développement industriels ou même la culture physique. Vous pouvez également vous intéresser à l'écologie, aux organismes d'entraide, aux personnes du troisième âge, aux internés ou aux campagnes réunissant des fonds pour les handicapés ou à toute autre activité spirituellement enrichissante. Il se peut que l'artisanat vous attire, et que cela devienne votre source principale de revenus.

Vous appréciez les discussions de groupe, votre maîtrise du discours trouve à s'y exercer. Il est rare que vous perdiez la face lors d'un débat, car vous n'émettez jamais d'opinion dans le vide. La polémique est votre point fort, et vous pourriez, grâce à cela, réussir dans la politique, au moins au niveau de l'organisation de groupes locaux.

Vous respectez l'autorité et vous acceptez la protection de la loi. Réussissant presque tout ce que vous entreprenez, vous acceptez difficilement l'échec. Vous inculquerez les mêmes notions à vos enfants, et vous créerez un climat favorable à leur développement ; toujours disponible à leurs problèmes, vous vous efforcerez de leur transmettre la sagesse de votre expérience. Vous vous réjouirez de leurs réussites, sans pour autant leur faire part de vos sentiments.

Mars sextile Uranus

Vous êtes d'un tempérament nerveux et impatient, constamment à la recherche d'un exutoire. Votre curiosité est insatiable. Vous êtes ferme dans vos opinions, et ne craignez pas de les exprimer. Joignant généralement le geste à la parole, vous ne supportez pas les indécis qui passent leur vie à hésiter. Fin stratège, vos projets réussissent, mais vous pensez toujours pouvoir améliorer votre efficacité. Malgré une énergie débordante, veillez à ne pas fatiguer votre système nerveux par votre impatience à atteindre vos objectifs.

Les activités qui vous conviennent le mieux sont celles qui demandent de l'originalité, de l'adresse intellectuelle et de la vivacité. Féru d'actualité et attiré par l'avenir, vous pourriez faire carrière dans la recherche et le développement. Ce qui vous stimule, c'est le sentiment de contribuer à un avenir meilleur pour tous. L'enseignement vous donnerait la satisfaction d'apporter quelque chose aux autres.

Sur le plan de votre vie privée, vous recherchez un partenaire qui partage vos intérêts physiques et intellectuels. Cette personne devra vous compléter à tous les niveaux. C'est à cette condition que votre relation sera enrichissante.

Vos intérêts sont variés, et vous vous efforcez d'en avoir le plus possible. Vous pouvez réussir dans n'importe quelle profession, car vous investissez énormément d'énergie pour augmenter vos chances de succès. Vous n'admettez pas l'échec, et votre don pour la polémique vous permet d'anéantir vos adversaires.

Vous êtes prompt à remettre en question les idées et les doctrines qui ont fait leur temps. Vous prouvez votre intérêt pour la société en participant activement à toutes sortes d'activités à caractère social, allant jusqu'à provoquer la rébellion publique pour obtenir des changements.

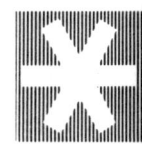

Dans vos relations intimes, l'être aimé devra avoir des attitudes et des intérêts identiques, afin d'éviter qu'il ne vous entrave et vous frustre.

Mars sextile Neptune

Vous savez faire la différence entre passion et compassion. Vous savez qu'il y a un temps pour satisfaire vos propres désirs et un temps pour céder à ceux des autres. Vous êtes intellectuellement prêt à faire votre devoir en aidant ceux qui ne peuvent s'aider eux-mêmes. Votre imagination vous guide dans le choix des modes d'expression qui conviennent à votre créativité.

Un grand nombre de domaines faisant appel à vos compétences vous sont ouverts, particulièrement ceux répondant aux besoins de la société. La médecine et les secteurs avoisinants seraient pour vous un champ d'expérience extrêmement satisfaisant. Vous possédez des qualités de guérisseur, qui sont peut-être l'effet apaisant de votre confiance et de votre sincérité. Votre sens du rythme vous porte également vers des activités telles que la danse, la culture physique, le théâtre, où la grâce physique prime. Vous pourriez aussi réussir dans des activités obscures : les services secrets où vos qualités psychiques vous protégeraient des dangers éventuels.

Vous êtes un romantique, vous recherchez toujours en chacun la fibre idéaliste. Vous vous montrez indulgent envers les faiblesses des autres, attendant d'eux la même attitude. Sur le plan sentimental, vous trouverez toujours à votre partenaire des aspects positifs, même si certains traits de son caractère vous irritent. Quoi qu'il en soit, ce qui compte le plus pour vous, c'est un dialogue ouvert et honnête avec l'être aimé. Vous démasquez le manque de sincérité, même s'il est soigneusement dissimulé. Vos désirs physiques et affectifs puissants doivent trouver satisfaction, mais vous ne trahirez pas votre idéal en vous contentant d'un partenaire grossier ou vulgaire.

Vos qualités admirables sont très recherchées de nos jours. Vous connaissez votre responsabilité envers la société et la nécessité d'y faire face. Vous vous efforcez de rehausser l'idéal de ceux qui vous entourent, que ce soit dans votre vie professionnelle ou privée.

Mars sextile Pluton

Vous avez soif de vérité, car elle dépasse toujours la fiction. Vous recherchez les faits avec ténacité, comme un détective à la poursuite de témoignages accablants. Vous vous exprimez avec force et cohérence, mobilisant l'attention de vos interlocuteurs. Vous savez vous mettre en valeur de façon à renforcer votre position dans des groupes ou face à certains individus. Vous savez inciter à l'action pour réparer des injustices, et n'admettez pas la faiblesse comme excuse à l'inaction.

Grâce à votre intuition des motivations de chacun, vous êtes rarement pris au dépourvu. Dans vos contacts personnels, vous faite en sorte d'exprimer clairement vos points de vue afin d'éviter tout malentendu, attendant la même franchise de la part de vos associés et de vos concurrents. Vous désapprouvez la ruse que vous jugez inutile et insupportable.

Bien que vos désirs physiques soient impérieux, vous ne vous contentez pas d'une liaison purement sexuelle. Pour qu'une relation soit acceptable à vos yeux, la compatibilité doit exister à tous les niveaux.

Il vous sera parfois nécessaire de céder devant les convictions des autres qui ont, eux aussi, leurs arguments. Vous avez tendance à vous montrer catégorique, sans jamais ressentir le besoin de faire des concessions.

Il est essentiel que vous ne vous contentiez pas de parler de vos objectifs, vous devez les poursuivre activement. Il vous arrive d'évoquer certaines activités comme si vous y aviez réellement participé.

Mars sextile Ascendant

Vous vous exprimez de façon volontaire et décidée. Vous ne craignez pas de dire ce que vous pensez, parfois avec une certaine désinvolture. Vous êtes enthousiaste mais impulsif, et ce manque de mesure risque de susciter des réactions hostiles ; on s'attend à tout de votre part. Vous avez une telle énergie nerveuse qu'il vous est difficile de rester inactif. Vous vous agitez ou bien vous êtes volubile, ce qui vous vaut quelques difficultés avec votre entourage. Bien que vous recherchiez l'harmonie, cela ne transparaît pas dans vos actes. Réfléchissez avant de parler, cela vous évitera bien des gaffes. Etre admiré par vos amis vous rassure et vous encourage à exprimer vos convictions ; vous avez besoin de leur soutien, car vous êtes moins sûr de vous qu'il n'y paraît.

Vous fournissez de gros efforts professionnels, il vous arrive d'en faire trop si vous êtes employé, et plus encore si vous êtes indépendant. Vous risquez de vous surmener en puisant à l'excès dans votre énergie nerveuse. La compétition vous stimule car vous voulez prouver que vous êtes plus opérationnel que les autres. Vous vous tenez au courant de tout, ce qui vous permet de saisir les occasions professionnelles qui se présentent.

Vous devez vous forcer à davantage de discipline si vous voulez que vos efforts portent leurs fruits. Vous réussirez à condition de viser des objectifs précis. Votre vitalité et votre enthousiasme transparaissent dans toutes vos actions. Ne gâchez pas votre énergie à des entreprises stériles ou à des rapports de forces inutiles.

Jupiter sextile Saturne

Vous avez un vaste réservoir de connaissances à votre disposition. Bien informé sur la plupart des sujets, votre niveau intellectuel est excellent. Vous trouvez toujours à utiliser vos connaissances, même si elles paraissent superflues aux autres. Vous appartenez à la tradition classique, où le savoir est utile et enrichissant.

Sachant planifier vos actions, vos projets ont toutes les chances d'aboutir. Enthousiaste et optimiste, vous croyez en vous, mais vous êtes conscient que même les projets les mieux préparés exigent des efforts suivis. Vous êtes constamment à la recherche de nouveaux modes d'expression, car vous êtes décidé à atteindre votre plus haut niveau de développement. Vous tenez à ce que vos activités restent toujours dans la légalité, satisfait de pouvoir atteindre vos objectifs sans recourir à des pratiques douteuses.

Vos talents pourront trouver à s'exercer dans un certain nombre de domaines, tels que le droit, l'enseignement, l'écriture, le journalisme, la politique et les ordres ecclésiastiques. Vous éprouveriez de grandes satisfactions en participant à l'amélioration de votre environnement personnel ou social. La mauvaise gestion gouvernementale vous préoccupe, et vous pourriez lancer des campagnes d'information publique dénonçant certains agissements. Vous êtes prudent sur l'origine de vos informations, avant de les communiquer aux autorités compétentes. Assumant la responsabilité totale de vos actes, vous n'hésitez pas à défier quiconque en cas de nécessité.

Vous seriez un enseignant idéal, sachant présenter l'Histoire sous un jour vivant, vos cours ne seraient jamais ennuyeux. Les jeunes sont très proches de vous, et vous les guidez. Vous pouvez faire partager vos conceptions sur la structure sociale contemporaine à ceux que ce sujet intéresse.

Votre contribution à la société est réelle, grâce au souci authentique que vous avez des individus. Votre profondeur de pensée pourra être à l'origine d'un ouvrage important sur l'édification de programmes sociaux. Tout ce qui vous entoure a un sens à vos yeux, et vous tenez à communiquer votre expérience. Vous représentez en quelque sorte celui qui met en lumière les injustices sociales.

Jupiter sextile Uranus

Vous êtes optimiste et plein d'espoir quant à l'avenir. Vous êtes prévoyant en ce qui concerne vos projets, et comprenez la nécessité de les planifier. Les domaines dans lesquels vous pouvez vous accomplir sont innombrables.

Curieux de tout, vous êtes avide de connaissances et vous assimilez facilement ce que vous apprenez. Il est rare que vous regardiez en arrière tant l'avenir vous paraît stimulant. Vous avez quantité d'idées qui ne demandent qu'à prendre forme. Vous devez modérer votre impatience afin de ne pas aller plus loin que vous ne le désirez.

Sur le plan professionnel, vous pourriez exceller dans l'enseignement, aussi bien que dans la politique, l'écriture, le droit, la philosophie, la religion ou les sciences occultes. Le domaine scientifique pourrait également bénéficier de vos talents, car le frisson de la découverte stimule votre esprit. Votre mentalité moderne s'adapte facilement aux fluctuations du monde, et vous ne risquez guère de stagner. Vous serez toute votre vie en quête de vous-même. Utilisant votre intelligence de façon inventive, vous découvrez sans cesse des idées qui soutiennent votre intérêt pour la vie. Vous éprouvez toutefois le besoin de partager vos expériences avec les autres.

L'honnêteté est pour vous une notion si importante, que vous coupez toute relation avec ceux qui en manquent. Il en va de même dans votre vie sentimentale. Vous insistez sur la franchise et vous vous opposez ouvertement à ceux qui usent de subterfuges. Vous aimez particulièrement ceux de vos amis qui luttent contre le passé en tant qu'entrave au progrès.

Veillez à ne pas vous montrer trop autoritaire envers ceux qui doutent de leur identité. Vos progrès dépendent de votre capacité à vous modérer.

Jupiter sextile Neptune

Vous êtes imaginatif, cohérent et plein d'espoir pour l'avenir. Vous étudiez la nature humaine et les leçons du passé pour être à même de résoudre les problèmes à venir. Votre intelligence étant principalement théorique, il se peut que certaines de vos solutions s'avèrent irréalistes. Vous reconnaissez vos obligations envers la société, mais il vous arrive de vous appesantir, sans agir pour autant. Toutefois, vous aiderez à diffuser des informations concernant des problèmes sociaux graves, appelant la population à réagir.

Sensible aux inégalités sociales, vous offrirez vos services au candidat qui promettra de les supprimer. Vous avez un penchant pour les idéologies religieuses et sociales assez marginales. Idéaliste, vous vous ferez le défenseur de ceux qui sont trop modestes pour se plaindre. Vous pourriez fort bien travailler dans des organismes religieux, sociaux ou politiques. Votre intelligence très imaginative vous rendra toujours inventif dans vos démarches pour rétablir l'ordre, rassemblant les éléments les plus désorganisés. Les manipulations exercées sur les individus n'échappent pas à votre clairvoyance, principalement par l'utilisation des concepts sociaux, religieux ou politiques. Vos discours sont empreints de sensibilité, et vous êtes tout à fait à même de dénoncer le totalitarisme.

Bien que vous reconnaissiez les dangers inhérents à certaines structures sociales, vous n'êtes pas à l'abri de la duperie. Dans vos rapports sentimentaux, vous attribuez aux autres des qualités qu'ils n'ont pas toujours. Dans votre désir de vous persuader que votre choix est le bon, les déceptions vous prennent au dépourvu. Si vous voulez connaître les sentiments que vous porte l'être aimé, posez-lui donc la question ! Montrez-vous prudent avant de déclarer votre flamme, car vous pourriez vous mettre dans une situation embarrassante. C'est par la discipline et l'action que vous vous épanouirez.

Jupiter sextile Pluton

Le sextile entre ces deux astres vous aide à percevoir des vérités cachées. Votre curiosité vous entraîne souvent à aller au fond des choses pour en découvrir les raisons profondes. Votre grand sens moral vous pousse à adhérer aux organisations pour la défense des droits sociaux et de votre environnement.

L'injustice vous préoccupe, et lorsque vous en constatez les méfaits, vous communiquez vos observations aux autorités compétentes, exigeant des mesures efficaces. Le droit administratif notamment, conviendrait particulièrement à votre tempérament intègre. Vous pourriez prendre la défense de ceux qui ont besoin de soutien. Vous seriez également qualifié pour gérer des groupes financiers ou pour servir d'arbitre dans des litiges. L'administration des affaires (quel qu'en soit le domaine) la médecine et la psychologie pourraient vous apporter satisfaction. Vous pourriez vous épanouir dans un nombre incalculable de professions, dans l'exercice desquelles vous apporterez beaucoup à ceux qui vous approchent. Vous aimez aider les autres, car vous éprouvez une sorte de dette spirituelle envers l'humanité.

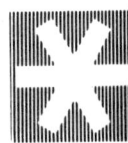

Votre partenaire devra partager votre enthousiasme pour les responsabilités sociales et comprendre votre besoin de venir en aide. Il aura également une mission à accomplir, et vous emploierez vos forces ensemble pour soulager les maux de la société. Vous aimez particulièrement les êtres qui essayent de rehausser les aspirations d'autrui. Votre optimisme est communicatif, et vous donnez envie à votre entourage de partager votre philosophie de la vie.

Jupiter sextile Ascendant

Vous êtes enthousiaste dans vos entreprises et optimiste quant à votre réussite. Il vous plaît de rencontrer des gens, et votre jovialité vous fait apprécier de vos nombreuses relations. Ceux avec qui vous traitez se sentent suffisamment stimulés pour vous soutenir dans vos projets et vous apporter toute leur coopération. Vous êtes généreux et toujours prêt à aider ceux qui sont dans le besoin. Vous vous exprimez aisément sur un grand nombre de sujets, que vous connaissez souvent aussi bien qu'un spécialiste. Vous vous efforcez toujours de vous perfectionner, et vous admirez cette qualité chez les autres.

L'étendue de vos connaissances impressionne souvent ceux qui vous approchent. Votre profondeur d'esprit vous permet de conseiller les autres dans leurs affaires, ce dont ils vous savent gré. Votre sens de la communication est excellent, et vous êtes capable de vous passionner pour certains sujets. Vous pourriez être écrivain ou conférencier, et l'enseignement vous permettrait d'exercer vos talents. Vous savez écouter, étant conscient que votre évolution dépend de votre assimilation du plus de connaissances possible, mais également de ce que vous ne pouvez tout savoir ; vous tenez cependant à être aussi informé que possible.

Vous refusez difficilement votre aide si l'on vous sollicite. Vous avez tendance à en faire trop, et vous devriez vous détendre plus souvent. Dans votre enthousiasme à aider les autres, vous risquez de brûler la chandelle par les deux bouts car vous négligez de vous reposer tant il y a à faire.

Vos associations sont toujours des réussites, car vous mettez tout en œuvre à cet effet. Ne fuyant pas vos responsabilités, il vous arrive même de suppléer aux carences des autres.

Saturne sextile Uranus

Vous aimez beaucoup que l'on mette l'érudition à profit. Vous êtes conscient de votre valeur et savez exploiter vos ressources (morales ou physiques). Instinctivement, vous recherchez avec obstination la vérité en toutes choses, jusqu'à ce qu'elle se montre. Pour vous, l'ignorance limite la liberté, et vous êtes décidé à vous instruire autant que faire se peut. Votre intelligence aiguë est extrêmement pénétrante.

Vous êtes plus efficace et discipliné que la plupart des gens ; vos objectifs sont bien définis. C'est la raison pour laquelle vous abattez sans effort de la besogne. Vous ne vous donnez pas de peine pour rien, car votre temps est précieux. Vous pouvez vous diriger vers la politique, les sciences, la recherche, l'occultisme ou l'astrologie. Quel que soit le domaine que vous choisissiez, vous ne resterez pas longtemps à votre niveau initial. Il est essentiel que vous conserviez votre persévérance, afin de développer votre potentiel au maximum.

Vous avez une certaine confiance en vous, mais vous aurez vraisemblablement à faire preuve d'indulgence envers ceux qui sont moins compétents ; ce qui vous paraît évident ne l'est peut-être pas aux autres. Evitez de vous attirer l'hostilité en étalant vos connaissances, car l'on pourrait vous en vouloir d'être une encyclopédie ambulante. L'enseignement vous conviendrait, car dans ce domaine on n'en sait jamais trop.

Vous appréciez les gens qui, comme vous, ont atteint un certain niveau intellectuel. Vous éprouvez un certain mépris pour les ignorants, bien qu'ils vous fournissent l'occasion d'étaler votre savoir. Vous aimez la compagnie de ceux qui font preuve d'une certaine exigence envers eux-mêmes.

Saturne sextile Neptune

Extrêmement perspicace, vous utilisez votre intuition de façon habile et constructive pour votre plus grand bénéfice et pour celui des autres. Profondément conscient de vos devoirs envers la société, vous n'êtes peut-être pas prêt à participer activement, mais vous aidez les autres à remplir les leurs. Il se peut que vous trouviez un appui dans vos démarches auprès de personnes influentes. Vos idées sont suffisamment réalistes et utiles pour empêcher que se perpétuent les injustices sociales.

Vous faites preuve de beaucoup de sérieux et de clairvoyance dans votre analyse des conditions vie, déplorant le gaspillage des ressources humaines et luttant constamment pour une juste répartition des programmes sociaux au sein de votre communauté. Ce genre d'activité vous convient parfaitement, car vous êtes prêt à accepter une situation modeste si vous avez le sentiment de servir la cause de la communauté.

Mener une activité secrète vous conviendrait aussi ; vous avez la ténacité et la détermination nécessaires pour réunir toutes sortes d'informations sans être reconnu et vous ne révéleriez pas le secret des dossiers confidentiels. Votre discipline et votre sang-froid sont admirables, particulièrement dans les moments difficiles et vous seriez très efficace en tant que proche conseiller de personnalités.

Il se peut que votre efficacité et votre sens de l'organisation retardent la concrétisation d'un lien affectif durable, car vous vous consacrez entièrement à défendre la cause de la société. Votre vie affective se situe au niveau de l'engagement humain, et votre partenaire, s'il veut gagner et partager votre estime, devra partager votre sens de l'universel. Vous ne sacrifierez votre idéal pour personne. Il vous est particulièrement difficile de comprendre la passivité des gens face aux maux qui affligent la société.

Saturne sextile Pluton

Vous êtes méthodique et efficace. Vous savez que rien ne se fait au hasard, et vous vous organisez de façon à obtenir les meilleurs résultats. Vous êtes conscient de vos compétences et de vos lacunes, et vous fixez vos objectifs en conséquence. Vous êtes prêt à accepter toutes les responsabilités susceptibles de contribuer à votre avancement, car vous êtes ambitieux. La réussite ne vous surprend pas, ayant fait énormément d'efforts pour y parvenir. Vous ne craignez pas d'échouer et ne vous sentez pas menacé par les autres, car votre position repose sur des bases solides.

Vous savez que l'expérience est le meilleur guide, mais vous ne sous-estimez pas l'importance de l'instruction et de la formation qui renforcent vos chances. Ceci vous rend apte à un grand nombre de professions. Vous savez que vos résultats sont proportionnels à vos efforts, et vos supérieurs en sont conscients ; les bons rapports que vous entretenez avec eux vous ouvrent la voie de la promotion. Vous avez suffisamment d'humilité pour demander conseil à ceux qui ont plus d'expérience que vous.

Malgré votre grande compréhension des motivations de chacun, vous n'êtes pas toujours indulgent, particulièrement envers l'incompétence. Exigeant avec ceux qui travaillent sous vos ordres, vous pouvez faire preuve de dureté envers ceux qui briguent une fonction pour laquelle ils ne sont pas qualifiés. Vous préférez vous expliquer que de laisser s'installer un malentendu.

La sécurité représente pour vous une notion importante qui est probablement à la base de votre désir d'arriver. Vous comprenez toutefois le danger d'imaginer que l'argent est la panacée universelle. Vous en respectez la valeur sans être soumis à l'impérieux besoin d'amasser une fortune.

Saturne sextile Ascendant

Vous avez le don de vous exprimer avec clarté et profondeur. Vous vous savez responsable de votre conduite et savez vous discipliner, car l'on doit rendre compte un jour de ses erreurs. Vous êtes sérieux dans tout ce que vous faites, intègre, fidèle et vertueux. Certaines personnes vous considèrent comme austère, malgré cela, elles vous respectent. Fondamentalement efficace, vous planifiez méthodiquement vos actions afin de réussir du premier coup. Vous êtes effaré par les efforts gâchés par certains en entreprises stériles.

Vous savez définir vos objectifs et établir vos priorités. Vous parlez peu mais bien, et ceux qui s'expriment sans réfléchir vous paraissent superficiels. Votre comportement conservateur peut vous faire passer pour un être détaché et indifférent. En vérité, vous vous efforcez de comprendre ce que vous observez, et la seule façon pour vous est de rester calme. Une fois votre conviction faite, il est pratiquement impossible de vous en faire démordre, sauf raison impérieuse. Vous êtes exigeant mais équitable dans vos transactions, et vous attendez des autres qu'ils respectent leurs engagements.

Vos perspectives sont peut-être plus limitées que celles des autres, mais votre intelligence des motivations et des problèmes de chacun y gagne en profondeur. Grâce à cette compréhension, vous pouvez être extrêmement efficace dans des situations de dirigeant, donnant à la personne appropriée le poste qu'il faut, à la façon d'un bon joueur d'échecs.

Très préoccupé d'assurer vos vieux jours, vous tenez à exploiter toutes vos facultés afin d'obtenir le résultat le plus proche de la perfection.

Uranus sextile Neptune

Cet aspect vous pousse à la révolte, au nom de la collectivité, contre toutes les entreprises mensongères. Vous vous méfiez particulièrement des organismes puissants, proches des milieux dirigeants et du gouvernement, mais vous vous élevez également contre le contrôle rigide exercé par certaines organisations religieuses sur leurs membres. Vous êtes un penseur révolutionnaire, et il vous déplaît de vous plier aux doctrines de ceux que vous tenez pour suspects. La « bourgeoisie en place » représente une menace pour votre liberté, et vous revendiquez le droit à ce que tout engagement soit volontaire et non le résultat d'une pression. Conscient de l'érosion des droits individuels, vous signalez ce danger chaque fois que vous en avez l'occasion.

Votre génération portera les fruits semés entre 1965 et 1968, période durant laquelle les universités à travers le monde furent en ébullition. Vous exigerez un droit d'intervention dans l'élaboration des systèmes sociaux, pédagogiques et politiques, au nom de la liberté d'expression. Vous chercherez la vérité inhérente à tout ce qui peut influencer votre avenir et celui des masses. Vous ne craignez pas d'exposer vos points de vue étayés par une quantité de faits et soutenez que tout individu porte une responsabilité spirituelle envers la société dont il fait partie, ce que vous appelez « la fraternité humaine ».

Vous soutenez également que toute structure sociale fondée sur le matérialisme est un affront à la dignité individuelle. Vous aspirez à un certain niveau d'expression pour tous, quelles qu'en soient les conditions sociales.

Uranus sextile Pluton

Vous êtes choqué par l'injustice, et n'hésitez pas à faire connaître votre désapprobation chaque fois que vous en constatez les méfaits. Vous vous opposez aux pressions et aux manipulations du gouvernement et de l'industrie privée. Vous êtes consterné par le gaspillage, et selon vous, les responsables devraient être obligés de rendre compte de leur mauvaise gestion des fonds publics. Vous avez une aptitude étonnante à démasquer la malhonnêteté sous toutes ses formes.

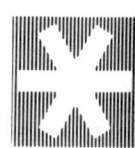

Uranus formait un sextile à Pluton de 1942 à 1946, pendant la Seconde Guerre mondiale. Né à une époque de grands bouleversements, vous êtes conscient que votre liberté risque d'être limitée par quelque fonctionnaire égocentrique ou par des représentants de l'Etat promulguant des lois favorisant des intérêts particuliers. Heureusement, vous avez le courage et la détermination nécessaires pour attirer l'attention sur ces agissements. Vous exigez que les fonctionnaires représentent véritablement les citoyens, ou sinon qu'ils soient démis de leurs fonctions. Vous encouragez la population à assister aux sessions gouvernementales lorsqu'un projet de loi important est proposé. La liberté est si précieuse à vos yeux que vous ferez votre possible pour la défendre.

Uranus sextile Ascendant

Que vous le professiez ou non, vos idées sont révolutionnaires. Vous vous montrez peu tolérant envers les conceptions traditionnelles. Fasciné par tout ce qui est nouveau, votre esprit démarre à cent à l'heure devant une idée ingénieuse. Malgré votre nervosité et votre frénésie, vous avez conscience de la nécessité de vous montrer stable et digne de confiance si vous voulez trouver les soutiens indispensables à vos innovations. Vous communiquez facilement vos connaissances et partagez librement vos idées avec ceux qui s'y intéressent. Le temps a peu d'importance pour vous, et vous refusez les limites qu'il impose. Vous comptez sur vos intuitions souvent prophétiques. La liberté étant pour vous une notion fondamentale, votre carrière devra vous réserver une grande marge d'autonomie. Les métiers routiniers sont trop restrictifs pour votre tempérament inventif, et ils finiraient par vous ennuyer.

Ingénieux dans vos activités, la recherche et le développement sont des secteurs qui vous attirent particulièrement. S'il y a un moyen de trouver de nouvelles sources de revenus pour la société qui vous emploie, c'est vous qui le découvrirez.

Vos amis viennent d'horizons très différents ; vous appréciez particulièrement ceux qui font preuve de liberté intellectuelle et qui s'intéressent, comme vous, à des sujets d'avant-garde. Parmi vos associés, vous êtes celui dont l'esprit est le plus pétillant ; vous aimez vous mesurer à eux, ne vous montrant aucunement prétentieux lorsque vous gagnez. Vous considérez plutôt cela comme une victoire commune, reconnaissant que votre adversaire vous a stimulé à gagner. Vous serez peut-être envié ou haï de certains de vos collègues car leurs perspectives limitées les empêchent de vous comprendre. Il est peu probable que vous preniez un jour votre retraite, car chaque jour qui passe stimule votre intérêt pour la vie.

Neptune sextile Pluton

Le seul aspect formé par Neptune et Pluton durant ce siècle est le sextile. Son influence a commencé en 1942 lorsque Neptune était en Balance et Pluton en Lion. Bien que les planètes changent de signe, elles resteront en sextile durant les cent prochaines années. Ainsi donc, tous ceux qui seront nés à cette époque auront cette même combinaison planétaire. Néanmoins, les signes occupés par les planètes indiqueront des différences dans les effets.

L'influence de ces planètes représente le processus d'évolution qui pousse l'homme à se perfectionner sans cesse ; elle indique également sa recherche de structures plus vastes, ainsi que son effort pour maintenir un certain ordre dans l'univers auquel il est lié naturellement. Le monde intérieur de l'homme est symbolisé par Neptune, tandis que Pluton représente la quête d'un espace infini. Ces deux univers sont également infinis, l'auteur de cet ouvrage est persuadé que les mêmes buts seront atteints quelle que soit la voie choisie. L'homme cherche des réponses définitives à ses questions, soit autour de lui, soit profondément en lui. La première de ces deux possibilités est la plus plausible et la plus sûre ; l'homme connaît le monde physique. Alors qu'il lutte dans ce sens, il existe une autre lutte, aussi courageuse, qui consiste à chercher sa finalité à travers l'occulte. Les recherches sur la perception extra-sensorielle, la découverte de l'onde alpha, la psychokinésie, la télépathie et autres phénomènes du même genre font s'interroger l'homme ; la solution ne se trouve peut-être pas en dehors de lui, mais en lui.

Neptune sextile Pluton (1957-1970)

Entre 1942 et 1956, Neptune et Pluton formaient un sextile entre la Balance et le Lion. Le monde traversait la terrible épreuve de la Seconde Guerre mondiale. Pluton en Lion vit la montée et la chute de gouvernements puissants et totalitaires. Les rois et les reines furent renversés, et la jeunesse était en pleine lumière (Lion) ; elle sera désormais l'élément épineux dans les sociétés de l'après-guerre de notre globe.

Parallèlement, s'étendait un pouvoir scientifique représenté par l'énergie atomique. Neptune en Balance (signe d'air) changea les rapports de forces et mit fin au conflit mondial lorsque la première bombe atomique fut lancée. Cet événement produisit une controverse (sextile) qui dura plusieurs années. La paix qui suivit la Seconde Guerre mondiale ne fut pas sans troubles, et le sextile entre ces deux planètes représente les réunions et les conférences interminables qui se tinrent alors.

Les gens nés entre 1942 et 1956 ne croient pas que la compréhension et le compromis soient des armes suffisantes pour maintenir la paix, et pensent généralement qu'il vaut mieux miser sur le progrès scientifique.

Le sextile de Neptune en Scorpion et de Pluton en Vierge favorisa des progrès considérables dans le domaine de la recherche médicale. De nouveaux médicaments permirent de contrôler l'explosion démographique de l'après-guerre, mais parallèlement, une forte augmentation de l'usage illégal des drogues fut constatée au sein de la jeunesse, causant un grand nombre de décès.

Vous êtes né à une période de changements importants dans les priorités humaines. Vous faites peut-être partie de ceux qui considèrent que le monde devient trop matérialiste, et que la société ne manifeste qu'indifférence envers l'individu et ses aspirations.

Vous éprouvez le besoin de servir la société et vous déplorez la détérioration de la qualité de la vie. Horrifié par les dommages causés à la nature par les grandes industries, vous lutterez pour faire voter des lois pour la sauvegarde des ressources naturelles, afin de laisser à vos enfants un monde vivant. Vous pourrez également apporter votre soutien à la recherche médicale : cancer, maladies cardiaques, etc. Vous êtes en faveur du développement d'une contraception sûre et efficace.

Neptune sextile Pluton (1971-1983)

Le sextile de Neptune en Sagittaire et de Pluton en Balance présage un changement des attitudes de la génération née entre 1971 et 1983 envers la religion, la philosophie, l'éducation et les rapports humains. La religion retrouvera une place importante dans la vie quotidienne, et elle ne ressemblera en rien à celle de vos aînés. Votre foi donne un sens à votre vie et vous rend responsable de vos actions. Elle vous incite à vous améliorer, et vous vous efforcez d'apporter votre contribution à la société dans ce sens. Vous êtes sincèrement concerné par vos semblables, et vous êtes prêt à certaines concessions qui soient bénéfiques pour les autres, à long terme.

Avant de les élire, vous vous assurez de l'intégrité de vos dirigeants, et vous veillez à ce qu'ils représentent réellement l'électorat. Vous demandez à ce que les écoles rétablissent l'enseignement des lettres afin que les étudiants puissent choisir des professions plus utiles à l'homme qu'à l'industrie.

Vous vous intéressez aux sciences occultes et contribuerez au développement des recherches sur les perceptions extra-sensorielles et les applications de l'onde alpha. Vous ouvrirez de nouvelles dimensions spirituelles, inaccessibles à ceux qui ne s'intéressent qu'à des secteurs matérialistes.

Neptune sextile Ascendant

Ce sextile vous donne quelques difficultés d'expression. Votre imagination est fertile, et vous exagérez parfois vos récits au point d'en déformer le sens et d'embrouiller vos interlocuteurs. Ce travers rend les autres méfiants. Avide de dialogue et d'attention, il vous arrive de créer inconsciemment des situations ou d'inventer de toutes pièces des incidents qui n'ont jamais eu lieu. Vous feriez mieux de canaliser votre imagination dans des activités constructives, comme l'écriture ou le théâtre.

En dépit de votre tendance à sous-estimer vos capacités, vos amis reconnaissent que vous exprimez votre créativité de façon inspirée. Ils vous trouvent charmant et cordial, mais naïf et sans défense. Votre environnement vous intéresse, et vous vous sentez coupable de ne rien faire pour l'améliorer. Malgré cela, vous trouverez toutes sortes d'excuses pour justifier votre inaction.

Ne les défiant pas ouvertement, vous entretenez de bonnes relations avec la plupart des gens ; c'est là où votre nature sympathique et docile peut s'avérer trompeuse. Il vous est difficile de prendre des décisions, car vous avez du mal à distinguer l'essentiel du superflu. Il vous arrive de vous apitoyer sur vous-même et sur votre incompétence lorsque vous échouez. Renoncez donc à vous mettre perpétuellement à la place des autres, vous perdrez toujours à ce jeu. Vous ne pourrez avoir confiance en vous qu'en assumant des tâches que vous savez pouvoir mener à bien. Vous pouvez faire beaucoup, si vous respectez vos limites. Au fur et à mesure que votre assurance grandira, vous pourrez devenir plus exigeant envers vous-même. Votre auto-estime est essentielle.

Pluton sextile Ascendant

Vous êtes profondément conscient de votre autorité. Vous savez pouvoir influencer les gens dans votre sens, et certains craindront votre pouvoir. Vous relevez volontiers les défis, particulièrement s'ils émanent d'adversaires valables. Vous exprimant de façon franche et directe quand vous avez raison, votre courage vous vaut bien des admirateurs. Pourtant, parfois dans l'erreur, vous défendez votre position en ergotant. Vous êtes moins sûr de vous qu'il n'y paraît et attaquez toujours le premier afin de mettre votre adversaire sur la défensive.

Vous avez de grandes ambitions, et vous êtes prêt à fournir les efforts nécessaires à votre réussite. Les moindres remous sociaux, religieux ou politiques pouvant compromettre vos projets vous effrayent, et vous n'hésiterez pas à donner votre appui à des dirigeants compétents dans ces domaines. Vous pourriez intéresser la population à la réalisation de programmes sociaux et à l'établissement d'un gouvernement efficace. Quoi qu'il en soit, vous ne resterez pas assis les bras croisés à attendre que vos rêves soient anéantis par des fonctionnaires imbus de leur importance.

On peut compter sur vous dans les situations critiques, vous aidez ceux qui vous le demandent. Vous respectez ceux qui ont le courage de leurs opinions, et vous êtes exaspéré par ceux qui se montrent trop paresseux pour se défendre contre leurs oppresseurs. Vous êtes obsédé par l'idée que vous risquez d'être privé de vos droits et de vôtre liberté par des fonctionnaires que vous désignez finalement comme parasites de la société.

CHAPITRE TROIS

Les carrés

Les carrés

Après la conjonction, le carré est l'aspect planétaire le plus puissant. Son influence est bien supérieure à celle des autres aspects, et ses effets encore plus importants que ceux de la conjonction. Il dénote l'action et la réaction au plus haut niveau. Les planètes en jeu se trouvent presque toujours dans des signes qui se contrarient. De ce fait, il y a peu d'harmonie à moins que le natif ne réagisse de façon équilibrée à ces influences combinées.

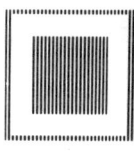

Les influences et les éléments contenus dans le carré s'apparentent aux effets du Feu et de l'Eau. Il est évident que ces éléments ne peuvent cohabiter sans effort d'adaptation : l'Eau peut éteindre le Feu, et le Feu faire évaporer l'Eau. Utilisés de façon judicieuse, ils peuvent donner des résultats constructifs. Effectivement, l'Eau peut éteindre les incendies et le Feu peut transformer l'Eau en vapeur. Un processus semblable se produit lorsque deux planètes, vues de la Terre, sont séparées par une distance angulaire de 90° appelée le carré.

Lorsque les éléments psychologiques correspondant aux planètes en jeu sont impliqués, le premier effet du carré est un élément de frustration. Cet aspect indique qu'il convient d'apprendre à se servir positivement de ces énergies. Il représente une épreuve, qui, une fois surmontée, affermit le caractère et lui insuffle le sens de la perfection.

Les plus grandes épreuves de la vie sont représentées par les carrés. Ils sont la croix que nous devons porter avant de parvenir à la maîtrise de notre inconscient. Ils indiquent les crises majeures que nous devons traverser avant que notre âme puisse évoluer vers une conscience plus vaste.

Soleil carré Lune

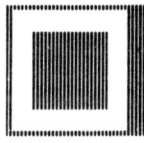

Ce carré est la marque des difficultés que vous rencontrez pour vous donner les moyens de satisfaire vos désirs. Vous ressentez amèrement la nécessité de fournir des efforts considérables pour obtenir ce que vous souhaitez. Vous avez l'impression de ne jamais avoir la formation nécessaire pour mener vos entreprises, mais vous abandonnez souvent à mi-chemin. Désirant une vie facile, vous n'avez pas la discipline nécessaire pour y parvenir ; vous vous trouverez confronté à des gens qui ne vous accepteront que lorsque vous leur aurez prouvé votre aptitude au travail. Vos réactions sont souvent négatives et vous tirez donc difficilement la leçon de vos expériences. Votre frustration engendre vos inhibitions et interfère dans votre vie familiale, professionnelle, et dans vos relations. Votre échec dans ces domaines montre que vous avez beaucoup à apprendre avant d'espérer des résultats positifs.

Vous devez d'abord maîtriser vos émotions. La volonté de réussir ne suffit pas, seuls un travail acharné et une discipline de fer vous aideront à atteindre vos buts. Vous accomplirez beaucoup si vous ne vous laissez pas submerger par votre ego.

Vous aurez peut-être certaines difficultés dans vos rapports avec le sexe opposé, et vous ne serez heureux que si vous parvenez à vous débarrasser de ce complexe. Votre insécurité affective vous met sur la défensive. Il y a un sérieux décalage entre ce que vous voulez et ce que vous faites pour l'obtenir. La concrétisation de vos aspirations dépend des efforts que vous déploierez.

Soleil carré Mars

Très énergique et enthousiaste dans la réalisation de vos projets, vous devriez savoir vous reposer loin de votre travail en cas de tension prolongée. Ne vous épuisez pas à la tâche. Quand vos efforts ne donnent pas les résultats escomptés, ne vous mettez pas en colère ! L'expérience vous prouvera probablement que vous n'aviez pas la bonne méthode. Vous apprendrez progressivement à prévoir les obstacles et à prendre les mesures nécessaires pour les neutraliser, évitant ainsi de vous sentir frustré. Réfléchissez avant d'agir, vous gagnerez du temps, et vous n'aurez plus à vous y reprendre à deux fois. Apprenez à être patient devant les difficultés et à canaliser votre énergie.

Vous pourriez exercer vos talents dans l'enseignement, le sport, l'armée, la médecine, le droit et la police. Il vous faudra cependant tenir compte des limites que ces professions imposeront à votre liberté et vous investir sérieusement si vous voulez réussir.

Vous êtes de bonne compagnie et vous avez de nombreux amis que vous admirez. Il vous arrive parfois d'être trop accaparant et de monopoliser la conversation. Apprenez donc à écouter. Malgré vos grands appétits sexuels, vous ne parvenez pas toujours à surmonter vos inhibitions, désirant l'inaccessible, ou vous désintéressant de ce qui est à votre portée. Il faudra compenser le plus possible en vous impliquant totalement dans vos activités. Le partenaire idéal doit être à la hauteur de vos exigences physiques et partager vos aspirations. Quelque peu casse-cou, vous avez souvent des accidents. Vous avez toujours un risque d'infection en cas de blessure ou de coupure.

Soleil carré Jupiter

Vous manquez de mesure dans vos faits et gestes, et vous êtes conscient de cette tendance qui vous préoccupe. Etablissez soigneusement l'ordre de vos priorités avant d'agir sinon vous perdriez beaucoup de temps et d'énergie. Il vous arrive d'avoir les yeux plus gros que le ventre, et de devoir faire des efforts désespérés pour redresser la situation. Vous n'aimez pas recevoir de conseils, même ceux que vous demandez. Vous avez la prétention d'obtenir des résultats sans vous plier à la discipline nécessaire. Seule l'expérience aura raison de votre arrogance, et vous fera comprendre que les individus sont tous plus ou moins solidaires dans leur marche vers le succès.

Quand vous admettrez la réalité et la discipline, vous pourrez viser n'importe quel objectif. Vous excellerez dans l'enseignement, les médias, le droit, le théâtre, la philosophie ou les relations publiques. Votre désir de mettre en œuvre tous vos potentiels doit s'accompagner de l'acceptation des responsabilités qui en découlent. L'échec comme la réussite, les progrès comme les contretemps, font partie intégrante de la vie professionnelle. Vous progresserez si vous acceptez de tirer la leçon de vos erreurs.

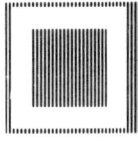

Dans un certain sens, vous aimez chercher la petite bête, et il ne vous déplaît pas d'intervenir dans les affaires des autres. Vous aimez la bagarre qui vous permet de prendre la mesure de vos compétences dans le vaste marché des faiblesses humaines. Le défi vous plaît, mais vous pourriez échouer avant de réussir. Vous aimez prendre la parole, mais tâchez de vous documenter avant d'exposer vos idées. Vous pouvez parfois prendre des libertés avec la vérité pour parvenir à vos fins, ce qui risque de vous valoir des déconvenues. Enclin à trop présumer de vos chances, il est probable que l'expérience vous rendra plus modeste.

Vous êtes très exigeant envers votre partenaire dont vous attendez dévouement, compréhension et parfois même de l'admiration pour vos efforts. Vous espérez qu'il accède à vos désirs, et qu'il se montre solidaire dans les hauts et dans les bas. Vous faites des promesses que vous ne tenez pas toujours, malgré votre sincérité du moment.

Votre laisser-aller est à la source de vos troubles de santé.

Modérez vos excès alimentaires, ne buvez pas exagérément, et prenez suffisamment de repos. Contrôlez vos impulsions, car cette configuration planétaire vous rend sujet aux accidents, particulièrement pendant les périodes de détente et d'activités sportives.

Soleil carré Saturne

Votre enfance et votre adolescence vous ont contraint à résoudre de nombreux conflits intérieurs. Vous êtes naturellement sur la défensive, et craignez d'être rejeté par des individus que vous croyez supérieurs. La réussite ne vous viendra pas facilement, car vous sous-estimez vos capacités et vous ne vous affirmez pas autant que vous le devriez.

Vos qualifications vous dirigeront vers l'enseignement, la philosophie, la gestion industrielle, la conservation ou toute autre activité nécessitant la mise en œuvre méthodique de vos connaissances et de votre expérience. Vous devez accepter de commencer au bas de l'échelle, pour atteindre pas à pas le succès, tout en apprenant à vous estimer, et sortir ainsi vainqueur de la compétition.

Votre manque de confiance pourra se transformer en assurance, et ceci s'applique également à vos relations personnelles. Dans votre jeunesse, vous pensiez que l'on n'appréciait pas votre manque d'impulsivité et de combativité. Plus tard, vous vous êtes rendu compte que cela, au contraire, vous permettait de vous entendre avec davantage de gens que vous ne le pensiez. Vous choisirez certainement un partenaire qui vous accepte tel que vous êtes. Votre conjoint vous fera prendre conscience que vous avez davantage de ressources que vous ne le supposez, et il aura confiance en vous.

Gardez une attitude positive devant la vie. En conversant avec ceux que vous aimez, vous vous apercevrez qu'ils ont, eux aussi, leurs appréhensions et que vous n'êtes pas seul dans ce cas.

Soleil carré Uranus

Vous avez un tempérament excentrique et un comportement parfois dénué de principes. Vous tenez absolument à n'en faire qu'à votre tête, même lorsque vous avez tort. Votre volonté de puissance persiste alors même qu'il est clair que vous n'obtiendrez rien. Fondamentalement rebelle, vous ne pouvez vous empêcher de vous opposer aux autres, ne serait-ce que pour créer des affrontements. Si vous fondiez vos points de vue sur des valeurs saines et réalistes, vous ne vous trouveriez pas sans raison en désaccord avec la majorité.

Pour réussir, vous devrez réviser vos conceptions de l'autorité en général. Vous devrez abandonner l'idée que les autres essayent toujours de mettre des obstacles sur votre route ou qu'ils sont plus favorisés que vous. Votre arrogance et votre irrespect des règles nuiraient à votre progression. Sachez vous montrer humble quand c'est nécessaire, et apprenez à progresser pas à pas ; si vous ne cherchez pas à dominer à tout prix, on vous respectera. Vous doutez de vos compétences, et vous faites porter aux autres le poids de cette angoisse.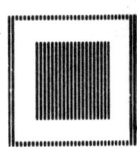

Lorsque vous aurez pris conscience que chacun peut avoir besoin de protéger l'image qu'il a de lui, tout comme vous, il faudra établir des bases solides pour atteindre vos objectifs. Vous avez des qualités de dirigeant que vous pourriez mettre à profit de façon spectaculaire, en prenant la tête de très grands groupes de personnes. Dans l'enseignement, la physique, la politique ou les affaires gouvernementales, vous pourriez libérer votre désir de créativité.

Sur le plan social, vous défiez tout un chacun et l'on vous prend souvent pour un provocateur. Vous avez de nombreux amis, et vous exercez sur la plupart une domination. Cette facette de votre personnalité marque également vos relations sentimentales. Voulant dominer à tout prix, vous les méprisez dès qu'ils vous cèdent. Il vous faudra changer votre caractère avant de parvenir à une plénitude affective. En fait, la force de votre volonté cache la profondeur de vos sentiments.

Soleil carré Neptune

Vous souffrez d'un complexe d'infériorité. Votre assurance a pu être minée par votre éducation. Vos parents ne vous comprenaient pas et n'ont pas senti que vous essayiez d'affirmer votre personnalité. Vous vous êtes alors construit un système d'autoprotection névrotique pour vous défendre des tourments permanents. En mûrissant, vous avez continué à vous protéger de ceux qui semblaient vouloir vous diminuer. Vous êtes créatif, imaginatif et avide de vous exprimer, mais votre refus de la réalité rend difficile la découverte de vos propres moyens d'expression. Vous fabriquez des échecs imaginaires et construisez des rêves irréalisables pour justifier votre incapacité de réussir.

Il faut définir vos ambitions avec réalisme. Votre nature émotive ne vous permet pas de défier quiconque, et cela pour deux raisons : la première, vous sous-estimez vos chances de succès, la seconde, vous ne voulez à aucun prix prendre le risque de blesser quelqu'un. Vous devriez prendre des conseils afin de surmonter vos complexes, accepter la réalité et assumer les échecs. Vous avez le tort de fuir vos obligations. Vous vous sentez coupable de ne pas faire le nécessaire, mais sachez que vous ne réussirez qu'en prenant le risque d'échouer. Apprenez à vous estimer, mettez-vous en valeur, et cessez de vous effacer ainsi derrière les autres.

Engagez-vous dans des activités professionnelles exigeant au départ un minimum de responsabilités, cela vous permettra d'acquérir une certaine assurance. Vous deviendrez progressivement plus conscient de vos capacités et vous vous fixerez alors des objectifs plus élevés. C'est le seul moyen, pour vous, de devenir autonome et de vous affirmer.

Affectivement, vous êtes particulièrement vulnérable, et il serait bon que vous vous dégagiez de toute relation où l'on cherche à se servir de vous. Partez dès que vous sentez cette tendance chez vos partenaires.

Soleil carré Pluton

Vous êtes extrêmement volontaire, parfois de façon constructive, mais le plus souvent destructive. Personne ne ressent aussi fortement que vous la frustration, et si la pression devient intolérable, vous explosez. Il ne vous est pas facile de trouver la juste mesure dans vos relations avec les autres.

Vous avez été amené à penser que « la fin justifie les moyens » et que si l'on veut gagner, il vaut mieux tirer le premier. Vous semblez chercher des noises à tout un chacun, et vous faites ressortir chez les autres les pires aspects de leur caractère en les obligeant à se défendre contre votre autorité abusive. En fait, vous êtes votre pire ennemi.

Vous êtes une énigme, même pour vos proches. Toutefois, à l'occasion, vous pouvez faire preuve d'un grand contrôle sur vous-même, alors qu'à d'autres moments le moindre incident vous hérisse. C'est probablement pour cette raison que vos amis et associés restent à une distance prudente. Vous avez autant d'appréhension à nouer des liens affectifs qu'à atteindre vos objectifs.

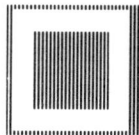

Vous avez la qualification et le talent nécessaires pour diriger des entreprises ambitieuses. Néanmoins, vous devrez reconnaître que les autres ont contribué à votre réussite. Apprenez à accepter les conseils de ceux qui sont objectifs. Prenez garde à ne pas vous endurcir et à ne pas devenir indifférent aux sentiments de vos proches.

Faites des compromis. Reconnaissez qu'il faut aussi tenir compte des suggestions des autres, si vous voulez qu'ils se soumettent aux vôtres. Les crises professionnelles et personnelles que vous traverserez vous feront comprendre la nécessité de faire des efforts pour maîtriser votre orgueil et votre ambition. La modération vous apportera plus que vous ne l'imaginez.

Soleil carré Ascendant

Vous suscitez chez les autres des réactions négatives. Vous êtes très maladroit, et vous avez du mal à persuader les gens que vous êtes sincère et honnête. Vous vous imposez vraiment trop, ce qui déclenche immédiatement l'hostilité. Toute la gentillesse que vous pourrez déployer ne compensera jamais le manque de sincérité dont on vous soupçonne. Si vous doutez de ce qui est dit ici, demandez donc autour de vous.

Vous ne ferez des compromis que s'il ne vous est plus possible de faire autrement. Vous êtes incapable de vous regarder en face, alors que la vérité saute douloureusement aux yeux de ceux qui vous entourent. Vous tenez à l'approbation d'autrui, et ce n'est qu'en faisant preuve d'un peu plus de modestie que vous l'obtiendrez. Ne vous imposez pas à tout prix. Ceci est également valable quant à vos amitiés de longue date. Vous serez d'autant plus apprécié que vous permettrez aux autres de venir librement à vous. Ils auront ainsi l'impression de garder l'initiative. Il vaut mieux qu'ils se sentent attirés que contraints.

En dépit de ce qui précède, vous êtes habitué à vous battre quand vous tentez quelque chose. Sachant que rien de valable n'arrive facilement, vous êtes prêt à endurer les contraintes inévitables, car l'expérience forme le caractère. Dans votre jeunesse, il vous a sans doute fallu surmonter des conflits avec vos supérieurs, ce qui vous a probablement pesé. Vous savez également que vous ne pourrez compter que sur vous-même si vous voulez réussir. Vous avez des difficultés avec ceux qui détiennent l'autorité et qui essayent de vous faire reconnaître que vous avez une position subalterne. Le jour où vous réaliserez que seul votre comportement indispose les gens et non votre talent, vous réussirez à vous faire apprécier.

Lune carré Mercure

Vos jugements manquent de discernement, car vos sentiments sont trop souvent impliqués. Vous êtes très ennuyé quand par la suite, vous réalisez le manque de maturité de vos actes. Vous avez du mal à vous montrer rationnel et objectif, car votre extrême sensibilité vous rend partial. Il vous arrive de ne pas faire la part entre la réalité et la fiction, et de vous imaginer à tort que l'on vous critique. Cela vous vaut de constants malentendus et vous rend même impopulaire.

Vous êtes un sentimental très attaché à vos proches et aux objets qui vous appartiennent. Préoccupé par des détails sans importance, vous gâchez beaucoup d'énergie pour rien. Vous avez tendance à vous complaire dans vos états d'âme. Vous êtes si peu sûr de vous, que vous craignez de ne pas êtes apprécié, quoi que vous fassiez. Dans un certain sens, vous êtes égoïste. Vous devriez consacrer aux autres autant de temps qu'à vous-même, vous n'êtes pas le seul centre d'intérêt. Vous parviendrez alors à diminuer l'importance névrotique que vous accordez à vos affaires personnelles. Ce serait salutaire et cela vous aiderait à comprendre que les problèmes des autres ne diffèrent pas tellement des vôtres.

Lorsque vous aurez compris certains de vos travers, et que vos relations seront plus faciles, vous pourrez envisager l'avenir avec optimisme. Vous aimez travailler avec des jeunes ou avec des enfants. Tenez-vous à distance des gens de votre âge jusqu'à ce que vous appreniez à supporter leurs critiques, que vous ressentez comme humiliantes. Lorsque vous serez plus sûr de vous, vous affronterez la concurrence sans problèmes. Ne soyez pas cassant lorsque l'on discute avec vous. Avant de vous lancer dans une polémique, assurez-vous qu'elle est justifiée.

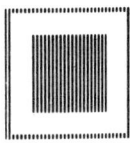

La communication avec vos proches vous est aisée, auprès d'eux vous êtes en confiance. Il n'en va pas de même avec les étrangers qui vous intimident, c'est pourquoi vous ne vous faites pas facilement des amis. Vous n'aimez pas avoir à vous adapter aux autres, vous préférez que ce soit eux qui s'accommodent de votre tempérament vulnérable. Vous vous accrochez à vos opinions, vous montrant même intraitable devant ceux qui insinuent que vous pourriez faire erreur. Détendez-vous un peu, cela vous soulagera et encouragera les autres à vous manifester plus de sympathie et de compréhension.

Lune carré Vénus

Vous redoutez de vous attacher par crainte des responsabilités que cela implique, refusant d'admettre vos sentiments, de peur que l'on exige quelque chose de vous. Vos liens très forts avec le passé sont probablement dus à vos parents. Ils exigeaient de vous un attachement si exclusif, que vous vous sentiez coupable d'éprouver des sentiments pour d'autres personnes. Vos priorités sont faussées, il faut vous défaire de ces idées qui compromettraient sérieusement votre avenir.

Votre esprit de rébellion pourrait entraîner des difficultés dans vos relations personnelles. Pour vous libérer des contraintes que vous pressentez, vous pourriez vous embarquer dans une aventure douteuse. Vous serviriez alors de dérivatif aux angoisses d'un autre, ou bien vous vous laisseriez duper sur l'authenticité des sentiments que l'on vous porte.

Il serait bon que vous deveniez indépendant le plus tôt possible et que vous subveniez à vos propres besoins. Vous devez rechercher la compagnie de gens qui n'attendent rien d'autre que votre amitié. Essayez d'instaurer plus de compréhension et de confiance dans vos relations. Dans le cas où votre intense émotivité vous inciterait à vous lier, réfléchissez avant de prendre un engagement sérieux ; le mariage serait pour vous un désastre, s'il survenait avant que vous n'ayez surmonté vos troubles affectifs. Vous êtes très influençable, et votre soif d'affection vous rend peu sélectif dans le choix de vos partenaires. Vous figurant que tout le monde est sincère, vous pourriez vous retrouver seul au moment où vous auriez le plus besoin d'une présence.

Le temps est votre meilleur allié ; avec l'âge, vous gagnerez en maturité et en réflexion. Essayez de comprendre les gens et leurs motivations, sinon, vous feriez votre propre malheur. Les activités de groupe vous permettraient de vivre en étroit contact avec les autres. Vous apprendrez ainsi à être plus compréhensif envers les faiblesses humaines et à juger plus lucidement ceux qui vous séduisent.

Lune carré Mars

Vos rapports avec les autres sont en général difficiles. Vous refusez de vous montrer conciliant de peur que l'on ne profite de vous. Votre hypersensibilité vous rend affectivement vulnérable. Vous passez votre temps à vous défendre contre des dangers imaginaires et vos sautes d'humeur sont le seul moyen que vous connaissez pour vous protéger. Ce manque de contrôle crée des problèmes nouveaux et complique ceux qui existent déjà. Vous êtes parfois difficile à supporter car vous voulez que l'on cède à vos caprices et vous essayez d'avoir toujours raison dans les discussions.

Il faut devenir adulte sous peine de souffrir des problèmes engendrés par votre manque de modération. Si vous parvenez à vous dépasser et à faire quelques concessions, vos rapports avec les autres vous seront très profitables. Dans le cas contraire, vous atteindrez difficilement vos objectifs et vous perdrez du temps en vaines discussions avec vos concurrents. Vous avez l'impression que toute opinion différente de la vôtre est un affront à votre intelligence et à votre compétence. Ceux qui osent se hasarder à vous contredire s'exposent à votre arrogance et à votre colère. Si vous êtes vraiment compétent, qu'avez-vous donc à craindre ? Avez-vous constamment besoin d'être rassuré sur votre propre valeur ? Si vous n'êtes pas compétent, prenez le temps d'acquérir la formation qui vous permettra de vous défendre face à vos concurrents. Votre plus grand défaut est votre manque de discipline.

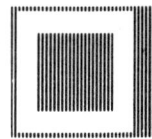

Vos déboires professionnels tendent à se répercuter sur votre vie familiale, provoquant des tensions entre vous et votre partenaire. Si vous n'y prenez garde, les blessures seront longues à se cicatriser. Il est essentiel que vous sépariez votre vie professionnelle de votre vie privée pour qu'elles n'empiètent pas l'une sur l'autre. Vous exigez beaucoup des autres, mais l'inverse ne vous paraît pas obligatoire. Ces « deux poids-deux mesures » irritent vos collaborateurs.

Votre prédisposition aux éternelles controverses ne peut manquer d'avoir des répercussions physiques ; vos angoisses quotidiennes pourraient provoquer des désordres intestinaux.

Lune carré Jupiter

Vous réagissez aux événements avec une émotivité excessive, sans faire appel à votre capacité de raisonnement. Conséquemment vous en tirez des conclusions incorrectes qui ne vous aident pas à résoudre les problèmes. Vos déductions sont tirées de preuves si insuffisantes, qu'il vous faut souvent vous récuser. En fait, vous ne possédez pas la stabilité émotionnelle nécessaire pour mener à bien un juste examen des faits. Vous êtes paresseux, peu ambitieux et parfois même irresponsable. Votre instabilité n'encourage pas ceux qui vous soutiennent, car vous semblez indifférent à leur aide. Lorsque ces personnes se détournent de vous, vous devenez amer car vous avez l'impression d'être abandonné. Votre manque de maturité émotionnelle vous fait passer à côté de bien des occasions, même les plus sérieuses.

Généreux à l'excès, vous vous trouvez toujours à court d'argent au moment où vous en avez le plus besoin. Vous devriez apprendre à gérer votre budget, et à ne pas demander de crédit que vous ne puissiez rembourser. Cet aspect planétaire vous incite à prendre le chemin le plus facile pour satisfaire vos désirs, et vos préoccupations financières ne vont pas plus loin que l'achat du moment. Vous devriez éliminer les cartes de crédit de votre vie.

Vous oscillez entre des périodes d'enthousiasme intense et de totale apathie. Vous ne manquez pas d'inspiration créatrice, mais vous ne faites pas l'effort nécessaire pour développer et mettre en œuvre vos ressources intérieures. Vous vous apitoyez sur votre sort en considérant que vous n'êtes vraiment pas gâté par la vie. C'est que malheureusement vous ne faites rien pour arranger les choses.

Vous devriez établir un budget très précis, afin de planifier votre avenir, ce serait un bon exercice de remise en ordre. Une fois l'habitude prise, vous ne pourrez plus vous contenter d'occupations sans intérêt qui ne font qu'aggraver votre léthargie. Vous pourrez ainsi aborder des domaines tels que le droit, la médecine, l'économie politique, la gestion de restaurants ou l'enseignement. Vous pourriez même vous occuper de rééducation de handicapés, ou plus généralement de thérapies du corps. Vous auriez alors l'occasion de comparer votre vie à celles d'êtres véritablement défavorisés. Cela pourrait vous donner la volonté nécessaire à atteindre vos objectifs et catalyser votre créativité.

Vos problèmes de santé découlent exclusivement de vos excès alimentaires. Supprimez les nourritures trop riches qui ne font qu'alourdir votre constitution déjà paresseuse. Courez pour faire de l'exercice et non pour fuir vos responsabilités.

Lune carré Saturne

Vous n'arrivez pas à vous détacher du passé et des personnes qui s'y rattachent. On vous a appris qu'il était de votre devoir de rester fidèle à vos relations de longue date. Les affaires familiales vous tiennent à cœur, et il est rare que vous oubliiez un anniversaire ou une quelconque commémoration. Pris au piège de vos émotions d'enfant, il vous est difficile de nouer des liens étroits en dehors du cercle familial.

Vos parents sont partiellement responsables de votre dépendance et de votre incapacité à vous assumer. Malheureusement, ils sont inconscients du mal qu'ils vous ont fait. Votre potentiel créatif risque d'être limité par vos inhibitions professionnelles. Pour vous, les meilleures sphères d'activité sont celles qui se rapportent aux personnes du troisième âge. Les métiers de personnel soignant, de thérapeute corporel, de gériatrie et d'assistanat social pourraient vous apporter un certain épanouissement. Ces secteurs d'activité vous mettent en contact avec des personnes pouvant s'identifier aux parents. Vous pourriez faire du bon travail et tirer bénéfice de vos efforts, tout en sachant que vous répondez à un besoin.

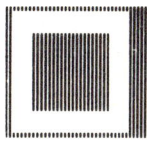

Il se peut que la satisfaction affective ne survienne que lorsque vous aurez réalisé l'étroitesse de votre horizon. Comprenant alors que le temps passe et que les partenaires éventuels se raréfient, vous vous hâterez de trouver l'âme sœur.

Intéressez-vous à des activités récréatives, cela chassera votre tendance à la mélancolie et à la dépression. Tout ce qui est en rapport avec l'enfant pourrait vous apporter beaucoup de joie, car leur curiosité insatiable meublerait vos heures de solitude. Vous pourriez vous enrôler dans une organisation de jeunes ayant besoin de substituts parentaux.

Alimentez-vous sainement, évitez de manger au lance-pierres et ne buvez pas froid. Dans la mesure du possible, ne prenez pas vos repas seul.

Lune carré Uranus

Vous êtes d'une nature impulsive et fantasque. Vous réagissez abruptement à toute contradiction et pouvez vous montrer de très mauvaise humeur même avec vos proches. Vous êtes capable d'exploser à la moindre provocation. Vous devez vous efforcer à plus de contrôle sur vous-même, car la plupart de vos éclats sont inutiles et injustifiés. Habitué à obtenir ce que vous voulez, vous ne supportez pas que l'on vous résiste. Soyez un peu plus tolérant, et accordez aux autres la liberté que vous revendiquez, si vous ne voulez pas vous heurter à de sérieuses difficultés.

Vous êtes brillant et ingénieux, et lorsque vous aurez acquis la discipline qui vous manque, vous pourrez réussir magnifiquement. Vos talents s'appliquent à l'enseignement, à l'écriture, à la recherche ou à la politique. Vous êtes capable de prendre en charge ou d'être le porte-parole d'associations. Grand défenseur de l'égalité, vous saurez dépeindre aux autres la liberté qui leur est refusée.

Votre impatience et votre impulsivité vous rendent sujet aux accidents. En outre, votre imprudence vous fait encourir bien des risques. Votre nervosité peut être le fruit de votre éducation, car il est possible que vos parents ne vous aient pas laissé vous affirmer à votre guise. Vous aviez tendance à défier toute autorité en rejetant les responsabilités. Si quelqu'un tentait de vous faire un chantage sentimental, vous réagissiez avec arrogance.

La réussite de votre mariage dépendra de votre capacité à faire certaines concessions. Avec cet amour de la liberté et ce refus des responsabilités, votre union ne pourra être heureuse que si vous imposez vos conditions. Vous avez une conception démodée du mariage, selon laquelle il n'y a qu'un seul maître, mais ces concepts ont peu de chances d'être appréciés de nos jours. En fait, vous avez un profond désir d'égalité entre vous et votre partenaire. Si vous y parvenez, vous vous féliciterez d'avoir tant gagné, au lieu de déplorer ce que vous y aurez perdu.

Lune carré Neptune

Vous éprouvez certaines difficultés à distinguer la réalité de la fiction. Votre imagination fortement développée vous joue des tours et il vous arrive « d'arranger » la réalité selon ce qui vous est émotionnellement supportable. Lorsque cela n'est pas possible, il se peut que vous inventiez un refuge. Vous êtes enclin à rejeter les responsabilités, avec le sentiment qu'elles vous persécutent. Vos réactions négatives à un comportement dans les règles pourront faire de vous un parasite et gâcher vos potentialités. Pourtant, votre extrême sensibilité pourrait contribuer au développement d'organismes de secours, remédiant aux conditions sociales défavorables. Vous éprouvez plus que quiconque le besoin d'étudier la nature humaine, et pour ce faire, il vous faudra absolument une formation.

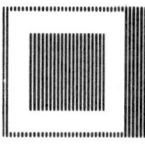

Votre éducation ne vous a guère préparé à affronter la dure compétition de la vie. La peur de l'inconnu est le plus grand obstacle à votre réussite. Vos activités professionnelles devraient se rapporter à des entreprises terre à terre, vos décisions seraient soumises à l'approbation d'un tiers. Veillez particulièrement à ne pas vous laisser entraîner dans des aventures douteuses. Mieux vaudrait vous en abstenir, car on peut vous trahir, et les autres n'hésiteront pas à vous faire supporter les conséquences de leurs erreurs. Montrez-vous réaliste dans vos ambitions et ne vous attelez qu'à des tâches pouvant être rapidement menées à bien. Procédez avec prudence, avancez pas à pas, sachant que vous pourrez redéfinir vos objectifs au fur et à mesure que vous les atteindrez.

Vous auriez intérêt à demander à un ami ou à un conseiller professionnel de vous aider à orienter votre créativité. Ne comptez pas sur la chance pour faciliter vos débuts professionnels ou vos rapports personnels. Croyez à ce que vous voyez, et non à ce que vous entendez dire.

Votre grande erreur est de laisser les malentendus s'installer entre vous et votre partenaire. Ce que vous ne savez pas peut vous faire du mal, malgré l'adage. Absorbez des aliments nutritifs et veillez à votre hygiène, qui doit devenir une habitude régulière. Vous êtes particulièrement exposé aux infections, et certaines précautions s'imposent, dans l'intérêt de votre santé.

Lune carré Pluton

Vos émotions sont profondes, et vous éprouvez certaines difficultés à renoncer au passé. L'avenir vous angoisse, vous vous repliez donc sur vous-même. Vos relations avec vos parents étaient peut-être tendues, ou bien vous vous êtes senti rejeté, faute de deviner l'amour derrière la discipline qu'ils vous imposaient.

Vous êtes fondamentalement un solitaire, mais vous avez tendance à vous imposer dans vos rapports avec les autres. A la fin, ils ne supportent plus vos exigences. Vous avez beaucoup à apprendre sur la nature humaine, faute de quoi vous connaîtrez bien des déboires et des déceptions amoureuses. Montrez-vous intelligent dans l'examen de certaines situations et soyez équitable.

Les responsabilités affectives vous pèsent, préférant profiter des joies de l'amour sans en subir les conséquences, votre nature ardente noue des liens étroits et passagers fondés sur l'attirance physique. Brutal, vous devriez apprendre l'art d'aimer avec tendresse. Donnez à votre partenaire l'occasion de vous manifester son attachement sans vouloir à toute force lui arracher une déclaration. Si vous parvenez à modifier cette attitude négative, vous parviendrez tous deux à un plaisir partagé.

Des occupations vous mettant en contact avec le public vous fourniraient l'occasion d'étudier les rapports humains. Apprenez à faire des concessions pour réaliser vos ambitions. Si vous vous occupiez de rééducation, de thérapies du corps, ou de programmes à caractère social ayant pour but d'aider la réinsertion de handicapés dans la vie active, vous comprendriez combien vous pouvez être utile lorsque vos motivations sont sincères, et vous y gagneriez plus que vous ne le pensez.

Pour rester en bonne santé, vous avez besoin de vous détendre périodiquement, loin de toute activité. Vous pourriez avoir des problèmes génitaux et pour éviter toute angoisse à ce sujet vous vous soumettrez à des examens réguliers. Soyez prudent si vous donnez dans l'occultisme, ce genre d'expériences pourrait créer la plus grande confusion dans votre esprit.

Lune carré Ascendant

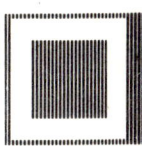

Vos réactions aux êtres et aux événements sont très subjectives. Votre nature impressionnable vous empêche d'évaluer les faits avec réalisme. Il se peut que vous soyez conscient de cette tendance et que vous soyez ennuyé de ne pas être plus objectif. Vous êtes victime d'habitudes tellement ancrées en vous qu'elles seront difficiles à modifier. Influençable par les forts tempéraments qui sont tentés de vous modeler à leur guise, vous n'avez souvent d'autre issue que la soumission. Votre difficulté à affronter la réalité se répercute sur vos relations, car vos amis ne sont jamais sûrs de vos réactions. Vous êtes un sentimental attaché à sa famille et à son foyer et il ne vous est pas facile de transposer ces sentiments sur le partenaire avec lequel vous pourriez nouer un lien affectif. Il est essentiel que vous parveniez à vous détacher du passé et des limites qu'il vous impose. Alors seulement serez-vous à même de devenir autonome sans avoir besoin de l'approbation des autres.

L'âpreté de la vie compétitive vous sera toujours pénible, à moins que vous ne parveniez à analyser intellectuellement les gens et les circonstances. Vous comprendrez alors que vous n'êtes pas le seul à avoir des appréhensions. N'assumez pas plus de responsabilités que nécessaire, surtout dans votre vie professionnelle. Faites en sorte d'acquérir une formation qui vous rende compétitif. Méfiez-vous d'associés qui vous feraient endosser leur incompétence et payer les pots cassés.

Avant tout gardez pour vous ce qui ne concerne pas les autres. Ne donnez pas à vos adversaires l'occasion de détecter vos points faibles, et ne vous apitoyez pas sur vous-même.

Mercure carré Mars

Vous avez une énergie mentale considérable pour les tâches les plus ardues, mais il vous manque souvent la détermination et l'opiniâtreté nécessaires à leur réalisation. Vos opinions sont définitives, vous vous mettez en colère si l'on vous contredit. On évite volontiers toute discussion avec vous car vous vous emportez à la moindre provocation et n'écoutez pas. Vous critiquez tout, et il est rare que quelque chose échappe à votre vigilance. Votre rudesse confine au manque de tact, sans même que vous vous en rendiez compte. Apprenez à vous taire lorsque vous n'êtes pas suffisamment informé d'un sujet, sinon vous serez ridiculisé par ceux qui en savent plus long que vous.

Votre imagination est très développée, et il ne vous manque que de l'employer de façon constructive. Il vous faudra faire des concessions pour réussir, car les autres ont autant que vous le besoin de s'exprimer. Vous vous heurtez à une compétition importante dans la poursuite de vos objectifs, mais la plupart des gens sont prêts à faire des concessions si vous leur en donnez l'occasion. Quand vous êtes dans l'erreur, mieux vaut le reconnaître. En revanche, si vous avez raison, dites-le avec diplomatie. De cette manière, vous vous en sortirez brillamment. Les vantards ne sont pas très appréciés, alors que l'on admire ceux qui ont suffisamment de force de caractère pour admettre une faiblesse.

Lorsque vous saurez prendre en considération les besoins d'autrui, vous pourrez réussir dans des domaines tels que le droit, la gestion, l'enseignement, l'écriture, le théâtre, les relations publiques ou tout autre métier de communication. Vous pourriez également trouver certaines satisfactions dans le sport. Il vous arrivera de gagner, sinon tâchez d'être bon perdant.

Certains points mentionnés au sujet de vos rapports sociaux peuvent également s'appliquer à vos relations sentimentales. Vous avez tendance à vous montrer amer et vindicatif lorsque vos intentions ne sont pas bien accueillies. Efforcez-vous de ne pas y accorder trop d'importance. Malgré votre tendance à vous imaginer que votre partenaire se montre soumis, vous perdriez vite votre estime pour lui si tel était le cas ; recherchez quelqu'un qui vous oblige à faire preuve de maturité et de caractère

Mercure carré Jupiter

Ce que vous croyez ne cadre pas avec la réalité. Vous êtes avide d'apprendre autant que possible, mais votre intérêt fléchit avant que vous n'ayez acquis les informations suffisantes pour mettre en œuvre vos connaissances. Vos jugements sont impulsifs et vos décisions souvent inconsidérées. Vous cherchez à vous tirer facilement des difficultés en refusant d'assumer la responsabilité de vos actes. Le plus grand obstacle de votre réussite consiste à vouloir commencer par le haut de l'échelle. Vous n'avez pas la discipline nécessaire pour planifier votre action pas à pas. Vous vous imaginez réussissant pleinement, mais au moment d'agir, vous devenez paresseux et vous laissez aller. Vous posez un grand nombre de questions pour vous informer, mais quand les réponses ne vous conviennent pas, vous les modifiez à votre goût. On pourrait presque vous prendre pour un mythomane, tant vous déformez les faits. Vos intentions ne sont pas mauvaises, vous manquez simplement d'informations et d'objectifs. Vous êtes négligent dans la conduite de vos affaires, et impardonnablement naïf dans les relations. Résistant difficilement aux sollicitations, vous faites une proie idéale pour les vendeurs peu scrupuleux.

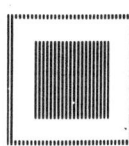

Il vous faut absolument acquérir une formation, afin d'éviter une vie sans éclat, qui ne vous mènera nulle part. Vous pourrez, si vous vous en donnez la peine, réussir dans les relations publiques, l'enseignement, le tourisme ou même l'écriture. Les études vous permettront d'aiguiser votre jugement et de vous parfaire. C'est votre seule alternative. Toutefois, vous devriez avant cela vous frotter à la dure réalité de la compétition.

Vous pourrez souffrir de troubles nerveux dus à vos angoisses concernant votre avenir et aux difficultés de la concurrence. De fréquentes périodes de repos vous seront nécessaires, ainsi que des activités récréatives. Personne ne peut vous obliger à changer d'attitude, mais il faut espérer que vous le ferez pour votre bien.

Mercure carré Saturne

Dans votre enfance vous avez probablement été empêché d'utiliser votre imagination et détourné de vos possibilités. De mentalité quelque peu désuète, il ne vous est pas facile de moderniser vos idées. Il se peut que vous ayez l'esprit étriqué par peur du changement et par un sentiment d'insécurité.

A l'école, vous appreniez lentement, cela vous coûtait beaucoup d'efforts. Ce n'est pas que vous soyez incapable, mais votre esprit est paresseux. Si vous ne réussissez pas rapidement, vous vous découragez. Votre peur de la concurrence vous empêche de relever les défis. Si vous n'adaptez pas vos pensées aux fluctuations du monde, vous ne progresserez pas.

Cette configuration planétaire vous donne de sérieux atouts. Au lieu de vous montrer craintif, ayez le courage d'accepter l'inévitable. Remplacez vos idées noires par des projets optimistes. Regardez vers le passé, auquel vous êtes tellement attaché pour en tirer les leçons nécessaires au présent et à l'avenir. Il n'y a pas d'autre solution, si vous tenez à atteindre vos objectifs.

Vous pourriez réussir dans l'enseignement, la science, la politique, la sauvegarde des ressources naturelles ou l'architecture. Comme vous le constatez, certains de ces secteurs, particulièrement la science et l'enseignement, nécessitent l'acceptation du changement. Il vous suffit d'avoir la volonté de réussir et la capacité d'exploiter vos ressources intérieures pour accéder à un poste important, dans n'importe laquelle de ces professions.

Veillez à ne pas signer de documents officiels sans les lire soigneusement, et prenez conseil. Vous pouvez vous montrer vindicatif envers quiconque tenterait de profiter de vous. Dans votre profession, vous acceptez difficilement l'autorité et vous vous plaignez amèrement si quelqu'un obtient la promotion que vous méritez. Il vous faut prouver votre supériorité si vous voulez attirer l'attention ; il se peut que vous ayez à faire plus d'efforts que les autres dans ce sens.

Efforcez-vous de voir la vie sous un jour plus gai, et reconnaissez que certaines de vos difficultés ne viennent que de vous.

Mercure carré Uranus

Vous avez une intelligence alerte, brillante et ingénieuse. Vous faites preuve d'originalité dans votre façon de penser, et vos opinions sont généralement à l'opposé des croyances en vigueur. Vous prenez souvent parti pour des causes que d'autres trouvent indéfendables. Vous êtes parfois illogique dans votre quête de la vérité. Votre impatience envers l'ordre établi vous pousse rarement à reconnaître les faits tels qu'ils sont, et à créer les vérités qui vous engagent le moins. Vous refusez la responsabilité de vos propos.

Votre arrogance et votre présomption font obstacle à votre réussite dans des domaines où prévalent certains usages. Non content de mépriser les règles, vous vous en plaignez ouvertement auprès de ceux qui les ont instaurées. Il serait bon que vous soyez un peu plus modeste, alors vous serez accepté partout et l'occasion vous sera donnée de manifester vos talents intellectuels. Vous pouvez atteindre les plus hautes fonctions dans la science, l'enseignement, les services sociaux et même dans la politique.

Seul le temps vous apprendra qu'il est stupide d'agir précipitamment et de courir le risque d'être discrédité. L'expérience qui est indispensable aiguisera vos déductions et vous enseignera à user de vos talents avec sagesse.

Vos liens sentimentaux sont rarement durables, car vous êtes incapable de compromis. Ce que vous dites ne correspond pas toujours à ce que vous ressentez, ce qui ne sécurise pas votre partenaire. Les problèmes qui surgissent entre vous ne sont pas faciles à résoudre. Vous ne voulez pas céder, malgré parfois l'absurdité de votre entêtement. Vous êtes certainement stimulant pour ceux qui vous approchent, mais il serait plus sage de choisir un conjoint dont le caractère soit plus stable que le vôtre.

Efforcez-vous de ralentir le rythme et de vous modérer si vous tenez à éviter des désordres nerveux. Attention au stress.

Mercure carré Neptune

Votre imagination sort souvent du cadre de la logique. Votre peur des responsabilités est la cause de vos difficultés à la fois dans votre milieu professionnel et sentimental. Vous semblez incapable d'avoir une vue réaliste de l'existence, et vous parvenez à vous convaincre, par des arguments apparemment logiques, qu'il n'existe pas de réalité déplaisante. Cette distorsion des faits complique les choses, de telle sorte qu'il ne vous est pas possible de vous y retrouver. Autrement dit, vous fuyez la réalité, ce qui est probablement le résultat de votre éducation. Si vous n'apprenez pas à affronter la vie, vous ne progresserez pas. Votre extrême sensibilité vous fait exagérer des problèmes sans importance.

Vous avez du talent, mais vous devez accepter le risque de l'échec si vous vous mesurez aux autres. La perspective d'une compétition peut vous effrayer au point d'entraver votre succès, à moins que vous ne parveniez à vous maîtriser et à prendre de l'assurance. Soyez honnête envers vous-même, vous reconnaîtrez ainsi vos limites.

Vous pourriez, avec le temps, réussir dans l'écriture, le théâtre, l'enseignement, les arts ou dans les activités à caractère social. Il vous faudra clarifier vos objectifs et vous concentrer sur une chose à la fois. Notez bien ceci : une trop grande dispersion dans vos occupations fera ressortir vos faiblesses, à votre détriment. Une solution consisterait à vous enrôler dans des activités au service des autres. Côtoyer leurs problèmes vous aidera à résoudre les vôtres.

Montrez-vous prudent et conventionnel dans vos relations sentimentales, car votre imagination pourrait vous jouer des tours. Si vous interprétez quelque intérêt qu'on vous porte comme un signe d'amour, vous risquez d'être déçu. Gardez-vous de vous engager avant d'être sûr de la sincérité de votre partenaire car vous êtes souvent victime de votre idéalisme. Exercez vos talents créatifs, vous ne ressentirez plus la solitude.

Mercure carré Pluton

Vous devez apprendre à vous concentrer et à vous discipliner mentalement. Vous n'êtes pas fait pour des études prolongées, et vous en voulez à ceux qui vous obligent à en faire. Ceci a été probablement évident au cours de votre scolarité qui a dû vous sembler laborieuse. Malgré cela, vous avez suffisamment de cran pour accepter des responsabilités, à condition que ce ne soit pas sous la surveillance d'une tierce personne.

Vos discours sont mordants, et vous vous exprimez parfois avec dureté, ce qui vous fait taxer d'insensibilité ou éveille une franche hostilité. Vous êtes indéniablement brillant et perspicace, mais vous vous sentez rarement l'obligé des autres. Vous êtes plutôt pessimiste. Vous passez d'un extrême à l'autre, à certain moment vous critiquez les autres avec une franchise brutale et l'instant d'après, vous faites preuve d'un sang-froid étonnant dans les situations les plus tendues. Vous êtes tellement imprévisible, que certaines personnes évitent de vous approcher.

Bien qu'intrépide, vous manquez totalement de bon sens dans les situations dangereuses. Vous prenez des risques inutiles pour le plaisir de prouver votre courage. C'est la raison pour laquelle vous choisissez probablement un métier risqué. Vous êtes exposé aux accidents domestiques, par exemple d'appareils fonctionnant sous pression ou de certains systèmes de chauffage et de chauffe-eau. Respectez les consignes de sécurité.

Avant de choisir une profession, apprenez à vous maîtriser et développez votre sens des responsabilités. Vous êtes plus sujet que d'autres aux erreurs de jugement, particulièrement lorsqu'il s'agit du maniement d'importantes sommes d'argent. Dans la mesure du possible, évitez de vous endetter.

Il se peut que vous vous intéressiez à des domaines tels que les enquêtes policières, la recherche et le développement, la chimie, la pathologie ou la médecine. Quoi qu'il en soit, il vous faudra céder à l'autorité de vos maîtres. Il est essentiel de faire attention aux détails et vous donner la peine d'acquérir la compétence requise. Malgré votre tendance à fuir la réalité, vous ne progresserez que lorsque vous aurez compris que vous devez vous en accommoder.

Vous pouvez apporter une contribution importante aux plus défavorisés de votre environnement immédiat. Vous ne craignez pas de vous faire entendre auprès des autorités qui auraient abusé de leur pouvoir. Cependant, assurez-vous d'avoir toutes les informations nécessaires pour éviter de vous ridiculiser, ce qui pourrait faire ressortir les pires aspects de votre caractère, et même vous amener à recourir à la violence.

Bien que vous en sachiez sûrement plus que les autre, vous avez une tendance marquée à vouloir modeler leur vie, et vous usez de subterfuges pour les amener à vos idées. Ce manque de tolérance devrait vous amener à étudier la nature humaine pour être vraiment de bon conseil.

Mercure carré Ascendant

Ce carré montre que vous n'arrivez pas à vous faire comprendre, et les gens, même s'ils ne vous manifestent pas de l'hostilité, réagissent toujours de façon négative lorsque vous vous adressez à eux. Vous n'êtes pas sûr de vous, et vous communiquez ce manque de confiance à vos interlocuteurs que vous arrivez à convaincre difficilement. Vos grands airs dissimulent mal votre complexe d'infériorité. Afin de gagner l'approbation de ceux avec lesquels vous traitez, vous en appelez à leurs émotions, mais vos flatteries manquent manifestement de sincérité. Les gens ne sont jamais sûrs de vos intentions et pourront vous demander de répéter ce que vous venez de dire pour s'assurer qu'ils ont bien compris.

Vous tenez à l'affection de vos amis et vous leur rendez facilement service, dans l'espoir qu'ils vous témoignent leur gratitude. Vous êtes modérément optimiste dans la poursuite de vos objectifs, car on ne vous a appris à entreprendre que ce qui était approuvé par vos supérieurs. Votre évolution et votre capacité à vous prendre en charge en ont été retardées. Vous avez tendance à vous comparer à ceux qui ont réussi relativement jeunes, et vous éprouvez de l'amertume à l'idée de n'avoir pas bénéficié des mêmes chances.

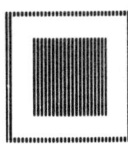

Vos études pourront avoir été retardées par des circonstances familiales. Des débuts tardifs n'empêchent pas le succès, mais il vous faudra travailler davantage pour rattraper le temps perdu si cela est si important pour vous. Cela pourrait également vouloir dire que vous vous sentez frustré lorsque vous devez vous mesurer à des concurrents mieux entraînés que vous. Ne laissez personne vous écraser de sa supériorité. Vous pouvez réussir en acquérant la formation et l'expérience nécessaires, vous obtiendrez ainsi la réputation d'exceller dans tout ce que vous faites. Si vous envisagez de développer votre créativité de façon positive, vous apprendrez à avoir de l'estime pour ce que vous pouvez faire, vous attirant ainsi l'admiration que vous méritez.

Vénus carré Mars

Il vous est difficile de maintenir des relations harmonieuses avec les autres. Vous attendez qu'ils fassent certaines concessions, mais ne leur rendez la pareille que si vous y êtes obligé. Vous avez une nature amoureuse ardente, et vous usez de toutes sortes de ruses pour obtenir ce que vous désirez. Vous pourriez être accusé d'utiliser les autres, en profitant de leurs sentiments alors que vous ne les partagez pas. A l'affût du moindre plaisir, vous ne supportez aucune interférence. Cet aspect montre une tendance à provoquer des situations ambiguës, pour rejeter sur les autres la responsabilité de votre insatisfaction. Vous êtes totalement indifférent aux sentiments des autres. Pourtant, les difficultés que vous rencontrez dans vos relations devraient vous amener à vous poser des questions sur vous-même. La solution existe et si vous modériez vos désirs et vous montriez plus conciliant, les choses iraient beaucoup mieux. On n'a pas toujours tout ce que l'on désire, et il ne sert à rien d'insister et de provoquer l'hostilité.

Tant que vous n'aurez pas résolu vos conflits personnels, vous aurez des problèmes familiaux, amicaux et professionnels. En revanche, en devenant moins exigeant, vous pourrez réussir dans n'importe quel métier même ceux qui exigent des contacts avec le public. Votre magnétisme est très attractif. Vous n'êtes certes pas ennuyeux et pouvez même être un boute-en-train. Veillez simplement à ce que l'excitation ne dégénère pas en agitation. Ne vous plaignez pas des défauts des autres, regardez plutôt les vôtres.

Vous pourriez élargir vos horizons en vous intéressant à l'art, à la musique, à la littérature et aux activités mondaines. En effet, ce carré vous donne des manières qui gagneraient à être dégrossies.

Vénus carré Jupiter

Vous faites montre d'un certain laisser-aller et de négligence envers vos responsabilités. Quand tout va bien, vous pouvez être aimable et charmant, mais quand on vous résiste, vous n'êtes guère commode. Vous vous proposez souvent de faire des concessions, ce qui reste en général au niveau des intentions. Vous ne supportez pas que l'on fasse pression sur vous pour vous convaincre de quoi que ce soit et vous aimeriez que cela se sache une bonne fois pour toutes. Vous êtes persuadé que l'hostilité dont vous êtes l'objet est le fait de l'incompréhension des autres à votre égard. Vous n'êtes généreux que lorsque cela vous est utile, pouvant retirer votre aide d'un instant à l'autre sous prétexte que votre geste n'aurait de toute façon pas été apprécié.

Vous pourriez faire énormément de choses si vous acceptiez vos responsabilités. Vous n'aurez malgré cela peut-être pas la possibilité de choisir une activité des plus attrayantes. Soyez réaliste en établissant vos priorités. Disciplinez-vous suffisamment pour subvenir à vos besoins et ne vous laissez aller que lorsque toutes vos obligations auront été remplies. Il est impossible de gagner sur tous les tableaux. Dans votre profession ou dans vos relations personnelles, vous décrivez l'avenir avec emphase et vous faites croire volontiers que l'on se « bouscule à votre portillon ». En vérité, vous recherchez désespérément l'attention, et vous êtes prêt à tout pour l'obtenir. Il est indispensable de vous débarrasser de cette tendance pour réussir. Vous pourrez alors vous accomplir dans des domaines tels le tourisme, les relations publiques, l'orientation professionnelle, etc. Vous pourriez utiliser votre sens de la communication pour atteindre vos objectifs. Ne soyez pas toujours sur la défensive, la plupart des gens sont prêts à venir vers vous si vous leur en laissez l'occasion.

Si vous êtes franc, vous attirerez des êtres avec lesquels vous pourrez nouer des liens affectifs. Apprenez à donner, même si cela ne paye pas toujours. Vous aurez la surprise de découvrir qu'il y a plus de gens généreux que vous ne l'imaginiez. Vous êtes parfois acariâtre sans raison, ce qui vous navre. Lorsque vous répondez aux désirs et aux besoins des autres, vous êtes largement payé de retour.

Vos excès vous créent des problèmes de poids. Evitez les nourritures trop riches, et faites un régime pauvre en hydrates de carbone. Si vous ne pouvez dormir suffisamment, essayez de faire des siestes.

Vénus carré Saturne

Vos relations avec les autres sont difficiles, et vous vous sentez de ce fait exclu de la société. Vous refusez les responsabilités qu'entraîne toute relation affective, restez sur la défensive en craignant que l'on n'exige trop de vous. Dans votre enfance, peut-être avez-vous été rejeté par quelqu'un que vous aimiez, l'un de vos parents sans doute. En grandissant, vous vous êtes renfermé pour éviter tout risque de rejet. Ces circonstances peuvent vous avoir laissé l'impression de n'être pas fait pour le bonheur. Quand vous aurez accepté les autres tels qu'ils sont, comprenant que chacun doit y mettre du sien, vous serez certainement heureux. Tout le monde, à un moment donné, a des difficultés relationnelles.

Peut-être que les leçons les plus importantes de l'existence vous seront données par vos relations avec les autres. Si vous allez vers eux, vous vous apercevrez que beaucoup sont prêts à faire la moitié du chemin. Si vous êtes attiré par quelqu'un que vous admirez, cela vaut peut-être la peine que vous vous adaptiez à son caractère. Vous trouverez votre propre identité en vous calquant sur les bonnes réactions des autres.

Avant de réussir dans quoi que ce soit, il faudra résoudre ces problèmes relationnels, faute de quoi vous créeriez une atmosphère de travail difficile. On ne supporte pas volontiers quelqu'un d'hargneux et d'exigeant. Allez au-devant des autres, vous en serez récompensé et atteindrez des buts satisfaisants.

Vous éprouverez des satisfactions dans des domaines tels que la banque, la finance, le droit, les assurances, l'immobilier, l'achat et la vente ainsi que le design. Votre sens de l'ordre et votre jugement équilibré vous y seront utiles. Cependant, il est indispensable que vous preniez conscience de votre valeur avant de mettre en œuvre vos talents. Vous devrez gagner l'estime de vos employeurs par votre honnêteté, votre intégrité et votre jugement, qualités qui vous aideront à réussir.

Soyez optimiste, accordez-vous une chance d'être heureux. Votre tendance à la mélancolie pourra nuire à votre santé ; vous pourriez avoir de l'hypertension liée à votre anxiété. Apprenez à vous détendre et à vous laisser aller. Ne vous appesantissez pas sur des faits sans importance. Donnez, au lieu de vous plaindre des exigences des autres.

Vénus carré Uranus

Vous êtes très attiré par les êtres aux qualités inhabituelles. Votre fascination est vive, jusqu'à ce que ces personnes vous manifestent un intérêt réel. Vous trouvez alors le moyen de briser tout lien durable car vous aimez la liberté ; vous n'êtes pas sûr de pouvoir un jour appartenir à une seule personne. Cette peur de l'engagement n'est pas réaliste, mais elle est forte car vos mœurs sont relativement libres. Vous défiez les convenances et manifestez ouvertement votre mépris envers ceux qui s'y soumettent.

Vous refusez de vous plier à la tradition, ce qui signifierait pour vous un manque de personnalité. Vous confondez amour et amitié. Vous liant facilement d'amitié, vous ne vous sentez engagé que superficiellement. L'amour vous est plus difficile car il remet en cause votre liberté. Il ne faut pas imaginer que les autres feront les concessions nécessaires à la sauvegarde de votre indépendance si vous ne donnez rien en retour. Même l'amitié exige une certaine réciprocité.

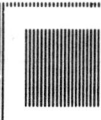

Pourtant, vous êtes capable d'apprécier les délices d'un amour véritable, mais si vous vous contentez de peu, vous n'obtiendrez pas davantage. Si vous faites la même chose dans votre profession, les résultats seront catastrophiques. Vous n'obtiendrez de promotion que si vous modérez votre frénésie et faites preuve de suffisamment d'équilibre pour un poste de responsabilité. Soyez plus discret à propos de votre vie privée, que vous affichez avec désinvolture. Cet aspect planétaire rend particulièrement nerveux si l'on fait des excès sans prendre le repos nécessaire.

Vénus carré Neptune

Votre imagination est excessive. Vous êtes facilement sur la défensive, même sans être menacé. Vous avez du mal à être lucide et vos jugements sont souvent mal avisés. Des œillères vous cachent les vérités que vous ne supportez pas. Votre conception de la vie devra être sérieusement révisée si vous voulez éviter de gros problèmes.

Les professions libérales sont celles qui vous conviendraient le mieux. Du fait de votre sensibilité, les métiers vous mettant en contact avec le public vous mettraient à dure épreuve. Supportant mal les frustrations, vous pourriez difficilement réussir dans des fonctions compétitives. Vous auriez des disputes avec vos collègues et porteriez des accusations injustifiées. Essayez de changer, et de vous ouvrir à un minimum de tolérance.

Il serait bon de trouver un exutoire à votre immense potentiel créateur, cela vous obligerait à assumer par vous-même les problèmes qui surgiraient éventuellement. Cela vous éviterait, en outre, d'en vouloir aux autres de vos déboires. Le temps et l'expérience vous apprendront à faire face à la réalité au lieu de la fuir constamment. Méditez peut-être afin de vous préparer spirituellement à affronter les épreuves avec dignité et confiance.

Ayez une certaine discipline dans vos relations amicales et sentimentales. Vous avez tendance à encourager les autres à profiter de vous. Soyez prudent avant de prendre un engagement affectif, et assurez-vous de la sincérité de votre partenaire.

Votre insouciance des questions matérielles pourra vous coûter cher, ne vous endettez pas exagérément, et n'abusez pas du crédit. Vous êtes facilement séduit par ce qui s'offre à vous, sans songer qu'il faudra régler vos achats.

Vénus carré Pluton

Il y a plus de complications que de satisfactions dans votre vie affective. Vous êtes conscient que tout ce que vous recevez a sa contrepartie négative. Ce que vous désirez n'est pas forcément ce qui vous réussit, et la satisfaction de vos désirs vous apportera une certaine souffrance. Ces désirs pourront vous entraîner dans des relations ne cadrant pas avec votre besoin réel d'un lien durable et serein.

Vous donnez pour recevoir, et vous pourriez même prétendre être amoureux pour vous faire épouser. Vous n'avez aucun scrupule à user de la sexualité pour obtenir sécurité et biens matériels. Vous pourriez aimer profondément quelqu'un qui ne soit pas libre, ou bien vous pourriez être quitté pour une autre personne. Il y aura un bouleversement important ou une crise sérieuse dans votre vie, qui pourrait transformer votre conception de l'amour physique en un amour plus universel, ou bien vous permettre de vivre une union plus intellectuelle et plus spirituelle.

Si vos difficultés personnelles et professionnelles persistent, c'est que vous n'êtes pas parvenu à résoudre vos conflits intérieurs. Vous devez apprendre à assumer vos responsabilités pour prouver votre valeur. N'attendez pas que le bénéfice soit certain avant d'agir, car dans ces conditions vous ne ferez jamais ce que vous souhaitez. Si vous voulez que l'on s'attache à vous pour ce que vous êtes, faites en sorte d'être irréprochable. Cette attitude vous facilitera votre vie professionnelle et privée.

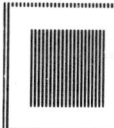

Mieux vaut vous montrer simple avec les autres que de prendre des airs condescendants. Ne faites aucune promesse que vous n'ayez l'intention de tenir. Vous pourrez parfois passer pour un mauvais perdant ou pour quelqu'un qui ne se montre conciliant que par calcul. Vous avez tendance à prendre au lieu de donner, à accuser sans réfléchir et à vous vexer à la moindre provocation. Efforcez-vous à plus de chaleur, de sincérité et de compassion. Cette transformation dans votre manière d'être sera bénéfique sur tous les plans. Il se peut que vous ayez des problèmes génitaux et il est indispensable que vous vous soumettiez régulièrement à des examens médicaux.

Vénus carré Ascendant

D'une nature idéaliste, vous êtes très attaché à votre enfance. Vos souvenirs, beaucoup trop vivaces, vous empêchent de conquérir votre autonomie ; vous auriez l'impression de trahir votre passé si vous revendiquiez votre liberté. Vous ne réaliserez vos objectifs que si vous parvenez à vous libérer de vos obligations envers ceux que vous aimez, ce qui vous sert souvent d'excuse pour ne pas réaliser vos projets personnels.

Vous parviendrez à la sécurité dont vous avez besoin en exploitant vos ressources créatrices. Il vous est particulièrement pénible d'être sans argent. Vous êtes capable d'en gagner, mais n'aimez pas faire l'effort nécessaire. Vous aimez vos aises et ne supportez pas d'être dérangé inutilement. Il pourra vous sembler plus facile de vous laisser entretenir et de rester chez vous.

Vous êtes parfois désagréable avec des amis qui vous demandent un service, car il vous paraît rarement nécessaire de faire un geste désintéressé. Vous parlez de la générosité dont vous feriez preuve si vous aviez de l'argent, mais il est peu probable que vous teniez vos promesses. Vous admirez ceux qui s'enrichissent par leur travail, mais vous leur en voulez s'ils ne vous soutiennent pas dans vos entreprises.

A vos yeux, les efforts ne se justifient que si la sécurité de votre avenir en dépend. Vos objectifs ne sont pas clairement définis, car cela impliquerait une responsabilité pesante. Vous évitez de vous engager dans un projet personnel à moins que l'on ne vous y contraigne, par exemple en vous coupant les vivres.

Mars carré Jupiter

Ce carré montre que vous avez besoin de discipline si vous voulez tirer parti de vos capacités physiques et intellectuelles. Il faut absolument planifier votre action, si vous ne voulez pas gaspiller votre énergie dans des entreprises stériles. Vous voulez imiter ceux dont vous admirez la réussite, mais vous ne suivez pas leur exemple dans l'effort. Vous essayez d'enrichir vos connaissances, en vous décourageant quand les résultats ne sont pas immédiats. Lorsque vous envisagerez avec confiance votre réussite, la volonté et l'opiniâtreté suivront. Votre impatience excessive peut être corrigée par des aspects entre Saturne et Mars ou Saturne et Jupiter.

Bien que gaspillant votre énergie, vous savez tirer profit des leçons de l'expérience. Seul le temps vous apprendra à améliorer votre efficacité. Vous devez définir clairement vos objectifs et établir des plans. Il faudrait consolider vos richesses intérieures et vous concentrer sur un objectif à la fois, sinon vous vous épuiserez. La diversité est une bonne chose, pourvu qu'elle ne tourne pas à la dispersion.

Il est presque certain que vous aurez des difficultés personnelles et professionnelles lorsque vous vous lancerez dans la vie active, car cette configuration planétaire indique des problèmes relationnels. Vous avez l'impression d'être menacé par vos concurrents et injustement traité par vos supérieurs. Vous supportez mal la critique. La paix domestique risque d'être troublée par vos récriminations qui lasseront votre partenaire.

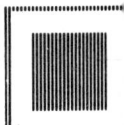

Vous pouvez exceller dans le droit, l'enseignement, l'écriture, les conférences, la politique, le sport, le théâtre et les médias en général. Cet aspect vous donne le dynamisme nécessaire pour relever les défis car vous avez compris que c'est le moyen de prouver votre compétence. Vous évitez volontiers la confrontation lorsque vous soupçonnez votre adversaire d'avoir un avantage sur vous. L'expérience vous apprendra à espérer vaincre n'importe qui, et qu'en cas d'échec vous aurez la certitude d'avoir donné le meilleur de vous-même.

Votre totale indifférence aux mesures de sécurité vous expose aux accidents. Vous agissez impulsivement, sans prendre le temps de mesurer les risques. Vos excès épuisent vos réserves, et vous avez besoin de fréquentes périodes de repos.

Mars carré Saturne

Vous êtes alternativement agressif et apathique. Vous essayez constamment de résoudre ce problème. Mais lorsque vous parvenez à mobiliser la volonté nécessaire pour vous affirmer, vous craignez que ce ne soit à contretemps. De la même manière, dans vos périodes d'inertie, vous réalisez que vous laissez passer des occasions. Seul le temps vous apprendra à agir avec plus d'à-propos.

Veillez à ne pas devenir amer à la suite de certains échecs. Mieux vaut en tirer la leçon. Vous pourrez réaliser vos ambitions lorsque vous aurez pris conscience de vos limites. Vous pouvez exceller dans des situations requérant endurance et persévérance, comme les carrières militaires, l'aménagement du territoire, le sport et les thérapies du corps. Quel que soit le métier que vous choisissiez, il vous faudra accepter de démarrer du bas de l'échelle. La réussite ne vous viendra pas par miracle, vous devez la conquérir. Tout raccourci serait téméraire et son résultat bien incertain.

C'est probablement de vos rapports avec les autres que vous viendront les plus grandes leçons de votre vie. Vous ne savez pas toujours jusqu'où vous pouvez vous engager dans vos associations. Prenez confiance en vous apprenant à utiliser pleinement vos dons, vous ne vous sentirez plus menacé, et il vous sera possible d'affronter sans crainte tout défi et tout concurrent. Evitez de vous montrer indécis, cela entame votre crédibilité.

Dans vos relations sentimentales, ce que vous êtes réellement est l'opposé de ce que vous manifestez. Vous souffrez profondément si l'on repousse vos avances ; pourtant, vous êtes capable de vous montrer vindicatif et même violent envers des êtres à qui vous ne voulez pas vraiment faire de mal. Vous avez tendance à blesser votre partenaire sans vous en rendre compte.

Veillez à prendre les précautions nécessaires lorsque vous faites du sport, car cette configuration planétaire prédispose aux accidents et aux fractures. Méfiez-vous particulièrement des machines, et abstenez-vous d'entreprendre quoi que ce soit qui puisse être au-dessus de vos forces physiques.

Mars carré Uranus

Vous avez un désir impérieux d'aller au bout de vous-même, sans restriction aucune. Seule l'appréhension de pertes matérielles ou affectives freine quelque peu ce besoin. Vous devez apprendre à vous contrôler pour préserver vos forces, et vous avez intérêt à assurer vos arrières avant d'agir. Cela peut vous angoisser d'avoir à limiter vos actes pour des raisons de sécurité. Avant d'entreprendre quoi que ce soit, assurez-vous que vos forces ne vous abandonnent pas.

Dans vos activités professionnelles, vous êtes souvent obligé de prendre certaines précautions, même si cela ralentit la concrétisation de vos projets ; vos succès n'en seront que plus assurés, car ils reposeront sur une base solide. Vous vous impatientez devant le retard de certains projets, mais il ne peut pas toujours en être selon vos désirs.

Votre nature aimante vous donne de grands besoins affectifs. Cependant, la responsabilité allant de pair avec la relation amoureuse peut vous dissuader de vous marier. En revanche, si cette responsabilité ne vous fait pas peur, il se peut que vous vous mariiez très jeune. Sinon, vous choisirez un partenaire qui accepte l'amour libre.

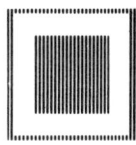

Evitez les machines tant que vous n'aurez pas appris à vous protéger. Soyez prudent, ne dépassez pas la limite de vos forces, si vous hésitez à faire quelque activité sportive que ce soit, renoncez-y.

Dans votre travail, n'attendez pas des personnes dont vous êtes responsable qu'elles en fassent autant que vous. Elles n'auront pas vos motivations. La modération en toutes choses devrait être votre guide.

Mars carré Neptune

Votre personnalité est tourmentée. Vous oscillez entre un intense besoin d'action et une apathie totale. Les raisons inconscientes qui vous poussent à agir sont en conflit avec votre agressivité. Vous souffrez d'angoisse profonde et votre vie sexuelle pourrait être une source constante de problèmes. Vos désirs sont considérables, mais votre difficulté à appréhender la réalité vous empêche de les satisfaire. Vous pourriez être attiré par des êtres engagés ailleurs et vous trouver alors bloqué par un sentiment de culpabilité. Votre éducation vous a peut-être obligé à refouler vos désirs, ce dont vous souffrez à présent.

Avec votre caractère, vous devriez travailler avec le moins de monde possible car vous êtes trop influençable. Une profession libérale serait l'idéal. Vous pourriez trouver des satisfactions dans le domaine médical où vous rendriez des services tout en restant distant. Si vous planifiez et contrôlez les événements afin d'atteindre les buts que vous recherchez, vous y gagnerez en efficacité. Ne laissez rien au hasard. Vous blâmez facilement les autres quand les choses vont mal, afin de vous épargner toute critique. Vous vous défendez contre des attaques imaginaires comme si vous cherchiez à vous persécuter vous-même.

Vous êtes sujet aux accidents ; évitez les machines ainsi que les appareils mécaniques. Vous êtes plus exposé que quiconque aux infections, et vous devriez observer un soin particulier dans la préparation de vos aliments. Le même souci d'hygiène devrait prévaloir dans tous les domaines de votre vie.

Vos crises sentimentales seront souvent le fait de votre trop grande indifférence à l'égard de votre compagnon. Il vous arrive parfois de n'attirer que des partenaires à la recherche d'une aventure sexuelle. Ces déceptions vous rendent amer, mais vous les avez cherchées.

Mars carré Pluton

Vous avez une nature extrêmement volontaire. Très énergique dans la poursuite de vos objectifs, vous êtes trop souvent imprudent et téméraire. Si vous pensez pouvoir imposer impunément votre volonté aux autres, vous aurez des surprises. Ce genre de déconvenues peut déclencher votre colère, et vous êtes capable de violence physique.

Toute frustration vous rend excessif et crée des problèmes relationnels ; vous aurez des difficultés domestiques et vous créerez des conflits avec vos supérieurs au point de nuire à votre situation. Vous devez apprendre à vous maîtriser dans les moments de tension, faute de quoi vous vous attireriez plus d'ennuis que de satisfactions. Une fois cela compris, vous accomplirez tout ce que vous désirez, grâce à votre courage, votre détermination, votre opiniâtreté et à votre ambition.

Vos pulsions sexuelles sont puissantes mais peu raffinées. Si l'on repousse vos avances, vous dramatisez et exagérez l'importance de la chose. Assurément, la sexualité a son importance, mais elle ne peut remplir entièrement l'existence. Dans vos relations, vous devez trouver un équilibre entre votre appétit sexuel et les autres aspects de votre personnalité.

Si vous êtes témoin de choses déplaisantes, examinez les faits avec sang-froid. Demandez conseil avant de soumettre le problème aux autorités compétentes. Ne prenez pas les choses en main vous-même, vous pourriez salir votre réputation.

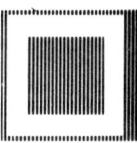

Défendez toutes causes avec le même enthousiasme, même si certaines n'emportent pas tous vos suffrages. Abstenez-vous de lancer des ultimatums chaque fois que vous rencontrez une résistance.

Mars carré Ascendant

Vous manquez de modération dans votre manière d'être. Vous agissez généralement sans tact, ni raffinement, ce qui vous attire l'hostilité d'autrui. Vous n'aimez guère que l'on vous fasse des reproches, car il vous semble n'avoir de comptes à rendre à personne. Il est pratiquement impossible de dialoguer avec vous, quand vous émettez une opinion, les autres vous importent peu. Toute provocation suscite de votre part une réaction immédiate, généralement négative.

Vous semblez ravi de gêner les autres par vos mauvaises manières, et cela vous amuse d'observer leurs réactions quand vous les injuriez. Pourtant, vous n'êtes pas convaincu de votre supériorité, et vous en éprouvez un certain complexe. Seul un rapport de forces en votre faveur est susceptible de vous rassurer.

Vos parents ont peut-être essayé de vous pousser à accomplir ce qu'ils n'ont pu entreprendre, et vous avez souffert de cette pression. Les désaccords et les querelles avec vos parents vous ont rendu amer et vous ont poussé à refuser toute autorité. Bien que vous cherchiez à faire reconnaître vos mérites, ce refus vous met souvent en difficulté et nuit à votre carrière. Il se pourrait aussi que vos parents n'aient pas eu les moyens de vous offrir des études. Si vous avez acquis une formation, vous ne la devez qu'à vous-même.

Vous admirez ceux qui parviennent à rentabiliser leurs capacités. Vous pourriez y parvenir à condition d'accepter les contraintes et les sacrifices nécessaires. Votre sécurité future dépend du développement de vos potentialités. Bien que vous soyez prêt à faire les efforts nécessaires pour atteindre vos objectifs, vous doutez parfois de l'utilité des contraintes que vous vous imposez.

Jupiter carré Saturne

Ayant des problèmes d'identité, vous avez tendance à diminuer vos mérites lorsque vous les comparez aux autres. En réalité, vous cherchez à échapper aux responsabilités que vous avez envers vous-même et ceux qui dépendent de vous. L'influence de vos parents a été prépondérante dans votre peu d'estime pour vous-même. On vous a donné à penser que vous valiez moins que les autres et qu'il fallait vous effacer devant les plus doués.

A présent, vos actes montrent que vous n'avez pas le courage de vous battre contre l'adversité. Vous estimez n'être pas en droit d'attendre quoi que ce soit pour vous-même. Vous n'espérez guère réussir, mais votre attitude est dictée par une paresse inexcusable. Cessez de vous comparer aux autres ; vous avez votre propre valeur. Vous avez suffisamment de connaissances pour atteindre les objectifs qu'il vous faut maintenant définir. Etablissez un plan d'action et tenez-vous-y.

Concentrez-vous sur une seule chose à la fois et mettez-y toute votre énergie. Cessez de vous trouver des excuses, et réalisez une fois pour toutes que seuls les efforts sont payants.

Vous pourriez réussir dans des domaines tels que le droit, l'enseignement, les thérapies du corps ou les ordres. Les exigences de ces professions mettront peut-être votre résistance à dure épreuve et entraîner des difficultés occasionnelles, mais vous devez persister dans votre détermination. Il est important que vous puissiez considérer avec satisfaction certains de vos succès, et vous dire que vous êtes capable de faire encore plus. Vous vous heurterez peut-être à la résistance de vos supérieurs, et aurez à endurer bien des humiliations au nom de la sécurité de l'emploi. L'acquisition de diplômes et de titres sera importante pour votre épanouissement.

Vous apprendrez que tout accomplissement exige bien des efforts et des sacrifices. Il n'y a pas de raccourci pour vous. Ne prenez aucun engagement et ne signez aucun contrat au-dessus de vos capacités. Accordez-vous une chance d'atteindre vos buts. Votre destinée connaîtra des hauts et des bas, mais vous irez toujours de l'avant.

Votre foi vous sera d'un grand secours et vous soutiendra dans les périodes difficiles, vous encourageant, à l'heure de la réussite, à poursuivre votre tâche avec bonheur.

Jupiter carré Uranus

Des conflits intérieurs vous inhibent, et risquent de limiter vos objectifs. Peut-être avez-vous simplement les yeux plus gros que le ventre et essayez-vous d'assumer plus de responsabilités que vous ne le pouvez. Vous êtes tout à fait capable de mener à bien vos décisions, mais vous voulez trop en faire. Etablissez vos priorités, et disciplinez-vous de façon à terminer ce que vous avez entrepris. Il est évident que vous obtiendrez de meilleurs résultats en mobilisant vos efforts sur un seul objectif.

Avec votre tempérament enthousiaste, vous pouvez réussir dans la politique, l'enseignement, le droit, la religion ou les sciences occultes. Vos motivations restent votre grand problème. Si l'on s'aperçoit que seul l'amour-propre vous guide, vos projets seront compromis. Partagez les bénéfices de vos succès, sinon vous rencontrerez des obstacles qui pourraient anéantir vos rêves.

Vous avez tendance à commencer en haut de l'échelle, mais vous n'y serez toléré que si vous avez les références nécessaires. Votre épanouissement et votre progression dépendent entièrement de votre capacité à vous soumettre à une préparation rigoureuse. Assimilez bien les éléments de base avant d'espérer mettre vos idées en pratique. Apprenez à regarder et à écouter avant d'agir, cela vous épargnera des bévues.

Votre prétention sera également la cause de déceptions sentimentales. Vous n'êtes pas forcément irrésistible ! Modérez votre enthousiasme afin de profiter de votre réussite. Apprenez à accepter l'échec qui donne les plus grandes leçons de la vie. Pensez à votre avenir, ne laissez pas le hasard faire les choses.

Jupiter carré Neptune

Votre créativité n'a besoin que de discipline et de contrôle pour devenir opérante. Votre nonchalance est telle, que vos aspirations n'ont aucune chance de se réaliser. Vous rejetez toute obligation comme une contrainte insupportable, ce qui ne vous empêche pas de perdre, sans vous en rendre compte, votre temps à des projets fumeux. Vous êtes crédule et facilement influençable.

Vous avez une fâcheuse tendance à tout acheter à crédit. Vous devriez mettre à profit la sûreté de votre jugement pour voir jusqu'où vous pouvez aller sans vous mettre dans le pétrin. Vos facultés mentales ne sont pas en cause, mais vous refusez de faire face à la réalité et à vos responsabilités. Cette caractéristique rend votre vision des choses quelque peu nébuleuse. Ne vous laissez pas abuser par la publicité dont le but est d'influencer les tempéraments comme les vôtres.

Vous êtes gentil et compatissant envers les autres, mais il vous arrive de vous laisser abuser et de rendre service à des gens qui ne songent qu'à profiter de votre générosité. Ne prenez aucun risque sur le plan professionnel, si un accident devait se produire, c'est sur vous qu'il retomberait. Discutez ouvertement de qui doit avoir accès aux dossiers confidentiels et respectez la décision qui sera prise ; vous pourriez servir de bouc émissaire en cas de fuite. Soyez plus discret sur votre vie privée, vous livrez parfois certains secrets sans vous en rendre compte.

Il serait sage de votre part d'éviter tout débat sur la religion ou l'ésotérisme en général, vous n'auriez pas le sang-froid nécessaire pour défendre votre position. Faites preuve de prudence quoi que vous entrepreniez, et efforcez-vous de ne pas vous montrer trop sentimental dans vos liaisons ; vous risqueriez d'être la victime d'aventures douteuses.

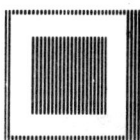

Jupiter carré Pluton

Vous vous rebellez contre le code moral en vigueur. Vous êtes capable de défier toute autorité, coupant au plus court pour atteindre vos objectifs. Votre plus grand problème réside en ce que vous vous attendez à recevoir le maximum pour un minimum d'effort. Vous exagérez l'importance de vos obligations pour justifier votre refus des responsabilités. Votre jugement faussé vous entraîne parfois dans des entreprises douteuses, ce qui vous vaut bien des désillusions. Ne comptez pas sur les autres pour venir à votre secours en cas de problèmes. Veillez à ne pas prendre des crédits trop lourds, car vous seriez dans l'impossibilité de les rembourser.

Vous êtes attiré par les professions liées à des entreprises de grande envergure, qui emploient un personnel important et dont les bénéfices sont considérables. Autrement dit, il ne vous déplaît pas de diriger et de faire des affaires. Vous savez que vous prenez des risques, et vous semblez tenter le sort en élaborant des projets qui pourraient mal tourner sur le plan légal. L'usure, les manœuvres politiques et les coups de dés professionnels sont des pratiques dans lesquelles vous pourriez vous trouver embringué. Vous êtes sans scrupules quand il s'agit d'exploiter les autres à vos propres fins, et vous pourriez un jour vous trouver pris à votre propre piège.

Vous ferez des rencontres amoureuses dans le cadre de vos activités professionnelles ; extrêmement éclectique dans vos conquêtes, vous pourrez passer du plus vulgaire au plus raffiné. Vous admirez ceux qui cèdent à des impulsions momentanées sans se laisser arrêter par des principes. Vous vivez l'instant et regardez rarement en arrière.

A moins de reconnaître vos erreurs, vous serez particulièrement déçu dans vos ambitions. Vous devriez faire un bilan de votre vie et voir si vous ne vous fourvoyez pas en rejetant tout principe. Il vous est difficile de tirer la leçon de vos expériences, c'est la raison pour laquelle la plupart de vos rêves ne se réalisent jamais.

Jupiter carré Ascendant

Vous avez un certain manque de modération et une extrême indulgence envers vous-même. Votre manque de contrôle vous rend excessif dans tout ce que vous faites et vous réalisez trop tard le temps et les efforts gâchés.

Vous voulez mener à bien et rentabiliser vos grands projets, mais vous espérez que vos parents investiront les capitaux nécessaires, sinon vous envisagerez d'autres solutions. Vous savez combien il est important d'avoir des fonds disponibles et comment développer et monnayer vos talents.

Il vous tarde de pouvoir profiter du luxe que vous vous êtes refusé afin d'atteindre vos objectifs. Ce désir secret vous incite à faire mieux encore, afin de pouvoir vivre vos vieux jours loin des soucis financiers. Vous avez bon cœur, et certains profitent de vous sans que vous ne vous en rendiez compte.

Disciplinez-vous ; n'acceptez pas plus d'obligations que vous ne pouvez en assumer. Vous savez vous lier de sympathie avec des personnages haut placés pour avoir accès à des fonctions importantes. Vous voulez arriver le plus vite possible, sans vous rendre toujours compte de l'instabilité des postes de direction. Rappelez-vous que cela dépendra avant tout de ce que vous serez prêt à sacrifier pour les conserver.

Saturne carré Uranus

Il vous est sans doute plus difficile qu'à d'autres de rompre avec le passé, mais vous devez vous l'imposer ; votre avenir en dépend, même si vous devez vous éloigner de certaines personnes. On vous rappelle que « vous ne pouvez pas » faire telle ou telle chose et que vous manquez d'expérience, mais il est essentiel que vous persistiez. Votre peur de l'inconnu une fois surmontée, rien n'arrêtera votre escalade vers la réussite.

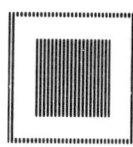

Vous êtes fait pour travailler dans des organismes importants. Vous êtes suffisamment objectif pour reconnaître vos limites, et lorsque vous aurez compris votre propre valeur, vous réussirez. Votre respect pour les leçons du passé devrait servir vos ambitions. La politique, l'industrie, la science, la recherche et même les sciences occultes sont des domaines qui pourraient bénéficier de votre apport. Soyez prêt à essuyer des revers occasionnels, mais ces expériences vous serviront de références et renforceront votre compétence. On apprécie davantage le succès dans la mesure où on a connu l'échec.

Sur le plan de vos relations personnelles, cette configuration planétaire, pleine de dynamisme, vous incite à rechercher des partenaires qui vous approuvent en toutes circonstances. Ne sous-estimez pas vos qualités ; vous avez le sens de la responsabilité et la possibilité de mettre vos idées en pratique.

Saturne carré Neptune

Vous avez parfois des craintes irraisonnées, peur de la pauvreté, de votre incompétence. Il vous arrive d'être exagérément anxieux pour des choses auxquelles vous ne pouvez rien et dont vous n'êtes pas responsable. Cela vous perturbe, et vous ne faites rien pour vous soulager de votre inquiétude. Vous vous croyez incapable d'affronter les circonstances négatives de votre environnement, et cela vous déprime. En vérité, vous craignez les responsabilités et vous doutez de pouvoir les affronter.

Cette attitude défaitiste peut vous nuire dans la recherche d'une carrière. Le fond du problème est que vous ne vous aimez pas, vous vivez au-dessous de vos capacités. Votre fuite de la confrontation vous renforce dans l'idée que vous êtes réellement un incapable. Il faut que vous preniez le risque d'échouer de temps à autre afin de voir où et comment vous pouvez réussir.

L'indifférence envers vos obligations ne résoudra rien du tout. Le renoncement ne fera qu'aggraver votre sentiment d'incompétence. Il faut vous décider à affronter la compétition ; les épreuves renforceront vos capacités. Il importe de parvenir à considérer votre peur de l'échec comme l'occasion unique de vous épanouir et de progresser. De petites victoires vous redonneront confiance ; elles ne vous rendront jamais combatif, mais vous saurez ce que vous pouvez ou ne pouvez pas faire.

Vos amis pourraient vous conseiller sur la façon de tirer le meilleur parti de vos possibilités. Soyez sélectif dans vos amitiés, et abstenez-vous de discuter de vos problèmes personnels avec des tiers, ils ont probablement assez des leurs.

Saturne carré Pluton

Vous êtes devenu très jeune un « mauvais perdant ». Vous refusiez de jouer si vous n'étiez pas sûr de gagner. Plus tard, vous avez pris l'habitude de fréquenter des gens plus faibles ou plus jeunes que vous, pour être sûr de les dominer. Vous n'aviez pas suffisamment de générosité pour reconnaître que d'autres pouvaient être plus qualifiés que vous. Avec le temps, cette attitude est devenue un véritable problème relationnel. Vous êtes un anxieux et vos jugements de valeur sont souvent aberrants. Vous fuyez les responsabilités sociales, que vous considérez comme des obstacles et non comme des opportunités. Vous exagérez l'incidence de certaines obligations sur votre liberté. Vous pouvez recourir à des solutions extrêmes pour y échapper.

A moins d'évoluer, vous rencontrerez un grand nombre d'obstacles dans votre vie professionnelle. Vos supérieurs supporteront mal vos manœuvres pour accéder à un poste de direction. Vous ne serez accepté dans vos fonctions que lorsque vous aurez prouvé votre aptitude à rentrer dans le rang. Mais votre impatience vous empêche de supporter les efforts soutenus qui sont requis pour réussir dans la filière normale.

Vous devriez prendre conseil, en effet, vos ambitions ne sont pas toujours réalistes par rapport à vos aptitudes. Le pouvoir, la sécurité qu'il assure, ont pour vous une grande importance. Cependant, la résistance que vous opposez à vos supérieurs ne peut que compliquer les choses. Vous enviez la fortune de certains ou leur poste honorifique ; votre aigreur vous rend même menaçant pour les autres. Corrigez cette tendance en acquérant une formation susceptible d'étayer vos dons. Vous pourrez ainsi traiter avec vos collègues sur un pied d'égalité, clarifier vos objectifs et vous assurer la réussite par une grande discipline.

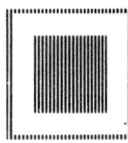

Saturne carré Ascendant

Vous éprouvez certaines difficultés à vous affirmer, de peur de rencontrer des obstacles insurmontables. En fait, vous sous-estimez vos capacités. S'il vous faut malgré tout affronter la compétition, vous essayez de gagner du temps ; il vous faut rassembler votre courage. Si l'on vous presse trop, vous préférez vous retirer que de vous battre. Vous évitez autant que possible les défis, et quand vous les acceptez, vous êtes sur la défensive. Si toutefois vous êtes forcé de vous défendre, vous rusez pour vous protéger.

Vous avez commencé bien tard à définir vos objectifs ; votre prudence et votre discipline excessives vous privent de bien des opportunités. Vous passez souvent pour froid et indifférent, alors que vous êtes sérieux et responsable. L'expérience vous a appris qu'il vous faut tout acquérir par vous-même, et vous ne vous attendez guère à récolter sans semer. Vous êtes un perfectionniste, et vous tenez à être toujours à la hauteur.

Votre enfance a probablement été austère. Peut-être vos parents n'étaient-ils pas très chaleureux envers vous, et qu'il était hors de question que vous ne remplissiez pas vos devoirs. Malgré cela, vous éprouviez pour ceux qui vous ont élevé, non seulement du respect, mais aussi beaucoup de tendresse. Vous êtes à présent extrêmement prudent et réservé dans vos rapports avec ceux qui occupent des postes d'autorité.

Vous êtes soucieux de vous procurer une situation susceptible de vous assurer une sécurité financière. Vous avez plus de talent que vous ne le pensez, et vous vous en rendez compte au fur et à mesure que vous accédez à la réussite. Pour atteindre vos objectifs, vous persistez en dépit des revers. La sécurité matérielle qui vous est assurée compense l'insécurité affective dont vous souffrez dans votre quête d'un partenaire.

Uranus carré Neptune

Vous faites probablement partie d'un courant de pensée en constante rébellion, mais qui n'en connaît pas très bien la raison. Bien que vous ressentiez le poids de l'ignorance, vous aurez du mal à expliquer clairement ce que vous comptez faire pour améliorer cet état de fait. Si vous avez rejeté vos obligations sociales, il se peut que vous n'osiez pas manifester votre désapprobation pour ce que vous dénoncez. Si vous décidez de participer à une réforme, ce sera peut-être par personne interposée, de peur de vous engager personnellement, et de risquer votre carrière et votre sécurité. Cette position est plausible mais peu défendable, car vous serez le premier à vous rebeller si l'on vous prive de votre liberté. Et si la liberté représente pour vous une valeur fondamentale, ayez le courage de vous battre pour elle.

S'il ne vous est pas possible de participer activement à la lutte contre l'oppression, vous devez au moins soutenir ceux qui s'y emploient. Vos utopies sont toujours fragiles car vous ne tenez pas compte des réelles motivations politiques des dirigeants. Vous ne pouvez pas vous permettre de négliger les dangers. Cette configuration planétaire s'est produite entre 1952 et 1956. Toute personne née à cette période possède cet aspect dans son thème.

Uranus carré Pluton

Bien qu'il vous soit possible de faire beaucoup pour sauvegarder la liberté que vous chérissez tant, vous préférez en laisser le soin aux autres. Vous supposez qu'il y aura toujours assez de gens pour avoir le courage de lutter, et qu'il n'est pas nécessaire que vous apportiez votre contribution. Mais si les événements devenaient menaçants pour votre liberté dans votre proche environnement, vous seriez le premier à réagir. Cette configuration planétaire souligne que vous seriez directement affecté par les bouleversements, aussi vous ne devriez pas rester trop indifférent.

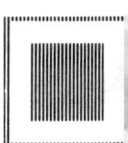

Uranus et Pluton ont été au carré l'un de l'autre de 1931 à 1934, période dans laquelle le monde fut durement secoué. Tandis que la population souffrait de la récession et cherchait à travailler et à se nourrir, Hitler arriva officiellement sur la scène politique. Il rétablit effectivement l'ordre, stabilisa l'économie de son propre pays, mais le prix payé par la population fut exorbitant. Il domina ceux qui voulurent bien servir sa folie. Il faut être conscient en permanence du prix que l'on aura à payer si on ne réagit pas aux signaux d'alarme des mouvements de foule ou de l'évolution politique. Il y aura toujours quelqu'un pour s'approprier le pouvoir, sous le regard apathique de la population.

Vous pourriez également, tout au contraire, être très soucieux de vos semblables. Vous pourriez être au service de la population en remplissant, par exemple, des fonctions de pompier, de policier ou de fonctionnaire, et ainsi contribuer de façon positive au bien-être de la communauté.

Si votre instinct de conservation est suffisamment développé, vous vous protégerez en participant activement à la constitution de garanties légales. Votre initiative incitera les autres à vous rejoindre pour résister à la domination et faire en sorte que les oppresseurs soient démis de leurs fonctions.

Uranus carré Ascendant

Vous avez un tempérament fondamentalement rebelle. Si l'indépendance vous est refusée, même momentanément, vous réagirez de façon excessive. Vous pensez avoir le droit d'agir comme vous l'entendez, dans l'irrespect total des règles. Vous vous comportez généralement de manière irresponsable et il vous est difficile de tirer la leçon de vos expériences. Dans votre adolescence, vous étiez en conflit avec votre famille et vous avez toujours été quelqu'un de singulier. Mais vous avez une intelligence bien à vous et tenez à trouver seul le meilleur moyen d'exercer vos talents.

Généralement indifférent à l'argent, vous préférez consacrer vos efforts à des entreprises plus « significatives ». Ce que vous faites a plus de valeur que ce que l'on vous paye. Votre modernité rejette la tradition, mais paradoxalement, vous respectez une autre forme de convention en adoptant les valeurs de votre génération.

Vous refusez d'occuper une profession qui ne vous assure pas un minimum de liberté et de mobilité. Un travail routinier anéantirait votre personnalité. Vous devrez vous méfier de ceux qui ont tendance à profiter de vous et pour lesquels vous vous privez même du nécessaire. Il est noble d'être généreux, mais pas au point de tomber dans la nécessité. Dans vos associations, vous préférez être lié par un accord plutôt que par un contrat, car vous n'oubliez jamais les contraintes de votre enfance.

Les injustices sociales vous bouleversent, et vous espérez pouvoir un jour participer à leur élimination. Vous désirez consacrer votre vie aux besoins de l'humanité. Vous vous identifiez étroitement aux jeunes, d'ailleurs vous les aidez à se trouver.

Neptune carré Ascendant

Vous avez un tempérament excessivement susceptible. Souvent, de ce fait, vous gardez le silence et restez en retrait au lieu de vous mesurer à vos interlocuteurs. Vous doutez de votre aptitude à sortir gagnant de la rivalité, et il est possible que vous écartiez tout défi jusqu'à ce que vous vous sentiez mieux armé. La communication entre vos parents et vous était mauvaise, et il vous a été difficile d'obtenir leur soutien et leurs encouragements dans l'orientation de vos études. Vous mettez longtemps à comprendre ce que vous recherchez et, de ce fait, le choix d'une profession ne sera pas chose aisée. Vous êtes plus enclin à la rêverie qu'à l'action. Continuellement en quête d'un idéal, la réalité vous déçoit souvent.

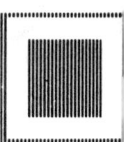

Votre imagination est particulièrement riche, mais il vous manque la volonté d'en tirer parti. Vous vous sentez moins compétent que vos concurrents et vous avez tendance à vous attribuer une position de moindre importance à leurs côtés. Malgré votre respect pour la culture, vous êtes paresseux lorsqu'il s'agit d'en acquérir pour vous-même. Vous devrez travailler deux fois plus afin de combler les lacunes dont vous souffrez. Vos efforts sont souvent anéantis par la dispersion de vos centres d'intérêt. Limitez-vous à une seule sphère d'activité si vous voulez en tirer quelque profit.

Votre crédulité vous rend souvent dupe, car vous accordez trop facilement le bénéfice du doute. Il vous arrive de ne pas entendre les critiques de vos supérieurs, car au fond la vérité vous serait trop pénible. De la même façon vous serez incompris, on se posera des questions sur vos motivations réelles.

Vous devriez rechercher une activité qui soit liée, d'une façon ou d'une autre, aux besoins de la masse. Vous êtes extrêmement sensible aux injustices sociales, et vous êtes convaincu que si vous essayez de réparer ces injustices vous y gagnerez en estime et en spiritualité.

Pluton carré Ascendant

Vous vous croyez voué à agir sur la destinée de ceux qui vous entourent. Exagérément imbu de vos vertus, vous pensez être le seul capable de régler leurs affaires. Rien de ce que vous observez ne vous satisfait, et c'est pourquoi vous tenez à modifier les choses à votre convenance. Il est évident que votre éducation vous a renforcé dans l'idée que le monde n'attendait que vous pour se remettre sur son axe. Cet ahurissant sentiment de toute-puissance vous vaudra de graves conflits avec vos supérieurs.

Il est essentiel que vous appreniez à vous conformer à la hiérarchie, particulièrement au sein des organisations. En effet, votre arrogance insensée vous pousse à revendiquer une autorité à laquelle vous n'avez pas droit. Ce trait de caractère est extrêmement irritant pour ceux qui traitent avec vous. Votre comportement est sans doute le contre-pied à l'autorité suprême de vos parents sur vous. C'est aussi pourquoi vous restez insensible aux réactions des gens envers vos entreprises. Un jugement erroné est souvent à l'origine de vos décisions, mais vous vous obstinez, croyant n'avoir de comptes à rendre à personne. Vous avez beaucoup à apprendre quant aux limites de la tolérance des autres.

Une fois que vous vous serez forgé un jugement sain, vous atteindrez véritablement la grandeur, grâce à votre extraordinaire possibilité de canaliser l'activité des autres vers les objectifs que vous définissez. Vous savez garder votre sang-froid dans les situations les plus éprouvantes, et vous ne vous dérobez jamais quand on vous jette un défi.

Vous éprouvez certaines difficultés dans vos relations intimes, car vos exigences sont plutôt étouffantes. Le goût du pouvoir se glisse dans tous les secteurs de votre existence, de sorte qu'il vous est absolument impossible de faire des compromis.

CHAPITRE QUATRE
Les trigones

Les trigones

Le trigone est l'angle de 120° formé par deux planètes vues de la Terre. Cette configuration est de nature positive, solaire et jupitérienne. Elle possède à la fois les qualités du Lion et du Sagittaire. Le trigone stimule les activités liées à la Maison V et à la Maison IX.

En soi le trigone est un aspect dit « bénéfique », mais l'expérience nous incite à faire preuve malgré tout de réserve. Supposons un horoscope où apparaissent de sérieux problèmes psychologiques résultant de configurations planétaires malheureuses, le trigone est alors parfois impuissant à offrir une compensation dans une alternative constructive. Il ne peut servir de contrepoids à l'intense pression qu'exercent ces configurations négatives, mais il est susceptible d'adoucir leurs effets lorsqu'on l'utilise avec intelligence et fermeté. Dans l'adversité, le trigone est une configuration créative, réconfortante, qui nous fait caresser l'espoir d'une amélioration de notre condition.

Quand deux planètes forment un trigone, et qu'une troisième intervient à 120° des deux autres, cette configuration s'appelle un trigone fermé. On le considère traditionnellement comme une configuration malheureuse, parce qu'elle engendre l'apathie et rend indifférent à toute responsabilité. Un trigone fermé se retrouve même parfois dans le thème des criminels.

Deux assassins célèbres, Henri Landru et Albert de Salvo, plus connu sous le nom « d'Etrangleur de Boston », avaient un trigone fermé dans leur thème ; celui de Landru ne comprenait que trois planètes, mais celui de Salvo en comptait six. Ce sont des exemples extrêmes, qui défrayèrent la chronique, mais ils nous rappellent que nous devons mesurer le degré d'influence de chaque facteur dans un horoscope. Parfois l'environnement à lui seul déclenche l'action des planètes de façon positive ou négative selon l'importance des relations entre les astres et de la dominante à l'extérieur. En général, le trigone est bénéfique et tend à intégrer les caractéristiques des planètes impliquées. Toutefois, ces remarques simplifient à l'extrême un problème beaucoup plus complexe. Comme pour toutes ces configurations, ce sont les caractéristiques des planètes impliquées, et non la configuration elle-même, qui déterminent une synthèse heureuse ou malheureuse des éléments psychologiques. Par exemple, Vénus et Saturne ont du mal à trouver un terrain d'entente et mutuellement satisfaisant. La hiérarchie planétaire oblige Vénus à se soumettre à Saturne et même un trigone contraint Vénus à d'énormes concessions, tant les points communs sont peu nombreux entre ces deux planètes. Sous la férule attentive de Saturne, et sous sa prudente réserve, une nature romantique se réfrène et s'extériorise moins que l'on ne s'y attendait.

Soleil trigone Lune

Ce trigone indique un équilibre et une harmonie entre votre volonté, vos habitudes et vos émotions. Vous résistez naturellement à toute impulsion si bien que votre personnalité s'élabore progressivement sans incidents notables. Un équilibre s'établit entre les leçons que vous avez tirées du passé et l'utilisation que vous en ferez dans l'avenir. Les relations avec vos proches favorisent dans l'ensemble un développement harmonieux de votre personnalité. Vos parents vous ont même poussé à renforcer votre singularité, de telle sorte que vous soyez ce que vous êtes plutôt que le reflet de leurs désirs. Vous devriez toujours entretenir avec eux et votre famille de bonnes relations. Seules des configurations difficiles entre le Soleil ou la Lune et d'autres planètes dans votre thème sont susceptibles de créer des complications par la suite. Dans ce cas, vous en seriez seul responsable, car l'influence favorable du trigone demeure. Le problème essentiel est votre tendance à l'apathie.

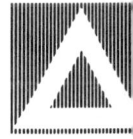

Vous avez un talent des plus précieux pour agir efficacement dans les situations où les êtres sont étroitement liés. Vous mettez les jeunes et les enfants à l'aise, ils se montrent sous leur meilleur jour pour vous plaire. Très sensibles à votre attitude bienveillante et attentionnée, ils garderont sans doute un grand souvenir de leurs relations avec vous.

Vous pouvez parvenir à une situation élevée si vous le désirez. La chance vous sert, et votre tempérament vous permet de vous sentir à l'aise en position d'autorité. Vous exercez votre volonté en vous efforçant toujours de comprendre ce qu'elle va engendrer. Persuasif sans être agressif, vous avez le don d'amener les gens à ce que vous voulez sans paraître dominateur. Le raffinement est votre atout pour réussir une carrière professionnelle.

Sincérité et honnêteté vous rendent attachant, aussi bien avec les hommes qu'avec les femmes. Vous êtes chaleureux et amical, tant dans les relations quotidiennes qu'en amitié, et partout où vous passez vous laissez une impression durable.

Vous sous-estimez trop votre aptitude à parvenir au sommet dans les activités que vous aimez. Vous devez choisir un domaine qui offre des possibilités d'évolution ; dans tout ce qui touche la terre, la maison et les entreprises domestiques, vous pouvez construire un avenir très fructueux. Travailler avec le public est particulièrement recommandé, car vous avez le calme nécessaire pour faire face à n'importe quelle situation.

Soleil trigone Mars

Vous avez des dons pour le commandement que vous pouvez utiliser de manière créatrice et utile. Votre courage et votre endurance vous permettent d'accomplir des travaux très éprouvants. Vous avez confiance en vous et en votre succès. Vous vous estimez à l'abri de la déception ou de tout recours à la malhonnêteté. Particulièrement bien assimilé dans vos affaires, vous vous enorgueillissez de l'emporter toujours sur ceux qui le sont moins que vous. Bien que vous puissiez parfois agir de manière impulsive, dans l'ensemble vous planifiez votre action avec efficacité. Vous exercez vos capacités créatrices d'une façon qui vous est bénéfique. Mais si l'on ose mettre en doute votre moralité, vous vous fâchez et vous êtes généralement soutenu par ceux qui vous connaissent bien. Vous dépensez votre belle énergie pour atteindre vos objectifs, et vous ne rencontrez guère d'obstacles pour déployer vos talents dans le métier que vous avez choisi. Dans l'exercice de vos fonctions, vous ne défiez ni ne menacez personne, et entretenez des rapports paisibles avec la plupart. Vous sentant en sécurité, vous offrez volontiers l'aide que l'on vous demande ; en vérité, il serait impossible de vous empêcher d'apporter de l'aide. Vous ne vous occupez pas des affaires des autres, préservant votre vie privée.

Vous pourrez faire une belle carrière dans le droit, les affaires, le sport, ou des activités créatrices telles que le journalisme ou l'art dramatique, ou bien en travaillant comme enseignant ou conseiller pédagogique. L'orientation professionnelle est un métier particulièrement adapté à vos capacités. Vous obtenez facilement l'estime et l'admiration des jeunes en les acceptant tels qu'ils sont, sans chercher à les voir agir comme des adultes.

Votre émotivité est moyenne, ce qui vous conduit à évaluer vos désirs de manière à vous adapter facilement à votre partenaire. Vous acceptez les gens comme ils sont et vous attendez d'eux la même chose.

Votre vie est apparemment dénuée d'histoires, car vous assumez tous les problèmes sans en faire un plat. Vous n'êtes pas mécontent de laisser les ambitieux prendre du champ, car vous ne souhaitez pas que l'anxiété vienne troubler votre existence paisible. Ce n'est pas que votre vie soit morne, car vous travaillez activement et vous jouez votre rôle avec enthousiasme, mais comme vous n'avez pas de grandes ambitions, vous pouvez être plus détaché.

Soleil trigone Jupiter

Vous avez un grand potentiel créatif, mais pour en profiter, vous devez apprendre à vous en servir. Votre tendance à l'apathie est si forte que vous ne tirez pas avantage de vos dons. Tout en étant intelligent, optimiste, responsable, structuré, bien informé sur beaucoup de sujets, vous ne recherchez cependant pas la compétition. Vous ne ressentez jamais l'urgence de vous investir dans un projet particulier. Vous préférez vivre en dehors des douloureuses contraintes de la course au succès, en assumant une charge tranquille qui n'empiète pas sur votre liberté et dont les exigences ne sont pas trop lourdes. Cette combinaison planétaire incite à la paresse ; elle a besoin d'être stimulée par une forte relation de Saturne soit avec le Soleil, soit avec Jupiter. Celle-ci vous donnerait le courage et la foi nécessaires pour affronter les situations plus délicates, en sachant que vous avez les capacités intellectuelles pour les maîtriser.

Beaucoup d'activités feraient ressortir vos talents alors que rien ne peut vous contraindre à les utiliser. On vous suggérera notamment de vous intéresser à la médecine, au droit, à la philosophie, à la littérature, à l'enseignement, au théâtre, aux professions concernant les animaux (l'élevage), ainsi qu'à tout domaine où vous êtes libre d'appliquer vos propres méthodes. Malgré tout, cette configuration astrale vous incite à rechercher des activités moins exigeantes que celles qui viennent d'être citées alors que vous réussiriez dans toutes, mais vous n'êtes pas un battant. En réalité, vous manquez du dynamisme nécessaire pour assumer de lourdes tâches.

Vous manquez de sévérité envers vous-même, et vous accordez également trop aux autres. L'allégresse de votre assurance réconforte dans les moments d'angoisse ceux qui sont proches de vous. Vous attirez les jeunes et les enfants parce que vous ne vous montrez jamais exigeant. Vous accordez à chacun le bénéfice du doute, et cette indulgence vous rend très vulnérable. Au fond, vous aimez surtout les individus dénués de complications, qui vivent simplement.

Vous êtes direct, et vous allez carrément dans la recherche de votre partenaire. Il doit être assez bien élevé, sa moralité satisfaisante, et il doit se conduire avec bon goût. L'éducation est pour vous moins importante que le bon sens et la compréhension.

Soleil trigone Saturne

Votre réussite sera plus facile que pour la plupart, parce que les responsabilités ne vous font pas peur. Vous n'avez pas besoin de vous débattre face aux événements de votre vie, vous savez tirer parti des occasions lorsqu'elles se présentent. Vous mobilisez facilement votre talent et votre efficacité pour atteindre vos objectifs. Vous êtes aimé, et conscient de le devoir à vos qualités. Comme vous êtes plutôt sûr de vous, il y a peu d'obstacles dans votre ascension au sommet.

Nombreuses sont les fonctions dans lesquelles vous sauriez manifester vos facultés créatrices et réussir tout en apportant une réelle contribution. Les métiers de conservateur, le droit, la politique, la gestion industrielle, l'architecture, les entreprises commerciales ou agricoles, l'organisation de parcs de loisirs, voilà un échantillon des domaines où vous pourriez vous employer. Votre ambition est modérée, mais vous accéderez à une situation élevée dès que vous vous en sentirez capable.

Vous pouvez ne pas avoir de chance, au sens habituel du mot, mais vous avez l'instinct de faire ce qu'il faut, quand il le faut pour obtenir un meilleur résultat. Vous apporterez en grande part la stabilité dans la relation avec votre partenaire. Il devra être sincère, créateur, maître de lui, et avoir des objectifs assez bien définis. S'il travaille durement sur un projet, vous serez cette force qui le soutiendra, par votre gentillesse et par la foi que vous avez en la réussite de ses efforts.

Cet aspect est la marque d'une bonne santé, probablement parce que vous êtes suffisamment soucieux de vous-même pour veiller à avoir une bonne hygiène.

Soleil trigone Uranus

Ce trigone indique que vous avez le sens du commandement et de l'efficacité, ainsi qu'une grande créativité. Vous possédez une forme de magnétisme qui rend les gens heureux d'être en votre compagnie. Votre conception libérale de la vie et votre tolérance vous apportent beaucoup de satisfactions. Vous connaissez la façon d'exploiter vos dons et vos capacités. Par chance, vous ne vous prenez pas trop au sérieux, et ne serez sans doute jamais accusé d'égoïsme.

Il y a peu de choses que vous souhaitiez faire et dont vous ne soyez capable. Vos projets sont inépuisables et ils peuvent être défendus et développés avec succès. La réussite vous est aisée, à moins d'obstacles majeurs dans votre thème. Les entreprises au service de l'homme, l'éducation, la thérapie de groupe, les fonctions sociales qui impliquent une motivation d'ordre spirituel, vous apporteront la satisfaction intime que vous désirez. Savoir que vous avez apporté votre aide est parfois la seule récompense que vous souhaitez.

Les gens sont attirés vers vous car vous vous intéressez plus à eux qu'à vous-même. Vous leur rendez l'enthousiasme dont ils ont souvent besoin, et vous leur communiquez sans vous en rendre compte une sorte de force vitale. Quand on a besoin de vous, vous en avez l'intuition immédiate, et vous vous donnez avec générosité. Vous n'êtes jamais superficiel, et ne supposez jamais que les problèmes sont sans intérêt.

Vous apportez l'enthousiasme et l'optimisme à l'être que vous aimez et vous maintiendrez toujours son intérêt en éveil ; vous le stimulez par l'importance de ce que vous apportez à la relation elle-même. Votre aisance dans l'expression de vos sentiments est toujours bien accueillie et facilite vos relations.

Soleil trigone Neptune

Vous avez beaucoup de talent, mais rarement assez d'énergie pour l'exploiter. Vous apprenez avec rapidité et comprenez tout en profondeur. Tout ce que vous apprenez éveille en vous un écho à la fois sensible et intellectuel. En réalité votre intuition vous aide à acquérir beaucoup de vos connaissances. C'est peut-être la raison de votre ennui, lorsque étant enfant, vos professeurs vous enseignaient ce que vous saviez déjà intuitivement. Comme vous avez appris facilement, sans avoir eu à surmonter les obstacles habituels, vous serez peu disposé à prendre des responsabilités à moins qu'un vif désir ne vous anime. Vous risquez de ce fait d'éviter tout engagement envers la société.

Sur le plan professionnel, vous n'avez qu'à fixer vous-même le degré de vos ambitions. Vous ne rencontrerez probablement aucune épreuve que vous ne puissiez surmonter. Extrêmement créateur, vous pouvez accomplir la plupart des tâches qui vous sont confiées. Votre problème : lambiner lorsque le temps presse ou que des décisions doivent être prises. Par conséquent, il est préférable que vous soyez votre propre patron, vous travaillerez ainsi à votre propre rythme et ne dépendrez que de vous. Les arts, le théâtre, la littérature, l'enseignement, la recherche médicale vous fourniront des terrains d'expression. Même si vos ambitions ne sont pas très précises, vos efforts profiteront toujours à d'autres.

Vos relations intimes se distinguent par leur libéralisme, et cette liberté repose sur la confiance mutuelle. Vous vivrez un amour heureux, romantique, avec des instants bénis. Vous vous donnerez totalement, avec la conviction que rien ne viendra troubler votre bonheur. Votre vie de famille sera pleine de chaleur et de tendresse, et les enfants seront une source de joie infinie au fur et à mesure qu'ils grandiront.

Soleil trigone Pluton

Vous avez le courage, la détermination et le don de concentrer vos ressources sur des objectifs personnels. Motivé par tout ce qui touche à la vie sociale, vous utiliserez vos capacités créatrices en vue d'améliorer votre environnement. Vous êtes si consciencieux et tellement plein de vitalité que vous entraînez les autres à vous aider à atteindre cet objectif. Votre volonté vient en grande part d'une réelle motivation spirituelle. Bien que vous soyez un dirigeant né, vous n'y accordez aucune importance. Vous vous attachez uniquement à résoudre des situations difficiles. Vous prenez de saintes colères envers ceux qui essayent de déformer la vérité et de prendre des libertés avec la loi.

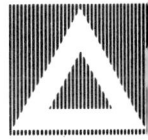

Vous êtes incroyablement sensible et votre intuition vous permet de réagir très bien en cas de crise. Grâce à ces qualités, on peut vous soupçonner d'avoir accès à des informations privilégiées. Vous êtes particulièrement habile dans le placement de l'argent que l'on vous confie et vous seriez un excellent financier. Vos capacités de déduction feraient merveille en criminologie. Tout ce qui a trait aux enquêtes vous irait très bien, comme la psychologie, la recherche médicale, la justice ou la réhabilitation sociale. Vous réussirez dans toute profession où il s'agit de faire passer les choses du chaos à l'ordre. Il y a quelque chose de magique dans votre façon de métamorphoser les gens par votre seule présence. Vous avez certainement des talents de guérisseur même si vous n'en êtes pas conscient. Ce sont essentiellement ces qualités qui se révèlent lorsque vous réglez les problèmes des autres.

Où que vous alliez, quoi que vous fassiez, la chance semble vous suivre. Vous gagnerez ce que les autres perdront et vous bénéficierez probablement d'un héritage. Votre énorme potentiel créateur trouvera son plein rendement après que vous aurez enduré quelque frustration, car d'une certaine façon vous êtes un peu trop souvent spectateur. Vous pourriez même éviter de faire des choix importants pour votre vie. Ce serait vraiment un gâchis, car vous avez de formidables capacités, et la volonté de parvenir à un résultat dont la plupart des gens ne font que rêver.

Soleil trigone Ascendant

Vous êtes généreux, et vous avez confiance en votre réussite dans presque toutes vos entreprises. Vous êtes généralement optimiste dans vos affaires, et vous obtenez facilement la coopération des gens avec lesquels vous traitez. Créateur par nature, vous vous servez de votre talent avec tant d'imagination que l'on vous croirait inspiré. Bien que vous soyez d'une vitalité débordante, vous n'allez pas toujours au bout de vos capacités, vous privant vous-même des avantages qu'elles pourraient vous procurer. Vous êtes parfois même paresseux, pensant avoir tout le temps devant vous.

Vous avez hérité d'un bon tempérament et aussi d'une personnalité. Si vous assumez vos actes, vous pouvez rechercher le bonheur avec succès ; mais vous êtes trop attentif à vos défauts et à vos erreurs, et réagissez mal aux critiques. Vous aimez croire que vous faites tout aussi bien que n'importe qui, et, dans l'ensemble, c'est vrai. Votre avenir vous importe beaucoup et vous choisirez donc un métier qui vous donne à la fois la possibilité de vous exprimer pleinement et qui assure vos vieux jours. Dans le domaine que vous choisirez, vous deviendrez probablement un professionnel s'il correspond à vos talents. Vous souhaitez être admiré pour l'excellence de votre travail et espérez être bien payé. La compétition est le seul moyen pour que vous donniez le meilleur de vous-même dans votre travail.

Vous devez rechercher un partenaire qui partage votre enthousiasme devant la vie ; une telle alliance vous sera utile et mérite tous vos efforts.

Lune trigone Mercure

Vous êtes tout disposé à tirer parti de vos expériences qui sont toujours pour vous une source d'enrichissement. Vous vous jaugez rapidement face aux gens, aux événements et aux situations. Particulièrement attentif à la nature de vos réactions, vous vous connaissez bien. C'est la base de votre créativité. Vos émotions vont toujours dans le même sens que votre intelligence. Très amical envers chacun, vous faites preuve de beaucoup de compréhension dans vos relations. Vous avez une mémoire étonnante, et votre façon d'évoquer le passé est remarquable. Toutefois, cela ne nuit jamais à votre adaptation au présent ; au contraire, vous faites bon usage des leçons du passé. Vous mettez tout en œuvre pour rendre votre vie utile et créatrice. Vous êtes toujours à la recherche de nouveaux moyens d'exploiter vos talents, et généralement vous les trouvez.

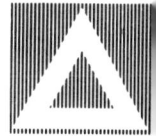

Le cercle de vos relations est vaste car vous tolérez les comportements les plus inattendus. Vous gagnez l'affection de chacun par votre gentillesse et en ne refusant jamais l'aide que l'on vous demande. Les jeunes sont particulièrement attirés par vous car vous faites en sorte qu'ils se sentent libres en votre présence. Ils sont à l'aise, car vous n'attendez pas d'eux plus qu'ils ne peuvent donner et vous trouvez toujours du temps à leur consacrer.

Vous réussirez dans votre profession car vous savez utiliser vos connaissances pour en tirer le meilleur parti. Vous étudiez les problèmes avec objectivité, et n'hésitez pas à demander de l'aide lorsque quelque chose vous échappe. Vous êtes conscient de ne pas tout maîtriser, et cela ne vous gêne pas de l'admettre. Vous avez parfois de l'anxiété, mais vous l'analysez avec lucidité. Vous ne parlez de vos difficultés qu'aux amis très intimes en qui vous avez confiance. Vous ne vous arrêtez jamais aux pensées négatives, il vous arrive souvent d'épauler ceux qui se complaisent dans leurs difficultés par votre gentillesse et vos attentions.

Votre vie devrait être heureuse, pleine d'amis fidèles, d'activités sociales attrayantes et votre vie familiale devrait être agréable. Vous atteindrez probablement les objectifs qui, hier encore, n'étaient qu'un rêve. Il se peut que vous ayez des moments difficiles, mais vous saurez y faire face et ils ne dureront qu'un temps.

Lune trigone Vénus

Vous êtes prédisposé à la douceur et à l'harmonie. Ne voyant le mal nulle part, vous n'imaginez pas que votre confiance puisse être trahie par vos amis. Votre physique est certainement plein de charme en lui-même ou d'une manière plus indéfinissable. Vous n'avez pas à vous forcer pour être honnête, car vos aspirations sont généralement très honorables. Vous exercez vos talents avec beaucoup d'imagination et d'ingéniosité. Vous êtes confiant dans la réussite des autres, tout comme vous avez confiance en vous et dans la perfection de tout ce que vous faites.

Vous atteindrez une position élevée dans un métier où vous devrez diriger, et vos talents s'exprimeront admirablement dans les relations publiques. Recherchez le contact avec le public, votre personnalité chaleureuse, sincère et imaginative s'y épanouira. Votre présence dans un groupe est d'autant plus souhaitable que vous dynamisez les hésitants. Elle est également apaisante auprès de ceux qui souffrent, car vous refusez de voir les choses de façon négative. Cette quiétude est contagieuse, et le soleil brille de nouveau à votre arrivée. Vous possédez un bon jugement et n'essayez jamais d'avoir raison à tout prix. Votre grand sens moral et votre probité vous préservent des alliances avec ceux dont l'intégrité est douteuse. Vous ne vous montrez jamais agressif ou brutal, et la vulgarité vous est intolérable. Si quelque événement vulgaire se produit, vous prenez vos distances, vous éloignant aussitôt de ceux qui s'y trouvent mêlés.

Seules des relations honnêtes et sincères vous satisfont pleinement. Vous n'ennuyez personne avec les détails de votre vie privée et n'envahissez jamais les autres. Cherchez un partenaire qui souhaite des enfants : ils vous donneraient de grandes joies. Vous fascinez les jeunes. Vous leur témoignez de la considération et ils se sentent parfaitement à l'aise. Vous aimeriez participer occasionnellement à des activités telles que le théâtre, la décoration et autres activités artistiques et travaux manuels pour les jeunes. Animer un cours du dimanche est peut-être une façon d'occuper vos loisirs, vous vous rendriez très vite indispensable par votre dévouement et votre réel intérêt.

Lune trigone Mars

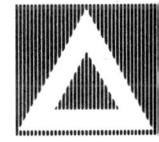

Ce trigone indique une intensité des sentiments et des émotions qui ne peut être soulagée qu'au travers d'activités créatrices. Vous allez au-delà de vos forces chaque fois que vous le pouvez. Si c'est nécessaire, vous êtes disposé à trouver un compromis entre vos désirs et la réalité. Vous allez volontiers au-devant des gens, et vous maintenez de bonnes relations avec un grand nombre d'amis, d'associés et de parents. Il se peut que vous ne soyez pas entièrement satisfait de votre vie, mais qui l'est ? Dans l'ensemble, vous nouez des relations plus facilement que la plupart des gens. Vous maîtrisez l'art des relations humaines, et vous pouvez sévir sans paraître excessif ou violent. Même s'il vous arrive de perdre votre calme pour revendiquer vos droits, vous ne donnez jamais une impression de haine. Vous vous abstenez généralement d'intervenir dans la vie des autres et vous appréciez que l'on fasse de même.

Votre détachement vous facilite les relations publiques et privées. Vous êtes suffisamment sûr de vous pour ne pas vous sentir menacé par vos associés ou par vos concurrents. Vous avez confiance en vous et en ceux dont vous aimez la présence chaleureuse. Vous acceptez calmement les épreuves, et vous y faites face de votre mieux ; les échecs ne vous angoissent pas. Votre flegme vous permet de toujours garder en réserve votre surcroît d'énergie pour les cas urgents. Vous avez de l'imagination ainsi que la capacité de lui donner libre cours dans votre profession aussi bien que dans vos activités occasionnelles. Les enfants sont sensibles à votre influence car vous attendez d'eux les réactions de leur âge.

Vous n'hésitez pas à faire part de vos sentiments à la personne qui vous intéresse, n'ayant aucune crainte que votre affection ne soit pas partagée. On ne peut s'empêcher d'être impressionné par votre attitude et votre conduite. Vous mettez les gens à l'aise et vous faites en sorte qu'ils se sentent acceptés. Vous êtes plutôt indépendant parce que vous ne vous sentez, affectivement, lié à personne. Pas plus que vous ne demandez aux autres de tenir compte de vous-même à moins qu'ils n'y soient naturellement portés. Indulgent envers les défaillances, vous aimez lier des relations amicales ou intimes avec des gens très différents. Vous n'êtes pas intransigeant, tout en notant les erreurs, vous reconnaissez toujours les qualités de chacun.

Lune trigone Jupiter

Cet aspect révèle une personnalité lumineuse, pleine d'aisance et de générosité, dotée d'une vive imagination et d'un grand potentiel créateur. Même lorsqu'une situation est catastrophique, vous en voyez toujours le bon côté. Votre optimisme est communicatif, surtout dans votre famille. Votre enthousiasme crée le bien-être dans votre entourage. Très sensible aux influences extérieures, vous essayez malgré tout d'en comprendre la signification. Vous trouvez rapidement une solution aux problèmes, car vous ne supportez pas les complications qui s'éternisent. Vous êtes sûr de vous et n'agissez jamais avec précipitation.

Votre culture vous permet d'être à l'aise dans les conversations de toutes sortes. La politique vous intéresse, et vous serez tenté de solliciter un mandat électoral dans votre commune. Vous défendrez alors un projet de progrès social, ce qui vous intéresse tout particulièrement. Toutefois, vous ne devez pas vous perdre dans les détails, car vos journées sont suffisamment remplies. Sachant bien voir les priorités, vous vous absorbez dans ce qui est essentiel.

Vous aimez les activités qui remplissent votre vie et l'œuvre accomplie. Cela enrichit également votre entourage en le stimulant. La force spirituelle qui émane de vous est un soutien précieux pour la communauté. Vous devriez vous rendre compte que c'est la raison pour laquelle vous êtes le conseiller recherché de tous ceux qui sont en difficulté. Vous pouvez prendre en charge les épreuves sans ployer sous le fardeau. Votre avis est très apprécié pour votre grande expérience et votre sagesse.

Une activité liée aux relations publiques, à la politique, aux moyens de transport, à la médecine, ou à des domaines voisins, serait utile à la communauté et favoriserait votre épanouissement. Tout vous étant très facile, vous devez limiter vos activités à quelques secteurs précis. Il serait imprudent de compromettre vos ressources physiques en vous chargeant de plus d'activités que vous ne pouvez en assumer.

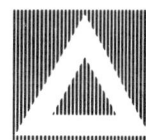

Vous éprouvez de tendres sentiments pour les êtres de bonne moralité, sincères, honnêtes, obéissant à des mots d'ordre spirituels. Votre nature pacifique vous fait aimer les gens calmes, qui ne laissent pas les tensions quotidiennes envahir leurs relations personnelles. Vous aimez profondément votre compagnon, et votre amour ira grandissant avec les années.

Lune trigone Saturne

Bien que conservateur et prudent, vous êtes un créateur et votre nature est optimiste. Vos parents vous ont donné une solide formation, et vous êtes doté d'un grand bon sens. Vous respectez la tradition mais vous appréciez le changement s'il se révèle productif. Sur le plan émotif, vous êtes stable et plein de ressources. Vous êtes conscient que pour obtenir un résultat, il faut savoir fournir un effort personnel ; vous n'attendez pas que l'on vous apporte tout sur un plateau. Vos amis vous connaissent et savent que vous ne les trompez jamais sciemment.

Vous avez de bonnes chances de succès dans les carrières d'ingénieur, de gestionnaire, de politicien, d'enseignant ou d'homme de loi. Dans ces domaines, vous aurez de nombreuses occasions de montrer vos talents dans les moments difficiles. Votre mémoire considérable vous sera d'un grand secours. Vous aimez tous les métiers dans lesquels vous pourrez exploiter vos grandes capacités, et vous aurez tout lieu d'accepter un rôle prépondérant. Vous avez réellement de bonnes chances d'occuper une position importante, quel que soit le domaine que vous choisirez.

Ce n'est pas parce que vous avez peu d'amis que votre amitié n'est pas durable. La confiance et la compréhension mutuelles enrichissent votre vie et la leur. Vous respectez ceux qui se respectent eux-mêmes et vous recherchez cette qualité chez un éventuel conjoint. Vos décisions sont le fruit d'une longue réflexion, surtout lorsque vos sentiments sont impliqués. Aimant agir dans les règles, vous n'aimez pas, sauf exception, les relations trop libres. Vous n'accepterez de vous marier que si votre partenaire est décidé à accepter le « contrat ». Le succès vous est pratiquement assuré car vous y mettez beaucoup du vôtre, mais votre partenaire doit lui aussi veiller à maintenir l'intérêt réciproque. Vis-à-vis de vos enfants, vous aurez le goût de la discipline, mais aussi de l'indulgence et de la tendresse. Vous voulez encourager et renforcer leur personnalité autant que faire se peut.

Lune trigone Uranus

Vous aimez tout savoir, votre rapidité d'esprit et votre agilité intellectuelle vous sont précieuses pour assimiler les connaissances. Vous avez de vastes perspectives, et vous vous préoccupez rarement de ce qui est superficiel. Votre personnalité scintillante attire un grand cercle d'amis. Auditeur attentif, vous ne négligez les idées de personne, et vous savez préserver les vôtres grâce à une solide expérience de la réalité.

Votre éducation vous a préparé à accepter votre avenir, à faire face à n'importe quelle situation. Vous avez un respect profond de toute autorité légitime, mais vous êtes prêt à affronter ceux qui assument un pouvoir sans avoir le sens des responsabilités. Votre tempérament vous entraîne vers des activités plus utiles au groupe qu'à l'individu. Vous êtes donc tout spécialement adapté à l'enseignement, à la politique, aux programmes sociaux. Lorsque vous parlez en public, votre discours généralement animé et précis attire les réactions favorables de vos auditeurs.

Vous vous intéressez à l'avenir et au progrès dans l'intérêt de tous. Certains recherchent ardemment votre aide pour définir leurs propres objectifs. Même sans le vouloir, vous proférez des vérités profondes qui parfois révèlent une sagesse pleine de spiritualité.

Dans votre pensée, le passé s'intègre bien à vos aspirations pour l'avenir. Il n'y a pas de conflits dans vos affaires qui ne puissent se résoudre aisément. La réponse aux questions que vous vous posez vous semble toujours utile, car vous êtes effectivement prêt à accepter la vérité. L'étude des sciences occultes est de nature à vous ouvrir de vastes champs de connaissances complémentaires.

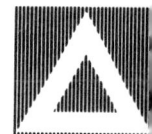

Votre partenaire doit lui aussi être extrêmement rapide, sinon, votre relation sombrant dans l'ennui risquerait de s'interrompre.

Lune trigone Neptune

Votre créativité s'exprime parfois de manière prophétique. Ce que vous êtes en apparence est en parfait accord avec ce que vous êtes en réalité. Vous réagissez de façon active et créative à toutes les stimulations. Vous êtes inventif sur le plan artistique, et vous pouvez communiquer de façon très expressive vos expériences esthétiques ; vous avez le goût profond de tout ce qui est raffiné, ce qui enrichit votre vie quotidienne de mille manières.

Dans votre activité professionnelle, vous suscitez des attitudes amicales et sincères. Le goût et le désir d'entreprendre émanent de vous. Bien que vous ne soyez pas forcément un fanatique de la religion, vous êtes dans votre élément sur le plan spirituel. Vous avez le sens du devoir et de vos obligations sociales envers votre église, votre club, les affaires publiques, et tout programme en faveur d'une bonne cause. Toutefois, vous ne vous sentez pas obligé d'aider ceux qui se laissent aller.

Vous aimeriez créer une famille, mais vous pourriez y renoncer pour préserver votre liberté d'action. Les jeunes vous apprécient et trouvent votre présence enrichissante. Ils se sentent à l'aise en votre compagnie et répondront par leurs efforts à vos tentatives de développer leurs talents.

Vous recherchez des êtres ayant une multitude de dons. Vous offrez beaucoup à ceux qui vous intéressent, et s'ils sont reconnaissants, vous ferez tout pour les satisfaire. Vous êtes particulièrement attiré par les individus éduqués et raffinés, sans qu'un environnement désagréable vous affecte pour autant. Vous travaillerez peut-être sur un projet qui aura pour but d'améliorer les conditions de vie. Vous vous épanouirez en partageant vos immenses ressources personnelles au bénéfice de tous.

Lune trigone Pluton

Vos émotions sont intenses, mais vous savez généralement les contrôler. Bien que vous soyez d'un tempérament amical, vous ne gaspillez pas vos sentiments en futilités. D'une indulgence mesurée, vos véritables amis pourront compter sur votre aide s'ils sont dans le besoin.

Vous êtes particulièrement gentil, d'un amour spirituel qui ne se gaspille pas à tous vents. Vous aimez les gens pour ce qu'ils sont et non pour leur apparence. Vous espérez fortement rencontrer un jour la personne qui rassemblera toutes les qualités que vous attendez d'un amour véritable.

Les enfants et les jeunes vous donnent beaucoup de satisfaction. Vous savez les mettre à l'aise et attirer leur affection. Sous votre garde ils se sentent bien, car vous êtes naturellement protecteur envers ceux dont vous avez la charge. Ils sont pour vous une occasion d'exprimer pleinement votre personnalité.

Votre capacité à vous occuper des autres est sans limites, et vous pouvez en donner la preuve auprès des infirmes et des handicapés. Des secteurs d'activité tels que la Sécurité sociale, les thérapies physiques, les relations publiques, le conseil de gestion ou un métier nécessitant une vocation vous conviendraient particulièrement.

Vous avez des vues justes sur la façon d'utiliser le pouvoir et de gérer l'argent. Comprendre les motifs qui animent le comportement de chacun vous aide beaucoup. Travailler en contact avec les gens est pour vous un excellent moyen d'accomplissement.

Vous êtes enthousiaste et optimiste et vous ne doutez pas que les problèmes que vous rencontrez trouveront une solution. C'est un des signes de votre amour pour la vie.

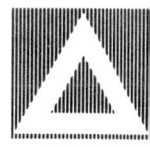

Lune trigone Ascendant

Vous êtes facile à vivre et vos heureuses dispositions vous permettront de vous accomplir avec bonheur dans la créativité. Vous êtes imaginatif, sensible, émotionnellement équilibré et vous vous exprimez bien. Vous avez le respect des valeurs que l'on vous a inculquées, et vous êtes décidé à tirer parti de votre intelligence pour développer vos ressources intellectuelles et vos idées. Plein d'idées, vous trouverez le moyen d'investir sur vos talents, bien qu'il puisse être difficile de trouver les fonds nécessaires pour faire ce que vous souhaitez. Vous pourriez être privé de certaines nécessités, mais vous pensez que cela en vaut la peine si vous pouvez, grâce à ces sacrifices, atteindre vos principaux objectifs.

Si vous n'êtes pas vigilant, les gens essayeront d'exploiter vos bons sentiments. Avant de les accepter totalement, veillez à ce que vos amis aient fait leurs preuves. Vous ne pouvez pas vous permettre de négliger vos propres besoins dans une relation, qu'elle soit sociale ou privée.

Vous mettrez largement en œuvre vos talents pour contribuer à votre carrière. Vous êtes convaincu que pour réussir vous devez sacrifier votre vie privée. Vous pourriez toujours ajourner votre mariage, jusqu'à ce que vous ayez acquis les connaissances nécessaires pour réussir votre vie professionnelle. Vous voulez être sûr d'être allé au bout de vos possibilités, et vous ne démissionnerez jamais.

Votre conjoint doit toujours rester un amant, pour vous amener à recréer sans cesse la fascination et l'excitation de la première rencontre. Vous devez sentir que l'on a besoin de vous. Vous êtes malheureux si vos efforts ne sont pas appréciés, particulièrement par ceux envers qui vous vous êtes montré généreux.

Mercure trigone Mars

Vous avez une immense créativité et assez d'imagination pour vous en servir de mille manières, bien que parfois vous n'ayez pas assez d'enthousiasme pour l'utiliser à plein. Vous connaissez vos capacités et leurs limites et vous jouissez d'un énorme potentiel pour réussir dans presque tout ce que vous tentez. Toutefois, le goût du succès n'est pas suffisamment fort pour vous donner la passion de la réussite. Il est impossible de vous forcer à faire ce que vous ne voulez pas, ni de vous empêcher de faire ce dont vous avez envie.

Vous avez une grande acuité de compréhension des choses et le pouvoir de vous concentrer quand la situation l'exige. Bien informé sur beaucoup de sujets, vous pouvez conduire des discussions de tous ordres. L'agressivité n'est pas votre fait, au contraire, vous vous montrez toujours amical en toute circonstance. On peut vous faire confiance en vous révélant des informations confidentielles : vous ne trahirez jamais un secret que l'on vous aura fait partager.

Nombreux sont les domaines appropriés à votre don de la communication: le droit, la politique, les relations publiques, l'enseignement, le théâtre, la littérature et la carrière militaire ; mais aussi les activités qui concernent les enfants ou les jeunes, car votre patience est sans limites envers les plus turbulents, et c'est avec enthousiasme que vous les aiderez à se trouver. Quelle que soit l'occupation qui vous plaise, considérez-la vôtre et tenez-vous-y. La supériorité de certains êtres ne vous intimide pas, pas plus que vous ne terroriserez les plus faibles. Vous serez aussi à l'aise en travaillant seul ou en équipe, mais quand même plus efficace dans les activités de groupe, car votre tempérament vous y porte naturellement.

Vous aimez les activités occasionnelles, notamment de type artisanal. Vous pourriez devenir si compétent que cela pourrait presque devenir une profession ; vous avez suffisamment de talent et d'imagination pour y réussir.

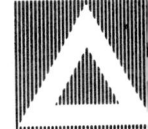

Vous recherchez la compagnie des gens sans problèmes. Vous n'aimez pas interférer dans la vie des autres, et vous souhaitez que cela soit réciproque. Affectivement, vous seriez plutôt attiré par une personne créatrice et inspirée, avec qui vous souhaiteriez coopérer. Indifféremment, les projets pourraient venir de l'un ou de l'autre.

Mercure trigone Jupiter

Ce trigone révèle des capacités de compréhension d'une grande ampleur et une inspiration qui vous permettra de toujours tirer parti de vos ressources. Vous envisagez la vie avec optimisme et vous misez fermement sur vos chances de succès. Vous êtes une véritable encyclopédie, mais vous avez besoin que l'on vous indique la direction dans laquelle vous devez utiliser ce savoir. Vous étalez vos connaissances avec une certaine vanité, il est vrai que ce serait dommage de ne pas vous en servir. Vous pouvez réussir avec si peu d'efforts, qu'il serait désolant que vous ne puissiez vous distinguer par quelques succès.

L'enseignement correspond particulièrement à vos talents, mais le journalisme, le grand reportage, le droit, le conseil pédagogique vous conviennent également, et vous pourrez rapidement y avoir un poste élevé. Vous apprenez vite et retenez bien.

Vos supérieurs vous estiment et pourront vous demander en toute confiance de les représenter, car vous êtes intègre et vous avez une grande moralité. Vous saurez parfaitement faire face à ce genre de situation, votre bonne éducation et votre aisance naturelle vous permettent de vous adapter à tous les milieux. Cela ne vous empêche pas pour autant d'aimer les relations simples. Vous serez peut-être sollicité pour des fonctions importantes au plan local ou régional, et vous deviendrez rapidement le familier des personnalités politiques en vue.

La simplicité de vos manières vous vaudra un large cercle d'amis. Vous tolérez les moments de faiblesse de ceux qui vous entourent, leur laissant toujours l'occasion de se reprendre. Vous suscitez le meilleur des êtres car votre gentillesse et les égards que vous leur témoignez jouent en votre faveur. Vous êtes un partenaire charmant pour qui vous aime, vous avez le sens de l'humour et des goûts très divers. On ne s'ennuie jamais avec vous, et on apprécie votre présence. Les enfants vous aiment car ils sentent que vous les aimez tels qu'ils sont. Vous êtes pour eux un grand frère ou une grande sœur.

Cette combinaison planétaire n'a aucun effet négatif sur votre santé. La sensation de bien-être général dans laquelle vous vivez vient de votre optimisme et du fait que vous ne laissez pas les problèmes envahir votre imagination.

Mercure trigone Saturne

Ce trigone est la marque d'une intelligence développée, d'un esprit structuré et d'une sûreté de jugement. Vous avez une créativité considérable que vous pouvez exprimer sans peine.

Vous ne perdez jamais une occasion d'exploiter vos capacités, et vous savez créer les occasions qui ne vous sont pas offertes. Vous êtes capable de résoudre facilement tout problème en utilisant les fragments d'information dont vous disposez. Cette accumulation de savoir vous permet un maximum de réalisations avec le minimum d'efforts. Vous savez admirablement distinguer l'essentiel du superflu. Vous connaissez vos mérites, et serez à même de remplir des fonctions importantes que d'autres hésiteraient à assumer. Vous n'êtes pas vaniteux pour autant. Vous apprenez vite et bien, et même en cas de coup dur, vous êtes patient et discipliné.

Il y a beaucoup de domaines dans lesquels vous pourriez envisager une carrière avec de grandes chances de succès. Votre enthousiasme pour les possibilités qu'elle pourrait offrir sera le facteur déterminant de votre choix. L'enseignement vient en tête de liste, puis l'architecture, le design, la politique, la gestion industrielle, la fonction publique, la science, la recherche dans de nombreux domaines ou la littérature. Assurément vous pouvez vous attacher à l'étude des langues étrangères ou du décryptage des hiéroglyphes... Quoi que vous choisissiez, vous serez amené à faire des choses qui auront un sens et qui seront concrètes. Vous êtes généralement satisfait de votre travail car vous y engagez votre créativité et votre certitude de réussir. Grâce aux efforts que vous fournirez, vous aurez des résultats professionnels appréciables.

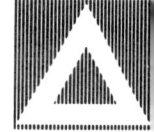

Conscient d'obtenir de meilleurs résultats quand les objectifs sont réalistes, vous ne vous perdez jamais dans les rêves. Connaissant vos limites, vous y adaptez vos objectifs.

Vous êtes courageux et capable de prendre des risques pour défendre votre intégrité. D'une grande moralité, vous exigez des comportements honnêtes à votre égard. Si vous êtes trahi, vous rejetez alors violemment celui qui a déçu votre confiance. Seuls les honnêtes gens peuvent trouver une place dans votre vie, et vous exigez qu'ils tiennent leurs engagements, faisant toutefois des exceptions si des circonstances très particulières justifient un manquement.

Vous êtes un bon confident, votre sagesse et votre compréhension incitent les êtres à vous faire part de leurs secrets.

Vos vieux jours seront enrichis des magnifiques souvenirs de votre vie. Il se pourrait que vous ayez envie d'écrire et que cela devienne une vocation. Vous ne prendrez peut-être jamais votre retraite car la vie signifie beaucoup pour vous.

Mercure trigone Uranus

Votre esprit fertile et intuitif s'exprime avec créativité. Vos opinions se fondent toujours sur des principes pleins de bon sens et vous vous exprimez avec conviction. Vous êtes rarement superficiel car votre esprit ne s'encombre pas de choses banales. Vous recherchez sans trêve la vérité, c'est la seule voie qui vous permette de vivre libre, ce qui est pour vous primordial.

Vous avez le sens de l'occulte, et il se pourrait que cela devienne un aspect de votre carrière professionnelle. Votre intuition peut être fulgurante et incroyablement exacte ; vous seriez remarquable dans l'étude des phénomènes psychiques. Le mystère vous fascine à un tel point que vous pourriez aider efficacement à résoudre les problèmes du monde scientifique. L'aspect humain vous semble tout aussi intéressant, et vous pourriez réussir dans des domaines comme la psychologie, la philosophie, ou les programmes sociaux.

Bien que vous puissiez décider à votre gré de ce que vous voulez faire dans les sciences humaines, l'enseignement pourrait être en tête de liste. Vous détenez la vérité, et la ferez volontiers partager à ceux qui sont aussi passionnés que vous. Vous êtes un meneur d'hommes, mais peut-être vaut-il mieux que vous vous consacriez à stimuler ce don chez les autres. Vous êtes très en avance sur votre époque en comprenant des sujets qui réclament normalement de nombreuses années d'études.

Vous intégrez vos hautes valeurs spirituelles à vos responsabilités sociales. Il n'y a aucun conflit entre votre vie intérieure et vos activités, chacune étant le support de l'autre.

Vous n'êtes pas de ceux qui aiment le savoir pour lui-même. Pour vous, sa seule justification est d'essayer d'atteindre la plus grande perfection.

Mercure trigone Neptune

Vous avez une immense créativité, dont vous savez parfaitement user. Vous avez le don de la communication et un sens certain de l'expression dramatique. Avec cette intuition si développée, vous comprenez sans peine ce qui motive les gens dans leurs relations avec vous. Votre imagination est celle d'un artiste, et il vous est facile de lui trouver un mode d'expression. Sensible, intelligent, vous êtes fermement décidé à accepter pleinement vos responsabilités sociales.

Votre talent et votre tempérament font de vous un être très sollicité, et qui pourrait réussir dans de nombreux domaines. Votre facilité d'adaptation à votre entourage vous rend créatif quel que soit l'environnement. Conscient de la faiblesse humaine, vous n'êtes pas trop exigeant, et votre sérénité en face des difficultés encourage les autres. Votre sens artistique et votre créativité peuvent s'exprimer dans des domaines tels que l'art, la musique, l'écriture, l'architecture d'intérieur ou dans une fonction plus sociale.

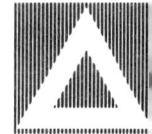

La vie que vous menez satisfait pleinement votre besoin d'une atmosphère chaleureuse et amicale. Vous savez être persuasif et convaincant car vous êtes à l'écoute de la sensibilité de votre auditoire.

Vous ne laissez pas envahir votre vie par des détails. Vous vous concentrez uniquement sur les points importants qui ont des implications sociales. Vous espérez toujours que les autres se sentent concernés par les injustices et contribuent à les corriger.

Vous êtes sensible aux personnes raffinées et vous recherchez leur compagnie, mais leur présence ne vous est pas indispensable pour vous sentir heureux. Vous vous sentez rarement seul, votre vie intérieure est hautement satisfaisante car votre richesse trouve toujours à s'exprimer de mille manières.

Mercure trigone Pluton

Cet aspect est la marque d'une grande capacité de concentration, de la fascination de l'inconnu, de la créativité et de la profondeur de l'intelligence. Ces atouts intellectuels exigent cependant d'être développés de façon réaliste et utilisés efficacement. Votre compréhension des relations de cause à effet vous donnera toujours l'avantage sur les autres, si toutefois vous avez choisi une profession appropriée. Votre capital d'idées sera une véritable garantie de succès lorsque vous saurez l'exploiter.

Les enquêtes policières, la médecine, la recherche et le développement, l'analyse médicale, la chimie, la pathologie, la chirurgie ou la profession d'ingénieur font partie des domaines dans lesquels vous pourriez exploiter vos talents. Votre habileté à gérer les finances est remarquable. Vous aimez le défi et la concurrence, et vous savez prendre sur vous le lourd fardeau des responsabilités sans jamais connaître la fatigue, tout absorbé que vous êtes par l'unique objet de votre passion. Vous choisissez toujours des sujets qui vous absorbent entièrement. Ecrivain, vous pourriez écrire aussi bien des livres techniques que des romans pleins de mystères. Vos capacités sont si étendues que vous êtes capable de discuter aussi facilement de finances que des mystères de l'occulte.

Vous attendez beaucoup de vos relations avec les autres, mais vous apportez beaucoup vous-même. Vous savez voir au-delà des apparences et découvrir ce qui motive les gens. Vous avez le pouvoir de les stimuler à aller jusqu'au bout d'eux-mêmes. Qu'ils s'adressent à des gens simples ou cultivés, vos discours persuasifs et pleins d'autorité les fascinent.

Prenez garde toutefois, et ne provoquez pas d'agacement en paraissant toujours connaître la réponse à toutes les questions. Donnez aux autres la chance d'user de leur intelligence.

Votre principal travers est l'absence d'intérêt pour ce qui vous entoure et pour les problèmes sociaux où vous seriez pourtant d'une grande utilité. Vous sauriez très bien organiser des activités de groupe et coordonner les talents individuels de façon à atteindre n'importe quel objectif ; le succès de leurs efforts serait assuré.

Vos méthodes pour atteindre un objectif sont dans la ligne de vos convictions personnelles et de votre éthique. Vous devez savoir que vous êtes capable d'accomplir bien des choses, et que ce faisant vous pousserez les autres à atteindre leurs propres buts.

Vous pourriez avoir une vocation pour la spéculation boursière. Vous pourriez également enseigner aux jeunes le marketing, les finances et la gestion. Sans que cela vous demande trop, vous pouvez offrir vos services de façon extrêmement bénéfique.

Mercure trigone Ascendant

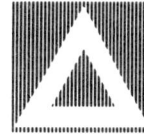

Vous savez vous faire comprendre. Il est rare que vous soyez victime de malentendus. Vous parlez de façon expressive et retenez toute l'attention des gens en face de vous. Vous êtes conscient de votre créativité. Vos parents vous ont sans doute poussé à développer ces qualités et vous ont peut-être même fourni les occasions de les exercer. En toutes circonstances, vous pourrez vérifier vos immenses possibilités et être à même de miser sur elles, d'autant que vous connaissez vos limites. Vous parlez avec optimisme des objectifs que vous vous êtes fixés, et cet enthousiasme accroît vos chances de succès. S'il vous arrive d'échouer, vous recommencerez car vous n'acceptez pas la défaite. Vous savez tirer profit de toute expérience, et découvrez de nouvelles voies pour exercer vos talents. Décidé à réussir, vous trouverez toujours des gens prêts à vous aider dans vos entreprises.

Vous savez rentabiliser votre créativité. Sans être un travailleur acharné, vous trouvez toujours les moyens de gagner de l'argent sans vous donner trop de mal. Vous n'avez pas peur de prendre des risques pour attirer l'attention sur vos idées. Vous évaluez avec précision les possibilités qui vous sont offertes, sans vous en remettre à la chance.

Vous avez l'art d'atténuer vos défauts et de mettre en valeur vos qualités. Vous recherchez l'approbation des amis que vos conceptions sur tout ce qui est d'intérêt général vous attirent. Vous donnez à penser aux autres que vous êtes fortement concerné par leur bien-être et leurs intérêts majeurs ; avec vos supérieurs vous savez utiliser cette tactique en virtuose. C'est moins votre bonne éducation que vos qualités en matière de communication qui vous aident à obtenir ce que vous souhaitez. Vous détestez être mis en compétition avec qui que ce soit si vous n'êtes pas en possession de toutes les informations et que vous savez que vous ne pourrez pas gagner.

Vénus trigone Mars

Vous êtes chaleureux, affectueux et cordial. Vous avez de grandes dispositions au bonheur, et vous cherchez toujours ce qu'il y a de meilleur en chacun. Vous ne demandez pas davantage aux autres que ce que vous souhaitez recevoir. Votre facilité à trouver des compromis encourage les gens à faire des concessions quand c'est nécessaire.

Vous aimez recevoir vos amis, n'étant jamais à court d'idées pour les distraire, et l'on souhaite votre compagnie dans toutes les activités mondaines. Vos talents pourraient également se révéler dans les arts, le théâtre, la musique, et éventuellement la critique chorégraphique. Chacune de ces activités peut s'avérer fructueuse soit en tant que carrière, soit comme passe-temps. Vous vous exprimez avec aisance et pouvez réussir dans tous les domaines en contact avec le public. Les relations publiques semblent particulièrement adaptées à votre nature. Grâce à votre cordialité, vous pouvez vous entendre avec les personnes les plus frustes. Vous pourrez également réussir en travaillant pour votre compte.

Les enfants trouvent en vous un compagnon charmant et votre confiance en eux les aide. Vous savez également rallier les gens à vos idées en insistant sur votre point de vue sans pour autant dédaigner le leur. En général vous ne suscitez pas la critique, vous ne donnez pas l'impression d'être menaçant. En d'autres termes, vous savez tirer le meilleur des gens.

Vous avez certainement vécu dans une ambiance familiale heureuse qui vous a appris à maintenir ce climat de bonheur, ce dont vos propres enfants bénéficieront également. Votre confiance en vous vous rend indulgent pour les autres. Vous comprenez profondément la nature humaine, et vous êtes généralement disponible pour ceux qui ont besoin d'aide. Vous ne vous accordez pas pour autant le droit d'intervenir sans qu'on vous le demande.

Sur le plan affectif, vous êtes très agréale à aimer et savez prendre du bon temps. Bien que vous soyez très séduisant, le sexe n'est pas votre unique centre d'intérêt. Il se peut que vous ayez des problèmes avec des partenaires qui s'imaginent que vous leur permettez de prendre des libertés avec vous, la plupart du temps, ils se tromperont lourdement.

Vénus trigone Jupiter

Vous voyez les gens et les circonstances de façon positive. Vous êtes rarement troublé par des éléments négatifs, car vous êtes confiant. La plupart du temps vous êtes gai, mais vous savez être sérieux lorsque c'est nécessaire. Vos dispositions au bonheur vous évitent les moments dépressifs que peuvent ressentir les autres, qui grâce à vous, retrouvent leur courage. Vous allez généralement à la rencontre des autres, car vous êtes généreux, compréhensif et plein de compassion à leur égard. On ne se rend pas compte que vous n'êtes pas toujours aussi insouciant qu'il le semble, car vous ne portez pas vos soucis en bandoulière. Vous ne tentez pas de faire partager vos problèmes par ceux qui ont déjà les leurs. Vous n'aimez pas faire étalage de vos discordes et préférez régler vos problèmes discrètement. Vous pouvez attirer l'attention mais vous ne le cherchez pas.

Votre talent pour traiter avec les autres vous conduit tout naturellement à vous occuper de relations publiques, d'organisations sociales, d'activités artistiques et plus généralement de tout ce qui concerne les goûts et les besoins du public. Vous aimez beaucoup tout ce qui touche à l'art et éprouvez bien des satisfactions dans ce domaine.

Vous avez un sens inné de la morale et des bonnes manières. Vous vous efforcez toujours d'apparaître sous votre meilleur jour et d'établir des relations sur des bases sincères et honnêtes. N'aimant pas ce qui est vulgaire et obscène, vous détestez aussi tout ce qui relève de la perversité. Vous préférez être en relation avec des gens raffinés. La musique, le théâtre, la danse, toutes les formes d'art sont les plaisirs qui enrichissent votre existence quotidienne. Vous aimez la cuisine — la vraie —, la compagnie des amis et toutes les distractions.

Vous êtes attiré par ceux qui se comportent d'une façon traditionnelle. Dans une relation amoureuse, vous aimez particulièrement les êtres qui n'attendent pas trop ouvertement de vous. Vous souhaitez l'honnêteté, et avant tout, la sincérité. Vous désirez être respecté et admiré. Vous n'avez aucun goût pour les manifestations amoureuses publiques; elles sont réservées aux moments d'intimité. Vous semblez sûr de votre fait pour ce qui vous tient à cœur et devriez avoir une grande harmonie familiale et conjugale. Vous êtes capable de compromis pour obtenir ce que vous souhaitez et vous aurez toutes les chances de l'emporter.

Vénus trigone Saturne

Vous jaugez rapidement les autres, et vous savez toujours à qui vous adresser pour avoir de l'aide. Vous êtes optimiste et intelligent, et vous savez prendre vos responsabilités avec les gens. Toutefois, vous hésitez à aller vers les autres lorsque vous n'êtes pas sûr d'être bien accueilli. Vous avez appris que même les meilleures relations du monde exigent des concessions mutuelles.

Votre jeunesse vous a préparé à accepter la discipline personnelle comme l'élément indispensable à la réussite. Ouvert aux besoins et aux désirs des autres, vous accordez votre aide quand on vous la demande. Vous n'êtes pas foncièrement généreux, mais vous cédez quand vous sentez que votre geste sera profitable. Vous possédez des qualités artistiques, même si vous ne les cultivez pas, et un goût profond pour toutes les formes d'art. La musique, la littérature, la poésie, la peinture, la sculpture, les arts graphiques enrichiront votre vie et la rendront agréable. Vous pouvez faire votre chemin dans toutes les carrières où l'équilibre, l'ordre et le fonctionnel prévalent. La banque, le droit, le notariat, l'assurance, la finance, le commerce et l'architecture vous fourniront l'occasion de témoigner de vos qualités.

Apprendre aux jeunes le travail manuel et le goût des arts pourrait vous apporter de grandes satisfactions ; ce serait une détente appréciable qui vous libérerait des tensions de votre travail. Vous pourriez également trouver cette détente dans la danse, ou en participant à des organisations sociales ou à un club.

Vous êtes relativement prudent lorsque vous êtes amoureux. Si quelqu'un vous attire, vous examinez attentivement les aspects de son tempérament auxquels vous aurez à vous accoutumer. Le respect mutuel est une valeur fondamentale. Toujours loyal dans vos affections, vous pouvez envisager une relation de longue durée.

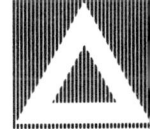

Vous saurez parfaitement tenir votre rôle de parent avec la conviction qu'une bonne éducation se fonde sur les règles de la discipline et le respect d'autrui. Vous souhaitez le meilleur pour vos enfants et vous les aiderez à s'épanouir en mettant en avant leurs qualités personnelles. Votre vieillesse sera agréable, vous serez entouré des vôtres qui vous seront reconnaissants pour le rôle que vous avez joué au cours de leur vie.

Vénus trigone Uranus

Vous êtes généralement optimiste, gai, et vous aimez profondément la vie. Vous savez manifester votre affection sans ostentation. Vous faites facilement des compromis, ce qui vous rend aimable aux yeux de tous, mais ne vous empêche pas de voir ceux qui abusent de votre gentillesse.

Grâce à votre sens des valeurs, vous saurez faire partager votre bonne fortune et apporter un peu plus à chacun. Dans le passé, vous avez pris vos responsabilités, et aujourd'hui vous pouvez enfin profiter des résultats. Ce que vous donnez vous est rendu, et bien au-delà, le bénéfice est réciproque.

Votre grand sens de l'harmonie, votre goût de la beauté s'exprimeront à travers les arts, la musique, le design ou le théâtre. Il y a toujours une grande chaleur dans ce que vous faites, et il est rare que vous soyez négatif dans vos relations sociales. Vous pouvez travailler en contact avec le public, les gens se sentent à l'aise avec vous.

Les enfants apprécient particulièrement votre sens de la justice. Comme professeur, vous captiveriez immédiatement l'imagination de vos étudiants : vous avez le talent de rendre vivant n'importe quel sujet. Vos capacités exceptionnelles devraient trouver leur récompense dans le domaine financier. Votre intuition serait le plus précieux de vos biens si vous décidiez de jouer en bourse.

Vous devriez faire un bon mariage. Vous pouvez espérer une relation amoureuse satisfaisante, fondée sur la confiance et l'intelligence réciproques. Vous attendez beaucoup de votre partenaire, mais vous êtes tout aussi décidé à répondre à ce qu'il attend de vous. Vous avez bon espoir d'un avenir plein de richesse et de joie intérieures. La joie de vivre est la clé de votre bonheur.

Vénus trigone Neptune

Vous êtes inventif et vous utilisez ce talent de façon parfois inspirée. Votre nature sensible et romantique vous incline à incarner les idéaux qui vous entourent ; ces aspirations vous élèveront. Vous avez des dons artistiques et un goût subtil et profond pour l'art, la musique et la littérature. Vous jugez les autres avec générosité, et restez toujours gentil même si vous êtes déçu. Votre tolérance des faiblesses est faite pour donner véritablement envie de réussir. Vous prenez immédiatement vos distances lorsque vous sentez quelque chose de négatif à proximité ; si vous êtes indulgent, vous ne tenez pas pour autant à être impliqué dans des situations déplaisantes.

Vous pouvez manifester vos talents de mille manières, encore que vous soyez particulièrement destiné aux activités artistiques. Dans le monde du spectacle, c'est au théâtre, dans la danse ou dans le chant que vous devriez réussir. Vous serez au mieux de vos possibilités en apprenant aux jeunes à apprécier la beauté qui les entoure. De belle prestance et d'une nature raffinée, votre compagnie est douce et agréable. Les gens sont souvent fascinés par une sorte d'aura qui émane de vous. On vous fait volontiers confiance, et il se peut que l'on vous donne de grandes responsabilités. Votre délicatesse et votre charme sont appréciés de vos supérieurs et vos collaborateurs vous ressentent rarement comme un concurrent.

Vous aimez ceux qui cherchent à se dépasser et qui dénoncent ce qui est sordide, brutal ou injuste. Vous êtes un idéaliste aux convictions spirituelles parfaitement définies, ce qui donne un sens à votre vie.

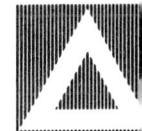

Il serait très dommage de ne pas choisir d'exprimer vos talents d'une façon ou d'une autre.

Vénus trigone Pluton

Vous pourrez profiter des expériences les plus hautement enrichissantes que l'amour puisse apporter. Vous tirez un profit spirituel de vos contacts, engageant ainsi les autres à faire preuve d'une attitude amicale, tout à leur bénéfice.

Vous vous gardez jusqu'à ce que votre intuition vous indique « le » partenaire. Vous aurez certainement des passions plus enflammées qu'un amour véritable, mais lorsque vous rencontrerez l'élu de votre cœur, vous saurez lui répondre de façon convaincante. Il y a fort à parier que ce sentiment soit partagé. Vous aurez même une chance insolente : cet amour ne fera que s'accroître et vous serez totalement unis.

Vous saurez aider les autres à enrichir leur vie en adhérant aux règles morales les plus élevées. Les jeunes vous rechercheront plus particulièrement. Vous savez leur enseigner la fermeté et la façon de préserver leurs valeurs et leurs engagements, tout en restant courtois dans l'adversité.

Quelle que soit la profession que vous choisirez, vous vous sentirez fait pour elle. Vous êtes honnête, et il est probable que vous ne fassiez aucune entorse à la morale pour conserver votre poste. Certains domaines répondent parfaitement à vos capacités : l'investissement, l'assurance, l'administration financière ou le commerce. Vous seriez un vendeur particulièrement efficace, votre rectitude encourageant les acheteurs. Vous pourriez également devenir psychanalyste car vous êtes concerné par les désirs des autres. Vous êtes compréhensif et compatissant, et néanmoins suffisamment ferme pour persuader les gens d'accepter vos conseils.

Vous avez une qualité essentielle pour réussir : la confiance en vous et dans les autres. L'intégrité est solidement ancrée en vous, et vous seriez à même d'apporter une contribution substantielle à la société. Vous pourriez également trouver des satisfactions au ministère des Finances ou en dirigeant un service fiscal.

Quels que soient vos choix, publics ou privés, vous serez largement récompensé de vos efforts. Cette générosité que vous projetez fait rejaillir l'abondance dans votre vie. Cet aspect indique en général un héritage sous quelque forme que ce soit, il se pourra même que vous figuriez sur le testament d'une personne à laquelle vous aurez rendu des services désintéressés.

Vénus trigone Ascendant

Vos manières pleines de charme et conciliantes engendrent la chaleur de ceux à qui vous avez affaire. Vous êtes sociable, raffiné, aimable, mais vous comptez parfois trop sur votre charme pour obtenir ce que vous désirez. Bien que vous aimiez recevoir des cadeaux, vous leurs préférez les échanges ; lorsque vous offrez quelque chose, vous préférez le donner en mains propres. Vous ne dépensez pas souvent d'argent, excepté pour vous-même.

Vous évitez délibérément d'évoquer les défauts des autres afin que l'on ne parle pas des vôtres. Vous ne supportez pas la critique et n'aimez pas la vérité en ce qui vous concerne. Vous y mettez beaucoup du vôtre pour gagner l'approbation de vos amis et faire en sorte qu'ils disent du bien de vous.

Il se peut que vous travailliez davantage que vos collègues pour satisfaire votre employeur, ou qu'au contraire vous ne fournissiez pas un travail suffisant, si bien que vous deviez consentir un effort exceptionnel pour lui prouver que vous êtes quelqu'un de responsable.

Vous avez très certainement reçu une bonne éducation, et vous aimez tout particulièrement les aspects mondains de l'existence. Vous recherchez ceux qui ont le désir de faire carrière, les êtres raffinés ayant les mêmes orientations sociales que vous. Avant tout, vous voulez respecter la personne qui vous attire, et celle-ci devra souhaiter approfondir un style de vie traditionnel. En d'autres termes, vous voulez quelqu'un d'ambitieux, qui souhaite le confort du succès.

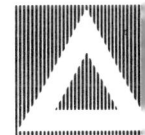

Vous vous faites facilement des amis, et vous tenez particulièrement à conserver ceux qui sont utiles à votre carrière. Vous rencontrez généralement des gens qui peuvent être importants pour vous sur le plan social et vous avez pour eux la même véritable affection que pour n'importe qui d'autre.

Mars trigone Jupiter

Vous savez utiliser vos ressources physiques à bon escient. Vous réussirez à atteindre vos buts sans trop d'efforts, car votre force physique et votre puissance intellectuelle sont harmonieusement équilibrées. Toutefois, il peut vous arriver de refuser la compétition lorsque cela semble exiger de vous des efforts excessifs.

Vous êtes inventif et parfois même astucieux dans la réalisation de tâches où d'autres se trouveraient submergés. La chance semble jouer un rôle important dans vos succès, bien qu'il y entre une grande part d'habileté. Vous avez le chic pour faire les choses, ou pour être à la bonne place au bon moment, n'ayant jamais besoin de recourir à un subterfuge pour obtenir ce que vous souhaitez. Dans vos affaires, vous respectez la loi et vous accordez toute votre confiance aux autres car vous avez le sens de l'honneur. Votre tempérament facile et positif vous rend presque trop insouciant pour ce qui touche à vos dépenses. Vous êtes d'un optimisme étonnant et il ne vous arrive jamais de douter d'obtenir ce que vous désirez.

Des domaines comme le droit, le service public, le sport, le travail avec les enfants, l'enseignement, l'exploration, les arts et les activités manuelles paraissent assez bien convenir. Le succès en soi n'a pas une importance fondamentale pour vous. Vous souhaitez surtout vous exprimer par vous-même. A votre avis, la course au succès exige beaucoup d'efforts pour ce qu'elle rapporte. Vous tenez trop à votre propre confort pour vous priver de plaisirs essentiels ou pour vous livrer à des activités qui vous aliéneraient.

Vous aimez la compagnie des gens qui stimulent votre intérêt pour l'existence. Vous n'êtes pas exigeant, on ne l'est donc pas envers vous. Vos relations amicales doivent être sans aucune contrainte, et vous vous réservez toujours le droit de rompre une association qui entraverait votre liberté.

Les changements de mentalité qui peuvent intervenir en matière de religions ne vous troublent guère ; votre conviction est très personnelle, et vous ne vous sentez pas concerné par les discussions des théologiens et des philosophes.

En amour, vous êtes attiré par les personnes qui vous ressemblent et qui souhaitent une existence paisible. Vos désirs sont puissants, mais vous savez les contrôler. Vous attendez plus qu'un échange physique de la personne que vous aimez. Vous êtes un idéaliste, désirant partager tout avec votre partenaire, besoins et désirs, corps et âme.

Mars trigone Saturne

Vous savez vous affirmer et utiliser votre énergie à bon escient, sans la gaspiller en activités improductives. Vous n'attendez pas l'impossible de ceux qui sont placés sous votre autorité, et votre demande de discipline n'est pas excessive. Très souvent amical, accordant généreusement votre aide, vous savez généralement contrôler votre humeur et ne pas vous mettre en colère si le travail est mal fait. Vous êtes un bon professeur, enthousiaste, original et avisé.

Vous pouvez choisir un grand nombre de professions, comme l'enseignement, l'exploration, le droit, l'armée, la police, le service des eaux et forêts, ou toute entreprise écologique. Toutes les activités dans lesquelles la préservation est un facteur important seront bien adaptées à votre profil. Vous pourriez exceller dans la planification et le contrôle industriels (c'est votre sens de l'efficacité). Il n'y a pas de limites dans les domaines où vous pourriez exercer vos talents. Partout vous atteindrez une position d'autorité car vous avez d'exceptionnelles capacités de commandement.

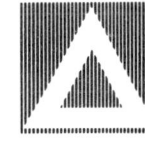

Vous vous entendez avec tout le monde. Vous prenez les autres pour ce qu'ils sont et, de la même façon, vous êtes accepté. Vous savez réellement obtenir des êtres qu'ils prennent leurs responsabilités en toute conscience. Vous leur démontrez que leur réussite est rarement accidentelle ; vous en êtes d'ailleurs le meilleur exemple. On a toujours recours à vous lorsque l'on est en difficulté, car vous paraissez toujours gagner, malgré des échecs ou des difficultés momentanés. En d'autres termes, vous savez faire ce qu'il faut quand il le faut, si bien que l'on apprécie votre jugement. Vous vous montrez modérément optimiste dans toutes vos affaires, qu'il s'agisse des relations personnelles proprement dites, ou de problèmes matériels.

Vous êtes plutôt pondéré dans votre recherche de l'amour. Vous vous entendez bien avec les esprits mûrs et les êtres responsables ; vous vous sentez particulièrement attiré par ceux dont les objectifs sont définis et qui veulent réussir.

Sur le plan sexuel, vos exigences ne sont pas extravagantes ; vos besoins physiques sont satisfaits de manière tout à fait conventionnelle. Malgré les moqueries sur votre côté « vieux jeu », vous restez convaincu qu'un lien passionnel exige autre chose que de l'amour physique. Assurer la sécurité de votre famille, atteindre vos objectifs, respecter le travail bien fait, sont pour vous plus importants que l'art de bien faire l'amour.

Mars trigone Uranus

Vous savez agir avec originalité, enthousiasme et efficacité. Vous avez une façon quelque peu emphatique de vous exprimer. Si vous êtes impatient, c'est seulement parce que vous êtes toujours très motivé par ce qui vous intéresse. Vous avez besoin de liberté pour utiliser vos dons et pour vous consacrer à ce que vous avez décidé de faire. Votre énergie est incommensurable, et vous avez toujours des projets. Vous plaignez ceux qui se trouvent pris au piège d'une situation qui leur impose des contraintes, sachant à quel point cela est destructeur.

Vous êtes particulièrement adapté aux carrières qui peuvent vous offrir mobilité et liberté. Vous devriez vous intéresser à des activités de groupe, où vos qualités de dirigeant s'emploieraient au plus grand profit de tous. Les entreprises d'avant-garde, la recherche, les agences de voyage, le commerce dans le domaine industriel, l'engineering sont des activités de nature à vous procurer les stimulants dont vous avez besoin. Même la politique peut exercer sur vous un grand attrait et vous mobiliser. Vous aimez vous trouver en compagnie de gens exaltants, ayant le sens du progrès, tout particulièrement concernés par un proche avenir.

Apprenez la patience et la modération, et surtout ne vous irritez pas si l'on n'agit pas avec le même esprit d'initiative que vous. Quelquefois, il vous faudra vous détendre et relâcher la tension nerveuse qui s'accumule. Vous ne vous rendez pas compte à quel point c'est nécessaire pour votre santé, et vous vous enorgueillissez de ne pas avoir grand besoin de repos.

En amour, vous êtes impulsif et insatiable. Il va sans dire que vous avez d'énormes besoins sexuels. Vous ne tolérez pas d'être repoussé. Les restrictions que vous semble apporter le mariage ne vous intéressent guère, et vous regardez avec dédain la vie conventionnelle, comme une relique du passé. Vous disposez d'un vaste cercle d'amis qui vous offrent une grande variété de plaisirs. Certains peuvent vous envier pour votre mode de vie.

Mars trigone Neptune

Vous savez harmoniser votre nature agressive et anxieuse avec des responsabilités sociales. Vous pouvez atteindre des objectifs personnels sans sacrifier pour autant vos obligations vis-à-vis des autres. Connaissant vos besoins physiologiques, vous êtes pondéré, car vous savez qu'il y a un temps et une saison pour chaque chose. Vous éprouvez une certaine tendresse pour ceux qui n'ont pas ce même sens de la mesure, prêtant une oreille attentive à qui désire se soulager de ses inquiétudes ou qui souhaite vous entretenir de ses problèmes. Vous savez admirablement déceler la sincérité ou la malhonnêteté de chacun.

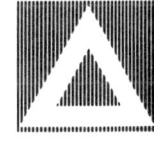

Votre capacité, votre désir de servir la communauté trouveraient leur plein emploi dans les programmes sociaux, la médecine, le droit, ou toute forme de thérapie physique. Vos facultés de guérisseur étonneront même ceux dont c'est le métier, qui pourraient ne pas comprendre que ces succès proviennent du fait que vous aidez les autres à résoudre, non seulement leurs problèmes physiques, mais aussi spirituels. Votre perspicacité bien particulière serait d'un grand secours pour tout ce qui relève proprement de la psychologie ou de la thérapie de groupe, ou en général pour toutes sortes de techniques analogues.

Si vous voulez la gloire, vous pouvez tenter une carrière au théâtre, comme acteur, danseur, ou décorateur. Vous savez vous faire entendre, et votre sensibilité propage autour de vous chaleur et émotion.

En amour, votre vie est simple, mais toujours très excitante. Grâce à votre équilibre et à votre dignité, vos relations intimes sont toujours chaleureuses et tendres. Vous savez nouer des liens honnêtes et sincères avec les personnes que vous aimez, et vous n'hésitez pas à rompre brutalement les relations avec ceux dont l'intérêt pour vous semble faiblir. Leur amour peut s'estomper, mais ils continueront à vous respecter pour vos réelles qualités. Vous attirez les autres par votre magnétisme, votre charme et votre sociabilité, et vous saurez apporter l'enthousiasme et la joie dans la vie de la personne que vous aimez.

Mars trigone Pluton

Votre agressivité se trouve compensée par le don de vous-même à certaines causes. Vous vous montrerez très efficace dans la résorption des problèmes redoutables sur le plan social, parce que vous bénéficiez d'une intuition profonde de ces questions et de leur origine. Vous proposerez sans détour vos services avec cette intime conviction qu'il vous faut absolument faire quelque chose de constructif pour les gens qui vous entourent. Il vous vient parfois le sentiment que, en tant que membre de la société, vous-même avez dû contribuer en partie à la situation. Par contre, cet aspect planétaire peut aussi signifier un détachement vis-à-vis de toute responsabilité et faire de vous un observateur.

Votre nature sexuelle ardente est passablement contrôlée. Vous êtes profondément sensible à ce que l'être aimé vous témoigne des égards qui aillent bien au-delà encore de ce que l'on exige d'un amant ; vous attendez plus qu'une expression physique de l'amour et vous donnez plus que cela dans votre attachement. Ce bonheur physique que vous recherchez doit s'accompagner d'une union spirituelle. Votre nature aimante s'étend à d'autres domaines, mais toujours dans le sens d'une plus grande sociabilité et d'une réelle affection.

Le pouvoir ne vous intéresse pas comme un instrument personnel, mais vous le vivez plutôt comme le moyen d'une évolution constante. Pour vous, la vie est un processus spirituel continu, qui conduit à des degrés de conscience de plus en plus élevés. Reconnaissant à chacun sa différence de développement, vous êtes tolérant devant les défaillances. Vous tendez volontiers la main lorsqu'on vous demande assistance, mais vous n'intervenez que rarement dans le cours des événements, sauf pour éviter une catastrophe.

Rien ne vous fait peur pour défendre vos droits et votre courage sans faille dans les moments les plus difficiles peut surprendre vos amis. Vous pouvez toujours compter sur votre force de caractère, même lors des crises les plus graves.

Mars trigone Ascendant

Votre personnalité est à la fois positive et agressive. Votre enthousiasme est tellement communicatif, qu'il entraîne les autres vers vos buts. Il vous arrive pourtant d'avoir tort, mais vous voulez néanmoins tenter votre chance. Vous êtes un joueur et cette chance se trouve souvent au rendez-vous. Votre forme d'esprit est bien personnelle, et vous n'hésitez pas à dire ce que vous pensez. Vous avez du bagout, et vous marquez des points dans la conversation. Vous aimez la compétition, qu'elle soit mentale ou physique. Le sport vous donne l'occasion de vous défouler en tant que spectateur ou en tant que participant. Vous adorez gagner, mais quelle que soit l'issue du jeu, vous y prenez un immense plaisir.

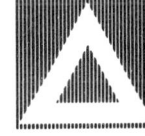

Vous avez besoin de beaucoup d'argent pour organiser vos loisirs, et il vous arrive de rêver aux moyens les plus extravagants pour en gagner. Vous devriez modérer ce fort penchant à dépenser davantage que vous ne gagnez. Bien qu'il soit très ennuyeux d'être sans argent, tâchez d'éviter d'en emprunter. Vous n'êtes pas assez prévoyant. Votre devise pourrait être : « cueillons dès aujourd'hui les roses de la vie ». Mais cette conduite remet toujours en cause votre sécurité.

Dans votre travail, vous donnez l'impression d'une telle activité que vos supérieurs vous croient indispensable, pourtant, il vous arrive d'avoir du mal à prouver votre utilité. Disciplinez-vous et attachez-vous à des buts précis ; vous n'y perdrez rien de votre enthousiasme. Vous aimeriez être indépendant, mais votre nature dépensière vous empêche d'économiser suffisamment d'argent pour agir librement. Vous pourriez un jour être dans le besoin si vous n'y prenez garde.

Votre succès dépend de votre énergie à développer vos talents. Un rude travail vous apportera les résultats que vous souhaitez et la satisfaction de n'avoir pas à dépendre des autres.

Jupiter trigone Saturne

Vous savez harmoniser les leçons que vous tirez des expériences passées avec vos projets d'avenir. Vos objectifs s'intègrent à un projet d'ensemble que vous vous êtes tracé pour la vie. La réussite n'est pas une surprise ; vous l'attendez car vos buts sont ceux d'une personne responsable, qui ne préjuge pas de ses capacités. Les gens pensent que vous avez une chance incroyable, parce que les événements vous sont généralement favorables. Vous savez que la réalité est différente. Vous avez accès à des informations utiles, et vous savez évaluer les points sur lesquels il faut fonder votre action. Les grandes lignes de votre plan sont généralement solides avant même que vous ne commenciez à le réaliser ; vous n'entendez courir de risque dans aucun domaine.

Ayant confiance en vous, vous vous attendez à la réussite de toutes vos entreprises. Vous ne gaspillez pas de temps et ne faites pas d'efforts inutiles, vous réfléchissez longuement, en vous appliquant à ce que vous jugez important. Vous devriez réussir dans le droit, les finances, les thérapies physiques, le conseil de jeunes, l'enseignement ou la religion. Vous usez de vos talents de façon très originale lorsque vous travaillez en groupe. En public, vous vous exprimez parfaitement. Facile à vivre, vous ne cherchez pas à créer une concurrence entre vous et vos collègues, même s'ils sont moins compétents que vous.

Vous pouvez devenir apathique et indifférent au succès, car cet aspect planétaire vous offre trop de possibilités. Si vous ne vous sentiez pas concerné, ce serait une perte réelle pour la société. Néanmoins, vous pourriez vous consacrer à épanouir les talents des autres. Vous pouvez stimuler grandement ceux qui manquent d'imagination. Leur destinée sera heureusement transformée par leur contact avec vous.

Il se peut que vous décidiez de ne pas entrer dans le monde hostile des entreprises professionnelles. Si c'est le cas, vous pouvez consacrer vos talents à l'organisation des loisirs, à l'éducation physique, ou à la formation de jeunes qui ont besoin près d'eux d'un adulte tel que vous. Votre rôle dans ce domaine serait d'une grande importance, et vous seriez vous-même enrichi du résultat de vos efforts.

Jupiter trigone Uranus

Vos capacités créatrices et intellectuelles sont immenses, et vous savez les mobiliser pour obtenir ce que vous souhaitez. Vous êtes toujours extrêmement vigilant, et vous ne laissez jamais échapper les occasions qui se présentent. Il y a véritablement un facteur de chance qui régit votre vie, et vous permet de réaliser bien davantage que les autres, avec les mêmes capacités.

Vos activités professionnelles devraient être en rapport avec l'éducation, le droit, la politique, la religion ou tout ce qui touche aux relations humaines. Dans chacun de ces domaines, vous avez des chances de réussir sans trop d'efforts. Vous pourriez également être intéressé par un travail avec les jeunes. Vous savez ce qu'il faut faire pour leur plaire et stimuler leur imagination. Votre profonde intuition et vos inspirations soudaines vous rendent à même de les émerveiller.

Votre participation serait très profitable à certaines organisations, sociétés, clubs ou même à des groupes religieux. Votre présence suffit à rendre les projets de ces groupes immédiatement évidents. Vous êtes un bon dirigeant qui comprend admirablement les autres et leurs besoins. Vous savez simplifier les problèmes, et éventuellement les éliminer.

Pour vous, la liberté est fondamentale ; vous résistez toujours à ceux qui essayent de vous enfermer dans leurs limites. L'expérience des voyages élargira et enrichira votre personnalité. Vous êtes chaleureux envers vos amis, et sincère avec vos ennemis lorsque vous en avez. Vous êtes sûr de vous, et vous avez confiance en la réussite des autres que vous aidez volontiers en cas de besoin. En revanche, vous montrez de l'impatience envers les pessimistes qui échouent avant même d'avoir essayé de réussir.

Vous attendez de la personne aimée une parfaite honnêteté envers vous. Vous lui offrez en échange votre intégrité et une dimension spirituelle de l'amour. On vous admire pour votre générosité et votre désintéressement.

Jupiter trigone Neptune

L'harmonie qu'il y a entre votre imagination et votre savoir favorise une vie pleine et heureuse. Votre compréhension profondément spirituelle de la vie et des êtres vous apporte la sérénité. Vous êtes conscient des rudes réalités de votre environnement, que vous vous efforcez d'adoucir.

Vous pouvez voir le bien, où l'on ne voit que le mal, possibilités d'édification, où l'on ne voit que ruines, restauration et ordre, là où règne le chaos. Avec des dons si rares, vous prendrez part à des activités profitables à tous. Vos efforts renforceront des programmes sociaux et aideront des pauvres à subsister. La littérature, la religion, l'art, l'enseignement sont autant de domaines qui vous permettront d'exprimer votre immense créativité. Vous y rencontrerez un grand succès, et les autres en tireront un grand bénéfice.

Vous êtes profondément respectueux des religions et des philosophies, reconnaissant qu'elles donnent un autre sens à la vie des êtres qui en répondent. Vous êtes également fasciné par tout ce qui est occulte, et comprenez profondément tous les sujets mystiques. Vos capacités psychiques sont considérables, et ce que vous avez appris vous ne le devez en grande partie qu'à vous seul. Les gens perçoivent ce pouvoir lorsque vous les réconfortez. Offrir votre gentillesse, votre tendresse, est aussi de nature à apaiser toute anxiété spirituelle.

Dès que vos efforts porteront leurs fruits, ce que vous ferez de plus élevé sera fait au service des autres. Il y aura toujours des causes à défendre, où votre contribution sera essentielle. Même si vous travaillez bénévolement, ce sera toujours d'utilité publique.

Votre nature raffinée souhaite des relations amoureuses avec des partenaires qui partagent vos conceptions. Vous ne sacrifierez jamais votre idéal à un besoin physique. D'ailleurs, vous ne répondez qu'à l'amour de ceux qui témoignent d'un véritable intérêt pour les valeurs spirituelles.

Jupiter trigone Pluton

Vous aimez pousser les individus ou les groupes à mettre en œuvre leurs propres ressources. Vous voyez avec optimisme les changements sociaux, amenant chacun à fonder tout comme vous de grands espoirs. Vous répandez autour de vous une certaine philosophie qui permet aux autres d'assumer leur propre destinée. Vous les aidez à prendre conscience de leurs motivations profondes allant au-delà de l'amertume d'un échec ou de la douceur d'une réussite. Vous êtes capable de saisir l'essentiel de la plupart des manifestations mystérieuses de la vie, et vous le faites partager de façon si limpide, que vous arrivez à convaincre les plus grands sceptiques. Vos propos sont souvent d'un haut niveau spirituel, et leur poids est tel, qu'ils sont rarement mis en cause. Vous êtes voué à devenir intimement impliqué dans les affaires des autres, et vous choisirez peut-être une profession qui serve les intérêts publics. Il vous faudra trouver la possibilité de démontrer les vérités telles que vous les concevez, et de dissiper les illusions des autres. Vous êtes une âme libre qui se met au service d'autrui.

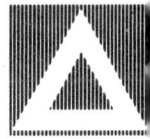

Les relations personnelles doivent être pour vous une occasion de mobilité et de création. Vous avez le pouvoir de passer d'une vie indolente à une vie dans laquelle vous offrez vos conceptions à la communauté, pour son plus grand bénéfice. Vous savez d'instinct ce qui est bien ou mal, et vous aidez les autres à faire la différence. Les jeunes s'intéressent tout particulièrement à vous car vous comprenez leurs problèmes. Même les êtres plus âgés découvrent leur propre imagination à votre contact. Vous êtes capable de stimuler des existences qui, sans vous, n'auraient aucun but.

Vous serez à même de recouvrer vos forces vitales en approfondissant votre expérience et en méditant sur les sources de l'énergie universelle. Peut-être aurez-vous accès à la vérité.

Jupiter trigone Ascendant

Vous misez toujours sur la réussite. Vous échafaudez des plans grandioses pour l'avenir, qui mobilisent en effet l'ensemble de vos capacités créatrices. Mais, faire réellement quelque chose, et savoir le faire, n'est pas la même chose. Votre réussite peut être retardée par l'illusion que vous pouvez réussir sans vous donner beaucoup de mal. Vous aimez la vie facile et ses agréments ; vous l'aurez certainement si vous êtes décidé à faire un énorme effort personnel.

Bien que vous ayez de grands espoirs, au fond de vous, vous craignez de perdre les compétitions. Vous surestimez les capacités des autres, et sous-estimez les vôtres. Cela vous conduit parfois à adopter une attitude défaitiste. Concentrez vos efforts de manière à exceller dans ce que vous faites, ce sera le meilleur moyen de vous éviter ces anxiétés.

Les gens pour lesquels vous travaillez vous estiment davantage que vous ne le pensez. Vous vous efforcez de faire au mieux les tâches qui vous sont assignées afin de conserver leur respect. Vous êtes plein d'admiration pour ceux qui parviennent à se distinguer, et vous savez qu'une information complète est nécessaire pour obtenir de tels résultats. Toutefois, vous avez tendance au laisser-aller, alors que vous devriez vous discipliner et concentrer vos efforts sur des objectifs précis.

En cédant trop à l'attrait du plaisir, vous gaspillez votre énergie et votre temps au lieu de les employer de façon constructive. Insouciant de vos affaires financières, il vous arrive de ne pas saisir toutes les occasions qui se présentent. Vos talents réels peuvent s'exercer dans de nombreux domaines, mais vous ne savez pas établir l'ordre de vos priorités. Vous gâchez vos dons dans des entreprises improductives. Essayez de développer vos idées pour vous-même, au lieu de les partager si généreusement. Si vous le pouvez, évitez d'emprunter de l'argent, car vous auriez du mal à le rembourser.

Saturne trigone Uranus

L'expérience vous a appris à vous discipliner. Votre esprit d'avant-garde est attiré par vos réalisations futures, les différents aspects du lendemain vous excitent. Vous avez bien gagné votre liberté. Quoique respectant les biens matériels, vous êtes fasciné par l'idée de vous en détacher de plus en plus. Par la suite, vous vous enrichirez en partageant avec les autres votre savoir et votre expérience.

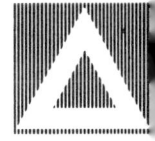

Vous savez rassembler et exploiter vos ressources. Vous savez intuitivement que le succès dépend des risques calculés plutôt que de la chance. Cela vous permettra d'apprendre aux autres à se servir de leurs propres dons. Vous avez des qualités de dirigeant, votre jugement est plein de finesse et vos conceptions sont ingénieuses.

Vous comprenez les êtres et leurs motivations, ce qui vous permet de réaliser d'incroyables tours de force. Vous entraînez facilement les jeunes, qui s'identifient volontiers à vous. Ils vous respectent, car vous savez les laisser définir et rechercher librement leurs objectifs.

Vos qualités s'appliquent à de nombreux domaines. Les activités qui vous conviennent le mieux seraient sans doute les mathématiques, les sciences, la recherche, l'astrologie ainsi que l'industrie et les nombreuses situations qui requièrent le sens de l'autorité et de l'organisation.

Vos conceptions sont fondées sur une expérience solide. Dans vos efforts pour atteindre vos objectifs, vous conservez toujours le sens des valeurs. Vous êtes plein d'optimisme pour votre avenir, et pour l'avenir de ceux qui partagent vos valeurs.

Saturne trigone Neptune

Vous avez la possibilité de prendre des responsabilités importantes. Vous êtes motivé par une puissante volonté d'ordre spirituel pour changer dans le monde les situations sociales pénibles. L'éducation précoce donnée par vos parents vous a procuré un sens moral élevé. Vous êtes plein de sympathie et de compréhension envers tous ceux dont la vie est plus pénible que la vôtre et vous vous efforcez de témoigner votre intérêt à vos compagnons d'infortune. Quand on a besoin d'une main secourable, vous êtes toujours disposé à la tendre. Vous apportez du bon sens et de la sincérité dans vos activités professionnelles.

Vous pouvez exprimer votre brillante imagination de différentes manières. Vous ne tolérez ni la trahison ni les combinaisons louches et vous ne compromettez jamais votre sens moral pour un bénéfice personnel. Une carrière en rapport avec l'industrie du film, de la photographie, en rapport aussi avec le droit, les services sociaux, la bourse ou les loisirs en général, sont de nature à vous donner de grandes satisfactions.

Votre environnement peut bénéficier de vos talents. Vous savez parfaitement discerner ce qui doit changer et pourquoi. Vous connaissez également les responsabilités de chacun, et vous êtes favorable aux règlements légaux qui peuvent rétablir une situation saine.

Telles sont vos ressources. L'usage que vous en ferez, il vous appartient de le choisir. Vous pouvez rester simplement spectateur, mais ce serait incontestablement gaspiller vos talents. A tout le moins, vous pouvez décider d'informer les autres des problèmes de leur environnement, et leur offrir un certain nombre de suggestions pour réaliser leurs objectifs.

Vous avez les facultés nécessaires pour réussir une carrière d'écrivain. L'inspiration et le don d'observation sauront donner forme à vos idées. Vous savez tirer parti de chaque expérience. Grâce à vos connaissances, vous avez la faculté de résoudre n'importe quel problème.

Saturne trigone Pluton

Cet aspect vous donne un grand pouvoir de concentration. Instinctivement, vous savez conduire vos affaires de la manière la plus utile. Votre pensée est organisée, vos objectifs sont réalistes, et l'attention que vous portez à vos obligations en garantit le succès. Vous comprenez parfaitement que les changements sociaux soient inévitables. Vous acceptez vos responsabilités, sachant que vous pouvez aider efficacement à changer les choses.

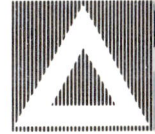

Vous avez la volonté nécessaire pour réussir dans tout ce qui exige des capacités d'organisation. Attentif aux sentiments des autres et à ce qui leur importe, vous êtes habile à prendre des décisions fondées sur l'essentiel. Il peut vous arriver de manipuler les gens pour réaliser de grands changements sociaux, et vous supportez mal ceux qui, sans essayer, ne cessent de dire : « Je ne suis pas capable ».

Vous avez un don particulier pour prendre en main les ressources d'une entreprise industrielle ou sociale d'envergure. Il peut vous arriver de faire appel aux services publics pour les amener à assister des personnes qui sont en difficulté financière, ou celles qui sont trop handicapées pour agir par elles-mêmes.

Vous rechercherez peut-être une position politique pour mieux servir ceux qui ont fait confiance à vos talents et à vos conceptions. Votre efficacité est telle qu'elle peut même conduire vos collègues à vous aider dans la réduction du gaspillage administratif. Comme vous savez parfaitement distinguer ce qui est utile de ce qui ne l'est pas, vous pourriez également rendre de grands services en réduisant les dépenses de l'Etat. Vous avez le don de transformer l'apathie des jeunes en une participation enthousiaste aux affaires publiques. Vous savez parfaitement démontrer aux adultes comment leur mollesse et leur négligence ont permis la dégradation des ressources publiques.

Vous pouvez offrir beaucoup, et vous devriez le faire, car vous savez parfaitement tout ce qui va bien ou qui va mal dans notre société.

Saturne trigone Ascendant

Vous avez la volonté de développer vos talents créateurs pour en tirer le plus grand bénéfice pour vous-même. Vous comprenez que le succès ne vient jamais facilement et que seul un travail acharné vous procurera ce que vous souhaitez. Bien que vos parents n'aient pu vous être d'aucune aide financière, ils vous ont appris à faire confiance à vous-même. Vous n'êtes pas un battant, et vous préférez les moyens traditionnels pour exprimer vos idées. Vous n'aimez pas vous comporter comme un joueur ni prendre des risques excessifs.

Vos priorités sont liées à la réussite matérielle. Vous jugez les gens par leur conversation en jaugeant leurs qualités intellectuelles. Vous aimez comparer vos capacités à celles des autres et être perçu comme quelqu'un qui a eu du mal à arriver, mais qui a néanmoins réussi.

Vous êtes loyal envers ceux pour qui vous avez de la considération. Vous n'êtes pas spécialement attiré par le plaisir physique, d'abord parce que vous préférez vous abstenir plutôt que de ne pas avoir ce que vous souhaitez. Avant de vous laisser aller à une escapade amoureuse, vous regardez de près les qualités de la personne. Indifférent aux seules relations physiques, vous avez tendance à éloigner les gens de vous. Comme vous ne vous aimez pas assez vous-même, vous pensez que vous ne méritez pas plus que le plaisir que l'on vous offre.

Vous êtes une sorte d'isolationniste, et vous vous privez de la compagnie des gens qui vous aiment. Montrez que vous êtes plus chaleureux qu'il ne semble, et abaissez les barrières qui interdisent de vous témoigner la moindre affection. On respecte votre courage, mais on critique aussi votre incapacité à avoir des relations normales.

Uranus trigone Neptune

Vous n'aimez pas que l'on vous dicte vos pensées. Vous préférez décider vous-même si vous allez accepter ou rejeter les idées qui ont satisfait pourtant des générations avant vous. Votre vivacité intellectuelle vous porte à évaluer avec logique les idéologies, les théories ou les dogmes qu'ils soient politiques, philosophiques ou religieux. Vous avez le sentiment de ne pouvoir vous engager avant d'avoir compris le pourquoi et le comment des choses. Toujours en quête de vérité, vous vous montrez soupçonneux envers toutes opinions qui mettraient en danger votre vie et votre destinée.

Vous qui êtes né entre 1938 et 1944, vous pouvez empêcher que se répète l'histoire en refusant d'apporter votre soutien à tout homme politique tant que vous ne saurez pas s'il est capable d'assumer le pouvoir. Vous êtes à même de dénoncer l'illusion et la malhonnêteté. Vous devez amener les gens à s'insurger contre toute autorité publique qui ne resterait pas en étroite communication avec ceux qu'elle est chargée de représenter.

Uranus trigone Pluton

Vous êtes disposé à accepter les changements que le progrès rend indispensables. Non seulement vous vous adaptez aux changements courants, mais encore vous apportez votre soutien à ces changements s'ils innovent et si vous les pensez bénéfiques à long terme. Vous comprenez que les réformes sont nécessaires quand les conditions sociales ne fournissent pas aux gens de quoi vivre. Quand vous constatez combien les structures politiques, religieuses ou sociales limitent la créativité des individus, vous êtes particulièrement alarmé.

Vous n'aimez pas que l'on vous dise que vous devez accepter la tradition, et que c'est la coutume qui stabilise la société. Sachant que le progrès requiert des aménagements continuels, c'est la raison pour laquelle vous faites des objections à cette philosophie conservatrice. Pour vous, les traditions n'ont de valeur qu'envisagées dans leur propre époque de référence.

Vous êtes né à une époque pleine de folies, que l'on appelle d'ailleurs les *Années folles*. Le monde était en proie à l'illusion et à l'euphorie, et totalement inconscient du fait que l'économie reposait sur de fausses fondations. Toutefois, la semence d'où devait naître une nouvelle dimension de la conscience humaine avait été semée, mais beaucoup d'années devront s'écouler avant la maturité et la récolte. A cette période, Jung fit connaître ses découvertes sur l'inconscient individuel et collectif, ce qui permit plus tard une meilleure compréhension des motivations humaines. Par ailleurs, la théorie de Darwin sur l'évolution était mise en vedette au travers d'un procès dans le Tennessee.

En tant que pur produit de la conscience nouvelle de ces *Années folles*, vous connaissez mieux que les autres la génération précédente. Votre sens de la vie est plus grand que celui qui vous est proposé par une philosophie matérialiste. Le monde de l'occulte vous intéresse, et vous êtes fasciné par les énormes capacités de l'esprit enfin libérées des vieilles habitudes et des concepts anciens. Vous n'avez pas peur de vous aventurer dans le monde spirituel, attiré par les ressources que vous pouvez y découvrir, et vous souhaitez partager vos découvertes pour le bénéfice de tous.

Uranus trigone Ascendant

Vous êtes toujours capable d'exprimer votre créativité lorsque vous le souhaitez, essentiellement parce que vous faites savoir que vous ne tolérez pas que l'on vous en empêche. Ces capacités sont considérables, mais vous avez besoin de discipline pour les développer. Il vaut mieux toutefois que personne ne vous y incite, vous ne supportez aucune ingérence dans ce domaine, c'est pour vous une invasion de votre vie privée.

Rien ne paraît vous affecter, et votre optimisme montre bien que vous n'avez aucun problème personnel auquel vous n'êtes capable de faire face. Vous vivez au jour le jour sans vous préoccuper du lendemain, sachant que vous pourrez y faire face en temps voulu. Le temps n'est pas un problème pour vous. Vous aimez les plaisirs très variés dont certains sont à la limite du bizarre ou du ridicule. Vous êtes en quelque sorte un marginal, et d'une certaine façon un solitaire. Vous ne vous souciez guère de savoir si les autres sont libres : c'est leur problème. Seule votre liberté vous importe.

Vous avez le goût de l'aventure, et si vous le voulez, vous pouvez exploiter quantité d'idées ingénieuses, la seule chose qui vous en empêche est l'aspect financier. Ne souhaitant pas particulièrement être admiré, peu vous importe votre réputation. Vos relations amoureuses doivent être établies à un niveau intellectuel, sinon vous risquez de vous ennuyer. Vous aimez croire que vous tenez une place privilégiée dans la vie de ceux que vous aimez ; votre réussite est partiellement due à la préoccupation que les vôtres ont de vous. Vous comprenez les gens mieux qu'ils ne se comprennent. Vous vous réjouissez de voir les jeunes acquérir leur indépendance et vous aimez constater qu'ils se bâtissent une destinée libérée des conventions.

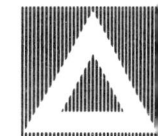

Neptune trigone Ascendant

Votre sensibilité est si profonde, qu'il vous sera difficile d'avoir des relations satisfaisantes. Votre attente sera rarement comblée, car vous êtes à la recherche de relations humaines idéales. Profondément romantique, vous attribuez aux êtres des qualités qu'ils n'ont pas, et vous êtes déçu lorsqu'ils vous abandonnent. Plutôt que de vous mettre dans de telles situations, vous devriez vous concentrer sur le développement de vos idées. Votre imagination et votre capacité de concrétiser vos idées devraient vous aider. Vous pouvez oublier vos déceptions en dirigeant vos talents vers des activités artistiques, vous serez grandement apprécié. Les résultats du début ne seront pas forcément encourageants jusqu'à ce que vous ayez acquis l'habileté d'un professionnel.

En dehors des activités artistiques, vous trouverez beaucoup d'autres moyens d'utiliser vos talents. Travailler avec les jeunes par exemple, et les voir progresser sous votre férule, pourrait vous être une grande source de joie.

Vous vous préoccupez trop de vos défaillances de caractère, surtout si les autres vous les font remarquer. Occupez-vous plutôt de vos qualités. Vous êtes persuadé que vous devez faire davantage que les autres pour être reconnu à votre juste valeur. Prenez garde à ne pas être victime d'un entourage qui essaye de tirer parti de votre gentillesse. Le travail ne vous fait pas peur si vos efforts sont appréciés. Vous êtes tenace malgré les échecs, et vous devriez montrer davantage vos talents. Vous pouvez manifester vos préoccupations spirituelles en aidant les hommes à se servir de ce qu'ils ont en eux pour améliorer le monde et le rendre plus vivable.

Pluton trigone Ascendant

Votre créativité est alimentée par beaucoup d'énergie, et il n'y a rien que vous ne puissiez faire si vous le décidez. Vous obtenez les soutiens dont vous avez besoin grâce l'assurance et à la conviction avec lesquelles vous exprimez vos idées. Vous savez tirer les leçons du passé pour assurer votre avenir. Souhaitant intensément communiquer aux autres votre savoir, vous ne l'imposez pas, préférant être certain que vos suggestions seront bien accueillies. L'absence d'argent n'est pas une excuse pour ne rien faire ; selon vous, lorsque l'on désire faire quelque chose, on peut toujours s'en donner les moyens. Vous savez admirablement rassembler toutes vos ressources de façon concrète pour atteindre vos objectifs.

Connaissant vos faiblesses, vous vous donnez beaucoup de mal pour transformer vos défauts, afin qu'ils ne vous limitent pas. Plus important encore, vous mesurez justement vos capacités, et c'est à elles que vous recourez. Vous voulez tellement préparer l'avenir, que vous épuiserez toutes vos ressources. Vous espérez bien être récompensé de vos mérites dans votre travail. Vous admirez les gens qui souhaitent apprendre davantage pour améliorer leurs performances. Selon vous, l'ignorance n'est pas une excuse pour renoncer à s'accomplir, une bonne connaissance des problèmes est aussi accessible que la bibliothèque la plus proche.

Vous faites tous vos efforts pour vous montrer à la hauteur des gens avec lesquels vous êtes en relation. Vous aimez savoir que vous les avez grandement aidés à atteindre leurs objectifs. Il ne faut pas en conclure pour autant qu'ils n'auraient pas réussi sans vous, bien des gens sont capables de transformer leur existence sans votre appui. Soyez là quand on a besoin de vous, mais ne devenez pas pesant quand on ne vous demande rien.

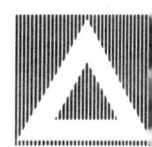

CHAPITRE CINQ
Les quinconces

Les quinconces

Le quinconce est l'aspect formé par deux planètes qui, vues de la Terre, sont séparées par un angle de 150°.

Le quinconce met en relation des influences planétaires sans aucune affinité, ni par ce qui le constitue ni par ce qui le caractérise. Ces influences planétaires seront donc sous l'effet de fortes pressions. Le quinconce a la force de Mars, de Mercure et de Pluton ; les qualités du Bélier, de la Vierge et du Scorpion. Il symbolise les choses signifiées par les Maisons I, VI et VIII. Cet aspect planétaire a un rapport avec les effets de l'agression ; il tombe soit dans la Maison VI, où les obligations sociales sont remplies en vue de satisfactions personnelles, soit dans la Maison VIII, où les obligations sont remplies pour le bénéfice des autres.

Tous les signes et leurs correspondances en aspects réagissent de manière spécifique vis-à-vis de leurs signes opposés. Sur cette base, nous concluons que le quinconce est un produit des Poissons et du Taureau, et de l'instigation subtile des Maisons XII et II. L'expérience nous a montré que le quinconce offre une tentative de se libérer des obligations sociales en rendant service aux autres. Il allège le fardeau de la culpabilité inconsciente, liée au refus d'agir ou à une transgression passés. Le quinconce est l'occasion de sacrifier ses désirs pour se rendre entièrement disponible aux autres. Tous les quinconces ont ce trait caractéristique, quel que soit le signe impliqué. Les pressions et les tensions produites par le quinconce ne peuvent être apaisées que par la compassion et le sens du compromis, ce qui est dans la nature particulière de la Balance, diamétralement opposée au Bélier. Le partage et le don semblent être les seules solutions au dilemme posé par le quinconce. Tout va bien, si, dans ce que l'on accomplit, on est poussé davantage par le désir de servir que d'être servi, sinon, la seule alternative est négative et parfois tragique, avec la maladie et la mort.

Soleil quinconce Lune

Votre attachement au passé et votre besoin de sécurité entravent vos désirs et votre volonté d'agir. L'angoisse que vous en éprouvez transparaît dans vos rapports avec les gens. Désirant rester en relation avec de vieux amis ou des associés de longue date, vous faites d'énormes concessions qui perturbent votre épanouissement personnel. La plupart des relations que vous établissez sont placées sous le signe du devoir, ce dont vous avez ensuite beaucoup de mal à vous libérer. Vous introduisez de telles complications dans votre vie que l'on peut se demander si vous ne le faites pas exprès. Cette ardeur à vous mettre au service d'autrui serait sans doute mieux venue dans une profession qui vise cet objectif.

Vous mettez votre santé en danger en consacrant trop de temps et d'énergie à vous dévouer aux autres. Il faudrait peut-être que vous cessiez d'imaginer que vous devez tant leur sacrifier, et ne pas intervenir dans leur vie en prenant sur vous les responsabilités qui leur incombent. Qu'avez-vous donc à prouver, essayez-vous d'acquérir leur estime alors que vous vous en sentez peu digne ? Soyez rassuré, vous êtes certainement beaucoup plus compétent que ceux au service de qui vous vous mettez ; tout simplement, vous l'ignorez. Vous devriez vous consacrer un peu plus à la conduite de vos affaires. Développez vos capacités, et gagnez l'estime d'autrui par la qualité de ce que vous faites.

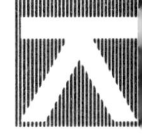

Vous éprouvez une compassion immédiate envers toute personne vous confiant ses malheurs. Orientez cette sensibilité vers des activités qui requièrent cette qualité et cette profondeur d'esprit. Vous pourriez vous épanouir en travaillant pour des organismes à vocation sociale.

Le repos est nécessaire ; n'hésitez pas à partir souvent quelques jours, loin de vos soucis quotidiens. Evitez autant que possible de rendre visite à des parents qui vous feraient trop payer de votre personne.

Vous risquez d'avoir des déceptions amoureuses car vous prêtez à la personne que vous aimez des qualités qu'elle ne possède pas toujours. Il vous est particulièrement pénible d'être rejeté, vous avez alors le sentiment de n'être pas traité comme vous le méritez. Ne vous apitoyez pas sur vous. En essayant de transformer les autres vous iriez à l'échec, acceptez-les comme ils sont. Vous avez beaucoup à offrir à votre partenaire. Vous pourriez avoir envie de travailler côte à côte pour obtenir ce que vous souhaitez tous deux. Vous savoir aimé vous exalte et révèle le meilleur de vous-même.

Soleil quinconce Mars

Tout ce que vous entreprenez vous coûte énormément. Vous êtes enthousiaste, énergique et avide de prouver vos capacités, mais vous ne semblez pas savoir offrir vos services à bon escient. Vous êtes probablement déçu lorsque vous vous rendez compte que vos efforts sont peu appréciés. Vous donnez l'impression d'aller au devant des problèmes qui, en effet, ne manquent pas ! Vous tenez à gagner l'estime de ceux que vous rencontrez et à ce qu'ils se souviennent des services rendus. Même si votre compétence est évidente aux yeux de tous, vous êtes loin d'en être persuadé vous-même. Le seul moyen de vous en convaincre est de vous frotter à des gens moins capables que vous. Vous savez faire usage de toutes vos ressources, et l'on vous considère comme une personne tout à fait valable. Lorsque l'on vous propose un salaire élevé, cela vous rassure sur vous-même et votre valeur. C'est alors que vous pouvez vous permettre d'être sélectif.

Vos talents peuvent s'appliquer à beaucoup de domaines, aussi bien la médecine, la recherche ou l'industrie, que la charpenterie, la plomberie, ou la maçonnerie. Quoi que vous fassiez, vous en retirerez des gains substantiels, car vous ne ménagerez pas votre peine. Vous n'acceptez pas de considérer un travail comme achevé, s'il ne vous donne entière satisfaction. Bien que vous ne soyez pris en considération que par vos proches, seule la qualité de votre travail vous importe. Méfiez-vous de ceux qui voudraient vous exploiter et tirer profit de vos idées : la générosité avec laquelle vous déployez vos talents vous rend vulnérable. Par ailleurs, ne misez pas trop sur l'ignorance des gens pour leur vendre des services dont ils n'ont pas besoin.

Vous sous-estimez votre pouvoir de séduction envers les personnes qui vous attirent. Si elles sont réalistes, elles sauront que vous n'engagez pourtant pas vos sentiments à la légère. Vous êtes parfaitement fiable et pouvez vous justifier pleinement, même devant les critiques les plus violentes.

Soleil quinconce Jupiter

Votre manque d'assurance vous empêche d'être complètement indépendant. Vous essayez sans cesse de prouver votre compétence en faisant mille choses pour les autres, espérant ainsi vous rassurer au travers de leurs éloges. Vous réagissez de manière excessive à toute allusion critique, et offrez vos services pour vous faire bien voir.

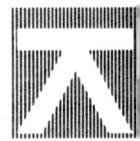

Vous êtes un travailleur infatigable, anxieux de faire autorité, mais plus désireux encore de développer vos talents. La formation est pour vous une chose importante, et vous devriez essayer de toutes vos forces d'acquérir les connaissances que vous souhaitez. Quel que soit le domaine qui vous intéresse, vous avez la possibilité d'en devenir un spécialiste. Vous pouvez diriger vos efforts vers des activités telles que la pédagogie, l'artisanat, les soins du corps, le métier de vétérinaire, ou vers tout ce qui demande un grand sens du dévouement. Cependant, soyez toujours prudent dans vos rapports avec vos collègues, et ne vous chargez pas de leurs responsabilités à la moindre sollicitation. Prenez garde aux opportunistes qui tireront profit de vos idées. Ne faites de confidences qu'à bon escient.

Vous avez parfois l'impression de n'être pas reconnu à votre juste valeur, et cela vous contrarie particulièrement lorsque vous êtes sous-payé, ne serait-ce que par rapport aux efforts que vous fournissez. Demandez conseil afin d'évaluer plus précisément votre travail, tâchez d'obtenir des contrats satisfaisants et veillez à ce qu'ils soient respectés. C'est le seul moyen de vous protéger.

Vos réactions affectives sont rarement satisfaisantes, car vous êtes empêtré dans un sentiment d'infériorité. Vous avez l'impression de n'être pas à la hauteur des espérances de l'autre, ce qui est souvent faux. Vous donnez plus qu'il ne faut, et la plupart du temps vous recevez moins que vous ne méritez.

Efforcez-vous de vous modérer en toute chose, sinon, vous pourrez avoir des troubles digestifs. Ne vous épuisez pas en allant au-delà de vos limites. L'alcool est particulièrement déconseillé dans votre cas, surtout l'estomac vide. Les complications hépatiques sont assez fréquentes sous cette configuration planétaire. Prenez l'habitude de vous reposer suffisamment, vous vivrez mieux et plus longtemps.

Soleil quinconce Saturne

Vous ne ménagez guère votre santé et laissez les autres vous épuiser. Votre incapacité à refuser de rendre service vous nuit. Il se peut que dans votre enfance vous ayez pris l'habitude d'en faire plus que les autres membres de la famille, pensant que tel était votre devoir. Vous avez peur des autres et du pouvoir qu'ils peuvent exercer sur vous. Psychologiquement, cette attitude peut s'apparenter à du masochisme latent. Autrement dit, il semble que vous cherchiez à vous faire punir.

Dans votre travail, vous avez tendance à vous contenter d'un poste modeste, offrant peu de chances de promotion. Vous risquez à la longue de vous y ennuyer et de stagner. Ce n'est pas que vous soyez incapable de parvenir à une position plus élevée, mais vous n'êtes pas suffisamment agressif pour vous faire remarquer par vos supérieurs. Votre instinct de conservation est faussé, et vous préférez rester en retrait plutôt que de vous lancer dans une compétition que vous pourriez perdre. Prenez conscience que l'on peut ne peut profiter de vous que si vous le laissez faire. Le chemin pour trouver votre identité sera parsemé d'embûches, sauf si vous parvenez à vous détacher des autres et à devenir autonome. Fixez-vous un objectif et efforcez-vous de l'atteindre. Ne pensez pas à ce que vous ferez après, vous vous fixerez un nouvel objectif le moment venu. C'est en avançant pas à pas que vous réussirez. Ne comparez pas vos résultats à ceux des autres. Votre seule priorité, c'est vous.

Désirant passionnément vous faire accepter, vous êtes tendu et peut-être obséquieux. Tâchez de vous détendre, sinon cela finira par vous occasionner des problèmes de digestion et de circulation sanguine.

Soleil quinconce Uranus

Vous cédez aux exigences des autres au détriment des vôtres, pourtant, cela provoque en vous une certaine amertume. Cette double tendance répond probablement à un sentiment de culpabilité que vous ressentiriez si vous laissiez tomber les autres. Vous avez l'impression que l'on vous lance un défi, particulièrement lorsque l'on réclame vos services de façon autoritaire.

Ne tombez pas dans le piège qui consiste à vous faire croire que vous êtes le seul à pouvoir résoudre tel ou tel problème. Par ce stratagème, on vous amène à céder en flattant votre vanité. Si vous vous laissez faire, vous souffrirez peut-être sans rien dire, mais vous finirez par devenir vindicatif.

Il y a bien d'autres chausse-trapes auxquelles vous aurez à prendre garde. Si l'on vous accuse de manquer de cœur sous prétexte que vous refusez de céder à certaines exigences, bornez-vous à répondre que nous n'avez pas l'esprit de sacrifice.

Dans votre métier, vous aurez à vous défendre contre des collègues qui chercheront à vous imposer leur volonté. Vous devriez chercher à faire carrière dans l'enseignement, la médecine, les organismes à vocation sociale, ou dans tout autre secteur où la liberté est en quelque sorte l'objectif principal. Libérer l'esprit des jeunes en stimulant leurs capacités intellectuelles serait utile à la fois pour eux et pour vous. Quel que soit votre métier, vous devriez pouvoir récolter les fruits de vos efforts. Si votre contribution n'est pas appréciée, vous douterez de votre compétence et de votre valeur, ce en quoi vous aurez bien tort.

L'être aimé attend de vous des preuves d'affection. Certaines personnes pourront se servir de vous pour satisfaire leurs désirs. Ne vous inquiétez pas outre mesure si vous pensez que vous n'êtes pas aimé en retour. L'amour véritable n'est pas difficile à déceler, par conséquent attendez que l'on vienne vers vous.

Soleil quinconce Neptune

Vous considérez vos responsabilités comme ce qu'il y a de plus important au monde. Vous vous laissez envahir avec une certaine abnégation. Vous croyez vraiment les gens qui vous assurent que vous êtes le seul capable de résoudre leur problème. Ce goût du martyre vous pousse à rechercher les situations les plus difficiles sur le plan humain, afin de mettre à l'épreuve votre sens du sacrifice. N'étant pas sûr de vous, vous cherchez constamment à prouver vos compétences. Vous gaspillez votre énergie en prenant sur vous les besoins d'autrui.

Professionnellement, vous aurez du mal à réussir, car vous vous préoccupez trop des choses accessoires. Vous exagérez l'importance des questions futiles, vous vous y embourberez. Devenez un peu plus égoïste, et prenez le temps de développer vos capacités. Il sera toujours temps de rendre des services lorsque vous aurez pris conscience de votre propre valeur. Les organismes à vocation sociale, les travaux hospitaliers, les thérapies de groupe, la recherche médicale, ainsi que toutes les formes de rééducation sont autant d'activités par lesquelles vous pourriez vous épanouir. Dans votre travail, fixez avec précision les limites de vos fonctions et ne vous laissez pas faire quand on essaie de vous demander de faire du zèle. Ne soyez pas un « pigeon ».

Vous avez tendance à vous lier à des gens qui ont davantage besoin de vous que vous d'eux. Ne vous laissez pas exploiter, car vous ne décelez pas toujours les mauvaises intentions. Soyez toujours vigilant quant aux motivations sous-jacentes de ceux qui vous manifestent de l'intérêt. Ne vous figurez surtout pas que c'est un devoir moral de rendre service aux autres. Votre sensibilité leur accorde le bénéfice du doute, et vous vous apercevez finalement que vous avez été utilisé.

Ne devenez pas le dépotoir des soucis des autres. S'ils ont besoin d'un psychanalyste, qu'ils s'en payent un ! Les personnes de ce genre ne sont jamais reconnaissantes pour les fardeaux qu'ils vous font porter.

Soleil quinconce Pluton

Vous vous chargez de responsabilités que d'autres refusent, et cela vous rend amer. Vous réagissez de façon agressive à ce que l'on attend de vous, tout en ayant tendance à en faire trop. Une forme de culpabilité vous pousse à prouver sans cesse que vous vous acquittez de vos obligations.

Vous exigez trop de vous-même, et à moins que vous ne vous modériez, cela pourrait avoir des répercussions sur votre santé. D'autre part, les gens pourraient être mécontents, et vous en vouloir d'attendre d'eux les mêmes efforts que ceux que vous faites. Ne comparez pas votre efficacité à celle des autres.

Dans votre quête de l'approbation des autres, vous êtes très dur avec vous-même. Vous voulez absolument gagner l'admiration de ceux auxquels vous vous croyez inférieur, vous préoccupant exagérément de leur position ou de leur pouvoir. Concentrez-vous plutôt sur vos objectifs personnels, perfectionnez-vous, et entrez dans la compétition avec toutes les chances de succès. Vous devrez peut-être faire des sacrifices, mais ne renoncez pas à vos ambitions pour satisfaire celles d'autrui.

Devenez plus égoïste. Prenez conscience de vos limites, afin de définir vos objectifs avec précision. Demandez conseil à quelqu'un de confiance et écoutez-le.

Vous serez sans doute satisfait, et aurez de l'estime pour vous-même devant un travail minutieusement organisé. Débarrassez-vous des questions accessoires pour ne vous concentrer que sur l'essentiel. N'acceptez la compétition qu'une fois bien préparé et qu'ayant confiance dans vos chances de l'emporter.

Ne vous opposez pas à la volonté des autres. Moins vous créerez de conflits et mieux cela vaudra. Les tensions et leur cortège de problèmes disparaîtront dès que vous aurez appris à vous détendre suffisamment.

Soleil quinconce Ascendant

Vous êtes un travailleur infatigable ; vous n'entreprenez rien sans être sûr de pouvoir vous y consacrer entièrement. Vos réalisations doivent recevoir l'approbation de tous. Vous espérez même secrètement une consécration publique, sans trop y croire. Vous êtes généralement prêt à travailler tranquillement dans l'ombre, le temps de maîtriser les qualités qui vous sont nécessaires pour vous faire une place au soleil. Vous avez pleinement conscience de ce que vos dons ne vous serviront que s'ils deviennent effectivement votre principal atout. Vous estimez ceux qui suivent une formation classique, bien que vous, vous soyez en mesure de réussir par votre seul talent. Soucieux de perfection, vous avez peu d'indulgence pour les paresseux et les incapables.

Vos parents vous ont donné des leçons fort utiles, et vous avez acquis la formation qu'ils souhaitaient. En fait, vous êtes très opérationnel, mais vous sous-estimez votre compétence, et seule la réussite vous apportera une satisfaction réelle. Vous savez rentabiliser vos talents et vous trouvez normal d'être bien payé pour vos services, car vous en connaissez la valeur. Peu impressionné par la concurrence, vous vous efforcez toujours de faire le mieux possible. Vous savez votre avenir assuré.

Votre surmenage épuise vos réserves énergétiques. Oubliez vos responsabilités de temps à autre et détendez-vous. Bien que vous ne soyez pas sensible à la flatterie, vous êtes souvent sollicité par des « amis », qui ont toujours besoin de quelque chose. C'est pour vous l'occasion de faire le tri dans vos relations. Prenez garde à ne pas révéler vos idées à des gens susceptibles d'en tirer un profit personnel sans vous en faire partager les bénéfices.

Lune quinconce Mercure

Votre émotivité et votre intelligence empiètent à ce point l'une sur l'autre que vous avez du mal à résoudre vos problèmes. Vos réactions affectives sont excessives, ce qui empêche la rationalisation et l'évaluation objective d'une situation. Vous vous imaginez que l'on vous fait des reproches alors que ce n'est pas le cas ; vos réactions n'ont pas de rapport avec la réalité, et il vous arrive de manifester de l'hostilité à ceux que vous aimez, sans vous en rendre compte. Les gens peuvent vous en vouloir et tenter de vous éviter.

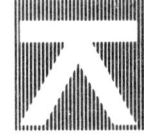

Ce travers vous désole, mais vous ne pouvez pas vous empêcher de recommencer. Ce cercle vicieux pourra finalement vous angoisser énormément. Lorsqu'un problème se pose, prenez le temps de l'analyser objectivement. Sinon, votre réaction risquerait fort de se trouver impropre et excessive à la lumière d'un examen raisonnable des faits.

Vous avez un besoin inconscient de rendre service à tous ceux que vous rencontrez, mais au lieu d'en obtenir de l'estime, vous vous exposez aux critiques. Votre tendance à attirer l'attention sur les services que vous rendez, a le don d'irriter et de monter contre vous ceux que vous avez aidés. Traitez vos affaires en priorité, et oubliez les autres tant que vous n'aurez pas réglé vos propres problèmes. Sinon, vous risquerez d'être exploité, et le comportement des autres vous blessera.

Vous pouvez satisfaire votre besoin de rendre service à travers des activités professionnelles. Mais dans votre travail aussi, acquittez-vous de vos obligations et restez-en là. Ne vous portez jamais volontaire pour des tâches supplémentaires, car vous ne tarderiez pas à vous plaindre d'être exténué. Vous êtes trop sensible et trop facilement irritable pour vous compliquer la vie inutilement.

Vous cherchez trop à vous faire aimer. Vous avez l'art de vous mettre dans des situations difficiles, et vous êtes anéanti si vos efforts ne sont pas récompensés. Laissez votre partenaire vous manifester son affection avant d'exprimer la vôtre, faute de quoi vous pourriez l'encourager à profiter de vos sentiments. Laissez la relation se développer sans contraintes.

Lune quinconce Vénus

Vous négligez vos besoins au profit de ceux envers lesquels vous vous sentez redevable. Votre indulgence à leur égard donne l'impression que vous voulez à tout prix gagner leur estime. Il vous semble devoir faire toutes sortes de concessions pour vous libérer des obligations que vous ne cessez d'avoir vis-à-vis de tous. Ce processus est malheureusement sans fin. Vos réactions par rapport aux gens sont illogiques, et si vous parveniez à plus de détachement, vous seriez à même de prendre la juste mesure de vos obligations et de celles des autres envers vous. Sinon, vous finirez par épuiser vos forces physiques et affectives. Vous risquerez de devenir la proie de ceux qui cherchent des gens qui ne demandent qu'à devenir leurs esclaves. Il vous faut cultiver le respect de vous-même si vous tenez à celui des autres. Personne ne peut profiter de vous si vous vous y opposez.

La soumission n'est pas la coopération. Vous devez impérativement définir les limites de vos responsabilités avant d'entreprendre quoi que ce soit. Votre désir de plaire et votre indulgence excessive peuvent obscurcir votre jugement. C'est dans l'exercice de vos fonctions que ce défaut se manifeste le plus facilement. Prenez garde à des collègues susceptibles d'abuser de votre gentillesse en vous chargeant de tâches qui leur incombent. Ne vous laissez pas faire.

Ce problème s'applique également à vos affaires sentimentales. Vous attirez des êtres qui voudraient vous obliger à leur prouver votre amour. Là encore, évaluez tranquillement la situation et laissez votre partenaire faire ses preuves de sincérité.

Ne prêtez ni argent ni objets, vous auriez peu de chances de les revoir. Vous donnez l'impression de pouvoir vous le permettre et l'on s'imagine facilement que vous n'avez besoin de rien. Sachez mettre un prix à vos services, et ne donnez pas à penser que vous travaillez gratuitement, on vous prendrait au mot ! Si vous voulez faire un cadeau, au moins, que cela vous fasse plaisir !

Lune quinconce Mars

Vous maîtrisez mal vos sentiments. Vous ne savez pas juger les êtres, et vous vous commettez avec des gens qui abusent de votre indulgence. Même lorsque c'est manifeste, vous ne faites jamais un geste pour vous défendre. Vous n'avez pas la force de résister lorsque l'on sollicite vos talents, et lorsque l'on vous exploite, vous êtes déçu et amer. En conséquence, et c'est le plus navrant, vous risquez de vous durcir. Dès lors, il faut absolument parvenir à résoudre le dilemme que vous posent votre désir de rendre service et la tendance des autres à en abuser.

Un grand nombre de domaines vous sont ouverts, car cette configuration planétaire ne donne pas une orientation spécifique. Elle vous confère beaucoup de plasticité dans le choix d'une occupation. Veillez à ne pas vous laisser enfermer dans un cadre où vous feriez le travail tandis que les autres récolteraient les fruits. Vous risquez d'être pris comme bouc émissaire par vos collègues afin de dissimuler leur incompétence. La vérité serait alors difficile à rétablir, et cette injustice pourrait vous causer un grand tort.

Résistez à la tentation de vous ouvrir aux autres. Cela vous semble peut-être la seule manière d'obtenir affection et admiration, mais ce n'est pas le moyen pour attirer l'estime d'autrui, bien au contraire. Occupez-vous de vos affaires et écartez ceux qui tenteraient de vous mêler aux leurs. Souciez-vous de vos propres responsabilités et développez les dons qui vous redonneront l'assurance dont vous avez besoin. On critiquera peut-être votre égoïsme, mais cette attitude vous épargnera maintes tracasseries.

Vous éviterez aussi nervosité et anxiété en vous tenant à l'écart de ceux qui n'attendent de vous que services et dévouement. Vous n'avez pas besoin d'eux.

Des troubles digestifs et intestinaux peuvent se produire si vous prenez trop à cœur les problèmes des autres. Il vaut mieux que vous perdiez quelques soi-disant amis que prendre ce risque. Vous ne devriez vous occuper des autres qu'une fois vos propres problèmes réglés. Vous avez besoin de rapports amicaux calmes et apaisants, et il vous faut cultiver une attitude plus détachée dans tous les types de relations.

Lune quinconce Jupiter

Il y a un décalage entre vos réactions émotives et votre compréhension de ce qui les motive. Il vous est difficile de déterminer la signification exacte des événements de votre vie. Vous êtes conscient d'avoir beaucoup à apprendre, mais l'entreprise vous est pénible car vous devez endurer de dures leçons avant d'en saisir le sens.

Vous avez tendance à sous-estimer vos capacités et à croire que les autres valent mieux que vous. Vous adoptez donc l'attitude d'une personne de second ordre, disposée à servir les autres quelles que soient leurs exigences. Vous n'osez pas écarter ceux qui abusent de votre générosité. Quoi qu'il en soit, ce problème s'estompera avec le temps. Vous apprendrez à établir vos priorités et à satisfaire vos propres besoins avant de penser aux autres. Il vous faut absolument prendre conscience de votre valeur, sans avoir recours à une opinion extérieure pour vous rassurer. Vous êtes culpabilisé lorsque vous refusez votre aide, ce qui n'a pas lieu d'être car cette réation est purement subjective. Charité bien ordonnée commence par soi-même.

Il existe un grand nombre d'activités au travers desquelles vous pouvez être utile à la fois aux autres et à vous-même. Les métiers se rapportant aux soins du corps, au tourisme ou aux relations publiques pourraient servir ce double but. Quelle que soit la profession que vous choisissiez, vous avez besoin de vous sentir libre d'user pleinement de vos capacités. Le travail ne vous fait pas peur, vous avez même tendance à en faire trop. Définissez vos fonctions et remplissez-les : si vous faites preuve d'un excès de zèle, on vous chargera des tâches que les autres refusent.

Vous avez besoin de centres d'intérêt en dehors de votre profession. Vous pourriez avoir un violon d'Ingres qui éveillerait vos talents créateurs. Quel que soit celui pour lequel vous optez, il vous sera bénéfique, à condition de pouvoir vous y consacrer quand vous le désirez. Ce type d'activité vous apporterait une détente appréciable et vous aiderait à décompresser.

En ce qui concerne vos rapports avec les autres, assurez-vous de leur crédibilité avant de vous engager. Vous vous épargnerez ainsi bien des déboires.

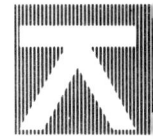

Lune quinconce Saturne

La culpabilité sous-tend vos réactions avec les autres. Vous paraissez mal à l'aise tant que vous ne trouvez pas le moyen de les convaincre de la sincérité de l'intérêt que vous leur portez. Cette attitude montre simplement que vous ne vous sentez pas à la hauteur. Il se peut que vos parents vous aient habitué à admettre qu'on était en droit de vous exploiter et de vous traiter en inférieur. En tant qu'adulte, vous devez changer cela. Votre seule obligation est de vous libérer de cette attitude soumise. Ne laissez pas les autres vous intimider en vous demandant des comptes sur vos sentiments. En revanche, n'hésitez pas à remettre en question ceux que l'on vous porte !

Ce sentiment d'infériorité risque d'entraver votre réussite. Faites en sorte de satisfaire à vos besoins en priorité ; vous vous apercevrez alors que les autres se passent très bien de vous. Ne prenez pas l'irresponsabilité et l'incompétence des autres à votre charge, ils ne demandent que cela ! Lorsque vous aurez bien délimité vos obligations, vous pourrez planifier votre avenir. Vous serez peut-être attiré par des œuvres sociales, par l'enseignement, la politique ou la médecine. Quel que soit votre choix, vous serez à même d'évoluer. Vous avez les qualités nécessaires pour vous spécialiser : de la mémoire, le sens des responsabilités, et vos efforts étant reconnus, vous êtes capable de mettre les bouchées doubles. Si vous optiez pour l'enseignement, la recherche scientifique pourrait être un bon champ d'action pour vos qualités. Votre sens du détail est un atout important dans un métier où la précision est primordiale.

Votre vie sentimentale connaîtra peut-être un démarrage un peu lent, mais son épanouissement dépendra entièrement de votre aptitude à délimiter votre territoire. Prenez conscience de votre valeur, et apprenez à vous servir de vos atouts : vous paraîtrez sûr de vous.

Vous aimeriez que votre partenaire ait des besoins que vous soyez seul à pouvoir satisfaire. Il est indispensable que vous respectiez l'un et l'autre vos différences et que vous soyez disposés à vous aider mutuellement. Vous ne devez en aucun cas accepter d'arrangement qui soit favorable à l'un et préjudiciable à l'autre. A la longue, cela saperait sans nul doute la relation.

Lune quinconce Uranus

Vous devrez résoudre vos problèmes émotifs avant de pouvoir vous sentir vraiment libre. Sans doute est-il décourageant de voir qu'à peine un problème est résolu, il en surgit un autre ;

toutefois, au fur et à mesure, vous deviendrez de plus en plus habile à surmonter ces crises. Elles diminueront avec le temps et vous en serez un jour totalement libéré. Ces difficultés sont le fait de votre éducation qui ne vous a pas préparé à supporter les fardeaux de l'existence.

Lorsque vous rendez service, vous êtes hyper-émotif et vous espérez que vous ne serez plus jamais de « corvée ». Vous savez développer vos nombreux talents qui favoriseront votre réussite. Vous seriez la personne idéale pour enseigner à des groupes comment développer leurs potentiels. La médecine, la recherche et le développement vous apporteraient également un certain épanouissement.

Ne vous laissez pas exploiter par ceux qui prétendent que vous êtes le seul à pouvoir les aider. Cela n'est qu'un stratagème pour vous soumettre à leurs désirs, d'autres feraient aussi bien l'affaire.

De nature sensible et impressionnable, vous devriez éviter les situations pénibles. Votre résistance est faible, et vous pourriez être victime de troubles nerveux engendrés par la tension. Il est important pour vous de prévenir ces troubles en ne faisant que ce qui est strictement indispensable. Le repos et la détente devront occuper une place importante dans votre vie.

Côté cœur, vous pourriez constater que vous jouez souvent le second rôle. Le mariage pourrait vous débarrasser de vos problèmes, si vous n'estimez plus avoir de comptes à rendre sur ce que vous faites ou ne faites pas.

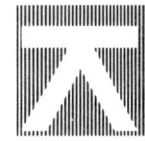

Lune quinconce Neptune

Vous êtes très compatissant à la souffrance des autres. Vous savez vous montrer concerné en offrant vos services en cas de besoin. Avec votre nature profondément sensible, il vous est impossible d'éprouver du détachement, vous êtes très protecteur. Inconsciemment, toutefois, vous rechercherez ce qui peut vous faire souffrir. Vous remplissez donc spirituellement vos obligations sociales en justifiant la ferveur que vous y mettez. Votre imagination très fertile vous crée sans cesse de nouveaux problèmes à résoudre.

Dans votre profession, vous avez tendance à en faire trop, ce qui peut indisposer vos collègues. La médecine, les programmes d'aide sociale aussi bien que l'animation de clubs de jeunes sont des métiers qui vous permettraient d'apporter la meilleure contribution à la société, et d'en tirer une grande satisfaction. Vous savez admirablement canaliser vos penchants dans une voie aussi positive pour vous que pour ceux que vous servez. Quelle que soit l'activité pour laquelle vous optiez, vous devrez définir les limites de vos obligations et ne pas les franchir. Votre constitution physique vous interdit tout excès. Une alimentation saine, préparée dans les meilleures conditions d'hygiène, vous est absolument indispensable.

Vos relations sentimentales seront décevantes tant que vous ne serez pas capable de rapports honnêtes et réalistes. Vous avez du mal à voir les gens tels qu'ils sont. Vous projetez sur eux des qualités qu'ils sont loin d'avoir, pour ensuite vous sentir trahi quand ils ne se montrent pas à la hauteur. Vous êtes également crédule, et certains arrivent à se faire passer pour ce qu'ils ne sont pas. Vous risquez par conséquent d'avoir des affaires de cœur décevantes tant que vous vous engagerez trop vite.

Vous êtes d'un tempérament romantique, et vous pourrez trouver un certain apaisement dans les activités artistiques ou créatrices. Vos loisirs y gagneront en richesse et en sérénité.

Lune quinconce Pluton

Votre équilibre est instable. Vous devez apprendre à tempérer vos impulsions par l'objectivité. Vos parents vous ont peut-être fait céder à toutes leurs exigences par un chantage affectif. Vous en avez probablement déduit que vous ne pouviez gagner l'amour des autres que par la soumission. C'est pourquoi vous réagissez de manière excessive à ce qu'on vous demande. Vous imaginez à tort que ceux qui souhaitent bénéficier de vos services doivent, d'une façon ou d'une autre, vous aimer. En fait, la soumission n'inspire que le mépris. Vous devez perdre vos vieilles habitudes, en acquérir de nouvelles, et ne plus vous laisser persécuter par ceux qui vous dominent dans vos moments de faiblesse. Vous serez à la merci du tout venant, tant que vous n'aurez pas appris à dire non.

Même dans votre milieu professionnel, vous devrez veiller à ne pas vous laisser dominer par vos collègues. Si l'on vous demande d'accepter un surcroît de responsabilités, étudiez cela de près. Ne faites qu'une seule chose à la fois et ne devenez pas la victime de l'incompétence des autres.

Vous réussirez fort bien en travaillant dans votre coin. Evitez les situations exigeant un surcroît de travail à moins de n'être payé en conséquence.

Ne vous laissez pas séduire par des personnes qui abuseront de leur charme ; il est probable qu'elles aient découvert votre vulnérabilité. Vous pouvez être facilement trompé par les apparences et vous devez absolument vous faire une opinion objective de la personne qui vous attire. Votre impatience à fonder une famille peut vous pousser à choisir un partenaire qui ne soit pas à votre hauteur. Etudiez objectivement toutes les possibilités qui vous sont offertes, afin d'éviter une déception ultérieure.

Lune quinconce Ascendant

Vous recherchez les mortifications. Dans votre empressement à prouver votre affection, vous permettez que l'on abuse de votre gentillesse. Vous êtes très sensible aux difficultés des autres, et vous les aidez à les résoudre du mieux que vous pouvez. Généreux de votre temps et de vos efforts, on peut toujours compter sur vous pour toutes sortes de services. Il vous plaît d'aider les autres, mais vous risquez d'y laisser votre santé.

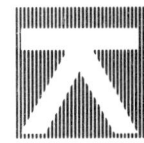

Malheureusement, vous ne faites pas la différence entre ceux qui méritent votre sollicitude et les autres. Il est probable que ces derniers s'en moquent derrière votre dos. Apprenez à évaluer le prix de vos efforts, cela vous débarrassera des gens qui ne savent pas les apprécier.

Vous serez toujours en mesure de gagner votre vie, car vous vous adaptez facilement à toutes sortes d'emplois. Ce n'est pas parce qu'une situation ne vous valorise pas aux yeux de vos amis que vous la repousserez ; les exigences du moment vous importent davantage. Vous êtes attiré par tout ce qui a trait au public. Vos supérieurs vous considèrent comme une personne efficace, ne reculant jamais devant les efforts. Toutefois, certains amis pourront critiquer votre tendance à en faire trop. Il se peut que vous n'ayez pas poussé très loin vos études, mais cela est compensé par d'autres qualités. Même si vous avez acquis une formation, c'est de l'expérience que vous tirerez le plus de profit.

Vous aimez avoir fait quelque chose de constructif autour de vous. Vous n'avez pas oublié le soutien dont vous avez bénéficié lorsque vous étiez plus jeune, et votre apport est en quelque sorte le remboursement de cette dette. Le fait d'être apprécié est pour vous une récompense suffisante.

Mercure quinconce Mars

Il y a une différence entre vos connaissances et la façon dont vous en usez. Vous êtes extrêmement bien informé sur la plupart des sujets, mais un manque de jugement vous empêche d'obtenir des résultats constructifs. Il vous arrive d'accepter des responsabilités qui ne vous incombent pas, pour vous plaindre ensuite d'être débordé. Vous tenez à être estimé par ceux que vous servez, mais ils n'apprécient pas toujours vos efforts.

Etablissez la liste de vos priorités : éliminez tout ce qui n'est pour vous d'aucun profit et attachez-vous à ce qui prévaut. S'il vous reste du temps, alors, vous pourrez vous occuper des priorités des autres. Inutile de vous persécuter en vous imaginant que vous vous devez aux autres. C'est bien d'être serviable, mais pas au point de se laisser exploiter. Cette attitude n'engendre que déception.

Si vous persistez dans la conviction que l'on a besoin de vous, cherchez un emploi auprès d'un organisme à vocation sociale. Vous pourrez à la fois vous libérer de votre angoisse et gagner votre vie ! Les bureaux d'aide sociale, les œuvres de charité, la médecine, la rééducation des handicapés ainsi que les soins du corps sont autant de domaines dans lesquels vous pourrez vous mettre au service des autres.

A moins de faire preuve de modération, vous risquez l'épuisement ; votre système nerveux est fragile et supporte mal les excès continuels. Un programme d'activités équilibré est nécessaire à votre santé. Sachez vous ménager des loisirs qui vous sortent de la routine.

Ne vous sous-estimez pas devant les autres. Soyez plein d'indulgence pour l'élu de votre cœur, mais ne lui permettez pas de vous forcer à lui prouver votre amour. Non seulement vous le prendriez en grippe, mais vous finiriez par vous en vouloir à vous-même. Etant un travailleur assidu, il vous faut un partenaire qui partage votre ambition et qui soit disposé à contribuer à une réussite commune.

Mercure quinconce Jupiter

Vous avez beaucoup de mal à mettre en œuvre vos capacités et cela vous frustre. Il semblerait que vous soyez toujours sous le coup d'une urgence qui retarde vos propres projets, les autres s'adressant constamment à vous dans l'espoir que vous les aidiez à résoudre leurs problèmes. Votre générosité foncière vous dissuade de les écarter ; ce faisant, vous leur accordez une priorité beaucoup plus grande qu'ils ne le méritent. Un tel sentiment de responsabilité envers les autres est tout à fait excessif. Vous vous plaignez amèrement de n'avoir plus une minute à vous, mais vous ne faites rien pour que cela cesse. Lorsque vous écartez quelqu'un, vous vous sentez tellement coupable que vous revenez instantanément à vos vieilles habitudes. Elles sont préjudiciables à votre équilibre nerveux et vous font négliger des préoccupations personnelles plus importantes. Vous devez quitter l'agitation quotidienne et vous donner le temps de remettre

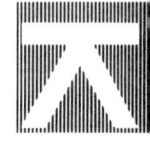

les choses en ordre dans votre esprit. Etablissez vos priorités et occupez-vous-en par ordre d'importance. Ne vous sentez pas fautif si l'on se plaint de votre éloignement, cela nuirait à votre évolution.

Vous êtes bien informé sur la plupart des sujets, mais c'est dans l'application de vos connaissances que vous rencontrez des problèmes. N'écoutez pas trop les conseils qu'on vous prodigue « pour votre bien ». Vous n'en avez pas besoin. Perdez l'habitude de comparer vos résultats à ceux des autres pour vous assurer de votre compétence qui est plus que suffisante. Il vous faut une formation universitaire de façon à mieux prendre conscience de vos possibilités. Cette formation vous donnera l'assurance nécessaire pour vous mesurer aux autres et pour sortir vainqueur de la compétition. Vous pouvez vous spécialiser dans le domaine de votre choix. La certitude de votre compétence vous rassurera. Vous pouvez réussir brillamment dans n'importe quelle profession. Lorsque vous aurez reconnu vos propres talents, cela balayera vos restes d'anxiété.

Dans vos relations personnelles et amoureuses, vous avez tendance à vous sous-estimer. Vous tenez absolument à donner la preuve de votre attachement avant même de savoir si la relation sera durable. Ne vous servez pas de fausses promesses pour obtenir les faveurs de l'être qui vous attire. La sincérité et l'honnêteté sont d'un meilleur rapport. Ceux qui ne vous apprécient pas à votre juste valeur ne reconnaissent pas vos qualités essentielles.

Evitez de vous faire du souci inutilement, vous auriez des troubles intestinaux et digestifs ainsi que des désordres nerveux.

Mercure quinconce Saturne

Vous êtes sérieux et responsable, mais vous avez tendance à amplifier ces qualités au point de vous créer des problèmes. Vous avez une grande idée de ce que l'on attend de vous, et vous vous donnez beaucoup trop de mal pour l'accomplir. Votre insistance à rendre service peut même devenir pesante. Cette disposition incite à se servir de vous, ce qui vous épuise nerveusement. Vous paraissez avoir tous les symptômes du masochiste, ce qui encourage en général le sadisme.

Vous ne pourrez avancer que si vous cessez de vous mettre en quatre pour des incapables. Orientez vos talents vers l'architecture, l'urbanisme, le génie, la recherche, la science, l'aide sociale, l'enseignement ou les soins du corps. C'est dans ces secteurs que vous récolterez le fruit de vos efforts. Non seulement vous vous consacrerez aux autres, mais vous éviterez tout ce qui est parfois pénible dans les rapports trop personnels.

Efforcez-vous d'établir vos priorités et faites en sorte de les satisfaire avant de vous tourner vers les autres. Apprenez à dire non lorsqu'il s'agit de votre temps et de votre énergie. Rien ne vous empêche de répondre que vos occupations vous retiennent. Autrement dit, n'ayez aucun scrupule à vous débarrasser des gens plutôt que de vous laisser envahir. Vous investiriez à fonds perdus.

Ne regardez pas en arrière, car vous auriez l'impression d'être loin du but. Prenez la ferme résolution de vous occuper de vous, sans pour cela vous prendre en pitié. Que le passé vous serve de leçon, il est temps de tourner la page.

Analysez-vous lucidement, car vous n'avez peut-être pas encore pris conscience de vos dons. Faites abstraction de l'opinion des autres et consacrez-vous au développement de vos dons. Vous pouvez même, entre vos quatre murs, vous exercer à une activité artisanale. Peut-être vous découvrirez-vous un talent insoupçonné ! Ne restez pas dans l'ombre et évitez de critiquer ceux qui vous ont blessé. Après tout, vous les avez laissés faire ! Ce genre d'expérience est utile, ne serait-ce que pour vous faire prendre conscience que vous n'avez pas à chercher sans cesse une approbation, mais qu'en revanche vous devez asseoir vos capacités.

Mercure quinconce Uranus

Votre désir de servir l'univers vous vaut bien des mortifications. Vous êtes une sorte de mécanique intellectuelle, mais votre sérénité est constamment troublée par les problèmes des autres. Vous travaillez par saccades d'élans enthousiastes suivis de périodes où vous êtes déprimé parce que ne menant pas à terme vos entreprises.

Vous pourriez canaliser efficacement votre altruisme dans une carrière à vocation humanitaire. Les programmes d'aide sociale, la collecte de fonds pour la recherche médicale ainsi que la rééducation des malades mentaux sont certains des domaines qui pourraient vous intéresser. Entièrement tourné vers le futur, votre avenir semble assuré si vous parvenez à regarder en arrière sans regretter ce que vous n'avez pas accompli par le passé : vous n'êtes pas fier de n'avoir pas fait tout ce que vous pouviez pour les autres.

Votre attitude est admirable, et l'on ne peut sous-estimer la valeur de votre contribution. Toutefois, votre dévouement peut vous amener à oublier ce que vous vous devez à vous-même. A moins de vous fixer certaines priorités, vous risquez d'être à la merci de ceux qui n'hésiteront pas à abuser de votre générosité.

Vous êtes attiré par les personnes qui partagent votre sens du dévouement et qui s'intéressent aux mêmes causes. Les égoïstes n'ont aucun intérêt à vos yeux. Cependant, ne les jugez pas trop vite, il se peut qu'ils se soient assigné les règles que vous manquez d'observer vous-même.

Votre principal problème est de savoir jusqu'où vous pouvez aller sans détruire votre santé. Pensez à vous soumettre à des examens périodiques, afin de prévenir des désordres nerveux qui pourraient être sérieux.

Mercure quinconce Neptune

Vous vous sentez coupable de ne pas répondre aux sollicitations extérieures, vous faites donc des promesses que vous ne pouvez pas tenir, pour vous dire ensuite qu'au moins vous avez essayé. De toute façon, vous ne raisonnez pas en fonction de la réalité. Vous vous créez des obligations pénibles qui sont généralement inutiles. Vous vous angoissez pour des problèmes qui n'existent pas encore, tout en vous souciant exagérément de ceux qui sont réels, comme si vous vouliez vous persécuter. Vous dramatisez vos échecs et vous vous rendez malade en accomplissant des besognes que personne n'attend de vous.

Vous avez de l'imagination, le sens de la création et vous êtes inspiré, mais vous éprouvez des difficultés à exprimer ces qualités de manière satisfaisante. C'est dans le travail que vous trouverez l'occasion de vous affirmer, quoique vous supportiez mal de vous soumettre à un programme et à des horaires. Vous auriez probablement avantage à travailler seul, afin de ne pas avoir à vous mesurer avec des collègues. Vous devez fonctionner à votre rythme, et les métiers impliquant une collaboration étroite comporteront trop de désagréments. Il vaut mieux que vous choisissiez une activité qui ne vous rende pas critiquable.

Faites en sorte d'atteindre vos objectifs sans efforts inutiles. Si vous voulez obtenir une approbation pour ce que vous faites, vous devrez vous surcharger de travail ; cela nuira à votre efficacité. Restez dans les limites de vos responsabilités. On ne peut pas être à la fois au four et au moulin, vos nerfs ne le supporteraient pas.

Dans vos relations amoureuses, vous risquez également que l'on abuse de votre bonne volonté. Il en résultera de cruelles désillusions. Laissez les autres faire leurs preuves et vous témoigner leur sincérité avant de vous engager. Détendez-vous le plus souvent possible. La tension dans laquelle vous vivez est peut-être imaginaire, mais elle n'en atteint pas moins votre équilibre nerveux.

Mercure quinconce Pluton

Votre sens des responsabilités vous écrase. On vous a appris à accepter toutes tâches comme essentielles à votre développement. Dans votre enfance, vous aviez même souvent l'impression d'être choisi pour faire ce que les autres refusaient. Ce conditionnement vous incite maintenant à vous débarrasser des obligations avec une détermination farouche. Il peut encore vous arriver que vous vous chargiez de ce qui normalement devrait incomber à d'autres, car vous ne faites pas toujours la différence entre vos devoirs et ceux des autres.

Vous êtes parfaitement qualifié pour réussir dans de nombreuses carrières, mais vous devrez éviter de vous immiscer dans le travail de vos collaborateurs. En effet, vous avez tendance à intervenir dans les méthodes de travail d'autrui, ce qui peut être source de conflit. Vous vous trouvez impliqué dans des histoires avant même de vous en rendre compte.

Vos capacités intellectuelles vous permettraient de réussir dans la médecine, la recherche, la chimie, la psychanalyse et les enquêtes policières. Vous avez la ténacité et l'obstination nécessaires pour mener à bien vos entreprises, et vous possédez de surcroît la précision et le sens analytique exigés par ce type de profession. Vos facultés de déduction s'avèrent étonnantes et il est certain que votre hypersensibilité favorise aussi une perception aiguë des problèmes.

Vous entretenez des relations faciles avec ceux qui aiment se mettre au service de la société. Si quelqu'un vous rend service, vous lui témoignez votre gratitude, et vous ne manquez pas de lui rendre la pareille. Vos rapports sont empreints de sincérité et vous appréciez surtout l'honnêteté. Cela dit, vous condamnez sévèrement ceux qui vous trahissent, et vous pouvez devenir vindicatif si l'on méconnaît vos efforts. Vous êtes un employeur difficile, car vous exigez la perfection.

Veillez à ce que l'ambition ne vous conduise pas au surmenage. Vous dépassez facilement vos limites, ce qui vous rend irritable. Il serait sage de vous ressourcer fréquemment, loin de vos préoccupations professionnelles. En effet, vous avez besoin de tout votre tonus pour fonctionner efficacement. Vous pourriez trouver une certaine détente dans les travaux manuels ou les activités avec les jeunes. Orientez votre excédent d'énergie vers les objectifs qui vous donneront des satisfactions. Quelles que soient vos activités habituelles, un passe-temps captivera votre imagination et absorbera le trop-plein de vos forces créatrices. L'essentiel pour vous est de vous éloigner du quotidien, du moins en esprit.

Mercure quinconce Ascendant

Vous faites des efforts méritoires pour comprendre votre entourage. Dans une confrontation avec quelqu'un, vous prenez sur vous et accordez le bénéfice du doute à l'adversaire. Vous avez tendance à vous soumettre sans opposer de résistance, pensant que les autres en savent plus que vous. La plupart du temps, vos conclusions et vos opinions sur les autres sont très exactes, ce qui peut les mettre mal à l'aise.

Cherchant l'approbation des personnes sensées, vous souffrez de n'être pas pris au sérieux et d'être traité à la légère. Vous essayez de vous développer par tous les moyens, et vous pouvez faire à peu près tous les métiers. Vous ne cessez de vous instruire, et vous visez la perfection dans tout ce que vous entreprenez. Efficace au travail, vous vous montrez toutefois un peu bavard au goût de vos collègues. Vous n'aimez pas que l'on vous demande des comptes sur vos méthodes de travail, mais en revanche, il vous plaît de prodiguer des conseils.

Vous connaissez les autres mieux que vous-même. Vous vous préoccupez de questions auxquelles on ne peut rien changer mais en revanche, si quelqu'un essaye d'amener la conversation sur vos insuffisances, vous changez instantanément de sujet. Vos amis reconnaissent vos talents et vos supérieurs savent apprécier l'acuité de votre intelligence. Il y a peu de questions auxquelles vous ne sachiez répondre, bien que vous n'ayez pas toujours fait des études supérieures. Vous aimez vous replonger dans le passé avec une certaine nostalgie. Conscient de l'importance de l'argent, vous veillez soigneusement à la sécurité de vos vieux jours. Les économies et la retraite sont des sujets qui vous paraissent aussi brûlants que vos gains actuels.

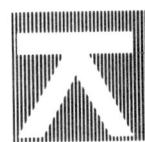

Veillez à prendre régulièrement quelques jours de vacances pour vous détendre complètement. Vous accusez facilement la fatigue des affaires courantes, reposez-vous-en de temps à autre.

Vénus quinconce Mars

Vous avez du mal à satisfaire vos désirs puissants. Le besoin d'obtenir l'approbation de votre entourage vous pousse à faire d'énormes concessions dont vous ne cherchez jamais à trouver la cause. Il vous arrive de rendre service par plaisir et de vous apercevoir par la suite que l'on trouve cela tout naturel. Alors, vous en garderez rancune ou bien vous finirez même par vous en vouloir. Si vous aviez une meilleure opinion de vous-même, on vous traiterait certainement autrement. Il semble que vous ayez à fournir de gros efforts pour de petits bénéfices, alors que les autres s'en tirent plus facilement. Cessez de faire des comparaisons, il serait plus productif de vous concentrer sur la conduite de vos affaires. Vous croyez que l'on vous demande davantage qu'on ne le fait en réalité, ce qui vous conduit parfois à changer vos projets pour donner satisfaction.

Vos résultats professionnels stagneront tant que vous n'aurez pas compris que vous valez largement vos concurrents. Observez le comportement des autres. Vous rend-on service sans que vous le demandiez ? Si vous êtes laissé pour compte, vous n'avez qu'à vous en prendre à vous-même.

Vous donnez l'impression d'être capable de n'importe quoi pour que l'on se soucie de vous, et certaines personnes n'hésiteront pas à profiter de cette faiblesse. Même si vous faites des efforts considérables, si vous prenez sur votre temps pour aider les autres, ils trouveront cela non seulement naturel, mais ils considéreront que c'est un dû car, preuve en est, vous en avez le temps. Certaines personnes n'hésitent pas à profiter de vous, et vous êtes incapable de vous protéger des abus que vous favorisez. Le même genre de situation pourrait éventuellement se produire dans votre vie amoureuse, où vous risquez de vous trouver sous l'emprise de quelqu'un d'intéressé. Ne faites confiance qu'aux gens qui témoignent de leurs sentiments par des actes et non par des mots.

Vénus quinconce Jupiter

Vous faites des efforts excessifs pour être à la hauteur de ce que les gens attendent de vous. Ignorant vos propres besoins, vous vous consacrez entièrement à satisfaire ceux des autres, qui finissent par en abuser. Vous ne vous montrez pas suffisamment sélectif, ce qui entraîne une foule de problèmes. Cela vient probablement de votre enfance où l'on vous a appris à vous mettre au service de ceux même qui n'en ont nul besoin, et sans que cela vous apporte quoi que ce soit. Il faut apprendre à protéger votre territoire.

De nombreuses activités pourraient vous convenir. Cette combinaison planétaire n'indique pas un talent spécifique, mais donne la capacité d'assumer de lourdes responsabilités. Votre faculté d'adaptation est grande, et vous faites preuve de souplesse dans le travail. Vous n'obtiendrez peut-être pas toute la reconnaissance qui vous est due pour votre travail ou pour celui que vous avez fait faire. Vous vous sous-estimez, et vos idées pourraient profiter davantage à vos collègues qu'à vous-même.

Vous êtes peut-être persuadé que votre patron et vos collègues attendent beaucoup de vous, et vous vous donnez beaucoup de mal pour vous montrer digne de leur estime. Vous luttez contre une concurrence qui ne se manifestera peut-être jamais, dans la crainte de rivalités imaginaires. Vous œuvrez pour les buts singuliers que vous seul vous êtes fixés, et il est difficile de modifier votre façon de penser. En vous prenant trop au sérieux, vous entravez votre réussite ; vos projets sont voués à l'échec, car irréalisables.

Vous êtes en général sur la défensive, même avec les gens que vous aimez bien. Vous leur donnez de vous l'image d'un être modeste et humble dans l'espoir de vous attirer leur indulgence. Souvent exploité dans vos relations amoureuses, vous rendez toutes sortes de services à des gens qui n'éprouvent pour vous aucun sentiment véritable. Votre besoin d'affection est tel que vous risquez les pires vexations, pour vous apercevoir plus tard que vous vous êtes fait avoir.

La plupart de vos problèmes de santé découlent de votre processus mental. Votre épuisement vient sans doute des efforts excessifs que vous faites pour être aimé. Il vous faut adopter une attitude plus optimiste dans les relations en général. En priorité, il faut absolument vous protéger de l'emprise des autres.

Vénus quinconce Saturne

Vous vous sentez écrasé par trop de responsabilités. Vous avez toujours l'impression que l'on attend quelque chose de vous et cela vous irrite. En fait, votre réaction est exagérée et vous fait commettre des erreurs d'appréciation. La vérité est que vous offrez vos services pour que l'on vous estime.

Il faut absolument que vous évaluiez soigneusement ce qui vous revient et ce que vous devez. Ne vous aimant pas, vous trouvez normal que l'on profite de vous. Pourtant, à la réflexion, vous comprendrez que seuls la tolérance et le respect vous incombent, mais qu'en revanche, vous vous devez de reconnaître votre propre valeur et de décider de ce qui peut ou non servir vos intérêts. Quand vous aurez appris à satisfaire vos propres besoins, il sera temps de penser aux autres.

Vous pourrez réaliser des choses importantes dans votre carrière si vous parvenez à vous estimer davantage, l'énergie que vous dépensez pourra alors vous être entièrement consacrée. Vous avez les capacités nécessaires pour réussir, vous êtes sérieux et responsable, et vous en faites certainement davantage que vos collègues ou vos concurrents. Nombreux sont les secteurs où vous pourriez exceller : les relations publiques, la décoration, l'horticulture, l'immobilier ainsi que le commerce. Vous êtes suffisamment souple pour vous accorder à n'importe quelle catégorie d'activité.

Vos relations amoureuses seront problématiques à moins que vous ne fassiez en sorte que votre partenaire vous traite en égal. Tout comportement désinvolte de sa part pourrait signifier un intérêt faiblissant et une rupture possible.

Ne soyez pas déprimé lorsque vous êtes seul, cela ne veut pas dire que personne ne s'intéresse à vous. Profitez de l'occasion pour vous cultiver ou pour développer vos talents. Vous avez toute chance d'être admiré si vous concentrez vos efforts sur des objectifs précis. La dépression est votre pire ennemie, elle peut également provoquer chez vous des troubles de la digestion et de l'assimilation.

Vénus quinconce Uranus

Vous négligez vos besoins pour satisfaire à ceux des autres. Vous ne faites quelque chose pour vous-même que si vous jugez l'avoir mérité en ayant consenti bien des sacrifices. Les autres semblent trouver tout naturel que vous vous préoccupiez d'eux et cela vous rend amer. Vous êtes trop compréhensif et trop compatissant, en fait, vous vous sentiriez coupable de ne pas proposer votre aide. Cessez donc d'intervenir dans les problèmes des autres et pensez davantage aux vôtres.

Ne confondez pas votre désir de communiquer et l'« achat » d'une amitié contre un service. Testez la sincérité de vos amis en leur demandant de faire quelque chose pour vous, sinon, on abusera de vous.

Vous êtes intelligent et compréhensif, et votre intérêt pour les autres est authentique. En même temps, vous vous mettez dans des situations difficiles qui vous créent énormément d'angoisse. Pour réussir dans votre profession, vous devez être vigilant. On essayera de profiter de vos points faibles, n'accomplissez pas les tâches que d'autres auront refusées, ne devenez pas le dépotoir commun.

Vos meilleurs terrains d'activité sont ceux qui ont trait aux professions artistiques en général. Analysez lucidement vos capacités et prenez conscience de votre valeur. Ne demandez pas l'avis de vos confrères, mieux vaut à la rigueur solliciter celui d'un observateur impartial.

Dans vos relations intimes, soyez particulièrement prudent si l'on vous contraint de quelque manière. Etant d'un tempérament impulsif et excitable, vous risqueriez de le regretter sérieusement.

Vénus quinconce Neptune

Vous êtes sensible et imaginatif. Toutefois, ces qualités vous rendent sujet au stress, d'autant que vous avez tendance à tout faire à la fois comme si vous étiez constamment sous pression. Ne vous pressez pas tant, vous pouvez très bien remettre certaines choses au lendemain. Accordez votre attention par ordre de priorité et en temps voulu. Il est inutile de vous astreindre plus que ne le permet votre constitution. Organisez-vous de manière à éviter le surmenage. Votre tempérament sensible le supporterait mal.

Si vous laissez les autres jouer avec le besoin que vous avez de leur estime, votre vie professionnelle pourra devenir source de contraintes. Vous vous proposez de faire des choses que l'on ne vous demande pas, qui vont souvent à l'encontre de vos propres intérêts. N'essayez pas de plaire à tout le monde, ce n'est pas ainsi que vous résoudrez vos problèmes.

Les métiers artistiques sont ceux qui correspondent le mieux à votre tempérament et à vos possibilités. Vous avez besoin de travailler dans un environnement qui vous mette à l'abri de la dureté de certains rapports professionnels.

Votre nature est tellement romantique et vulnérable que vous risquez de cruelles désillusions. Montrez-vous prudent avant de vous engager dans une relation amoureuse, vous pouvez être la victime de votre innocence.

Vénus quinconce Pluton

Vous vous impliquez trop dans vos relations affectives. Montrez-vous plus modéré dans les rapports en général. Vous vous laissez trop facilement attendrir, allant jusqu'à vous engager avec des personnes qui vous sont finalement indifférentes.

Votre désir excessif d'être accepté et estimé vous pousse à trop en faire.

Affectivement, vous êtes d'une grande crédulité, et vous vous fourvoyez souvent sur l'attachement de votre partenaire du moment ; vous pourriez être déçu. Méfiez-vous de ceux qui vous demandent des preuves physiques de votre amour. C'est un type de relations que vous avez fréquemment et qui pourrait vous attirer bien des ennuis si vous n'y prenez garde. Vous risquez en outre des troubles génitaux, pouvant même endommager l'ensemble du système de reproduction.

Vous trouverez à vous épanouir en travaillant pour des organismes à vocation sociale, dans la recherche médicale, la nutrition et la diététique ainsi que pour des œuvres de charité. Quel que soit votre métier, veillez à ce que vos fonctions soient bien définies. Sollicitez toujours un conseil professionnel avant de signer le moindre accord, car vos décisions sont trop impulsives. Les erreurs que vous commettez dans ces moments-là peuvent vous coûter cher.

Toutes sortes d'éléments négatifs semblent se glisser dans vos affaires. Il se peut par exemple, qu'organisant une réunion professionnelle, vous en soyez de votre poche car quelqu'un aura omis de régler sa cotisation. Ce n'est pas grave en soi, mais la répétition de ce genre d'incident pourra à la longue se révéler irritante. Aussi, n'allez pas au-delà de vos obligations, contentez-vous de participer.

Vénus quinconce Ascendant

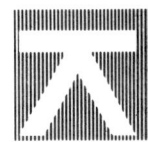

Vous avez tendance à être trop conciliant et à rendre service pour vous faire apprécier. Il vous arrive de vous en vouloir secrètement, car vous savez que vous vous mettez à la merci des autres. Vous n'aurez peut-être pas l'occasion de développer toutes vos potentialités, mais vous serez satisfait si vous exercez un ou deux de vos talents. Vous savez trouver des compensations à ce qui vous manque dans la vie, car vous êtes moins exigeant que la plupart. L'épanouissement compte pour vous davantage que le rendement.

Vous faites toutes sortes de compromis pour maintenir l'harmonie dans votre foyer. Vous êtes prêt à travailler dur pour obtenir ce que vous souhaitez, et vous espérez que cela sera apprécié par vos proches. Parfois, vous avez le sentiment d'être exploité, mais il en va de votre honneur de servir du mieux que vous pouvez. Vous avez beaucoup d'amis, mais si l'un d'eux essaye de vous emprunter de l'argent, vous vous interrogerez sur la nature de son amitié.

Dans la vie professionnelle, vous vous adaptez facilement à ce qui est demandé. Vous surévaluez les exigences de vos fonctions. Toutefois, vous avez des relations de bonne camaraderie avec vos collègues et même avec vos supérieurs.

La notion de sécurité est importante pour vous, mais il n'est pas certain que vous la trouviez. Peut-être ferez-vous un mariage d'intérêt, les concessions qui s'imposeraient alors vous seraient rapidement insupportables. D'un autre côté, peut-être pourrez-vous justifier une telle décision en pensant à toutes les concessions passées qui ne vous ont rien apporté.

Mars quinconce Jupiter

Il vous est difficile de déterminer vos priorités dans votre travail, particulièrement dans les transactions. Par votre générosité, vous voulez obtenir la liberté d'agir à votre guise. Vous offrez votre aide aux autres, persuadé qu'ils sont incapables de s'en sortir seuls ; non seulement cette attitude vous prive d'une part de vos ressources, mais elle empêche aussi ceux que vous soutenez de devenir autonomes. Vous ne supportez pas de ne pas faire immédiatement ce qui doit être fait. Vous pouvez également vous montrer fort pointilleux si les choses ne sont pas effectuées selon votre méthode. Il vous arrive souvent d'intervenir de manière inopportune, ce qui crée des antipathies. Mêlez-vous de vos affaires et ne rejetez pas sur les autres votre sentiment de culpabilité.

Vous pouvez obtenir d'excellents résultats si vous parvenez à trouver votre voie. Le droit, l'administration, la médecine, l'aide sociale, ainsi que la religion sont des domaines dans lesquels vous pouvez vous réaliser. Vous avez besoin de voir le résultat concret de vos efforts, et ces diverses activités vous permettraient de vous investir sans réserve. Vous excelleriez aussi dans l'enseignement car vous savez stimuler l'intellect des jeunes.

Ce besoin irrépressible de vous rendre utile peut vous amener à vous laisser exploiter. Ne divulguez aucune information quant à vos projets avant d'être en mesure d'en recueillir vous-même les avantages.

Ne prêtez pas le flanc à ceux qui s'efforceraient de saper votre assurance pour vous reléguer à une position subalterne. Si vous appreniez à vous passer de l'approbation des autres, vous ne remettriez pas sans cesse en cause vos compétences. Utilisez vos talents et affrontez la concurrence, cela vous obligera à affirmer votre personnalité.

De même, dans vos relations sentimentales, ne vous comportez pas comme si vous ne méritiez pas d'être aimé. Il est bon d'être généreux envers l'être aimé, mais il faut aussi faire preuve d'esprit critique pour s'assurer de sa sincérité.

Mars quinconce Saturne

Vous avez des difficultés à vous accomplir sans être détruit en cours de route. Vous avez du mal à déterminer les responsabilités que vous avez, tant vis-à-vis de vous que des autres. Cette faiblesse vous fait tomber dans le piège de ceux qui veulent vous amener à satisfaire leurs caprices. Vous essayez peut-être de rattraper des négligences passées. La difficulté que vous avez à céder aux désirs des autres est aussi grande que votre culpabilité de vous y refuser.

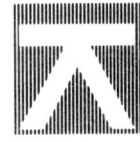

Dès que vous serez psychologiquement assez fort pour sortir de cette impasse, vous pourrez vous réaliser de façon constructive. La carrière militaire, le sport, ainsi que la défense de l'environnement sont des domaines dans lesquels vous pouvez exceller. Des activités syndicales ou des œuvres de charité pourraient également vous motiver. Veillez à ne pas vous laisser entraîner dans des querelles et à maîtriser votre humeur si vous ne voulez pas compromettre vos chances d'avancement. Evitez avant tout de vous mêler des affaires des autres.

Vous avez tendance à vous sentir, à tort, moins compétent que les autres. Spécialisez-vous dans la branche que vous aurez choisie, ainsi vous n'aurez plus besoin de conseils. Pour réussir, vous avez besoin de croire en vous.

Si vous ne faites pas preuve de fermeté dans vos relations amoureuses, vous vous heurterez à certaines difficultés. Quelques-uns de vos partenaires tenteront de profiter de vous jusqu'à ce que vous fassiez preuve de caractère. Ne répondez en aucun cas au chantage affectif, et évitez les liaisons qui vont à l'encontre de ce que vous exigez de vous-même.

Les troubles de santé auxquels vous êtes exposé peuvent être des fractures ou des maladies qui vous immobilisent, telle que l'arthritisme. Vous aurez tendance en vieillissant à supprimer les activités physiques, mais prenez garde à ne pas rester trop inactif.

Mars quinconce Uranus

Cet aspect vous confère énormément d'énergie et d'originalité, mais vous semblez toujours sous pression. Essayez-vous de prouver quelque chose à vous-même ou aux autres, iriez-vous pour cela jusqu'à l'épuisement ? Vous agissez comme si vous deviez fournir plus d'efforts que quiconque. N'exagérez pas vos responsabilités. Votre souci de l'avenir ne peut pas vous conduire à vouloir tout régler sur-le-champ. Procédez par ordre. Ne vous laissez pas culpabiliser par ceux qui exigent trop de vous, et ne soyez pas la victime de l'incompétence des autres. Vous admirez ceux qui réussissent et vous vous efforcez d'en faire autant, mais cela peut vous conduire à une frustration plus grande encore. Tâchez plutôt de tirer le meilleur parti de vos possibilités, c'est ainsi que vous vous rendrez indépendant.

Ne vous laissez pas influencer par ceux qui contestent vos méthodes de travail ; vous n'aimez pas les critiques, vous auriez tendance à céder. Ce n'est qu'en défendant votre propre manière de faire que l'on en viendra à la respecter.

Dans vos relations amoureuses, vous laissez percer votre manque d'assurance. Vous allez vers ceux qui paraissent sûrs d'eux, en dépit des exigences dont ils pourraient vous accabler. Il y a cependant quelque chose d'admirable dans la façon dont vous aidez ceux qui en ont vraiment besoin.

Mars quinconce Neptune

Vous affirmez votre personnalité de manière positive et constructive, et pourtant, les résultats de vos efforts semblent toujours décevants. Vous êtes beaucoup trop anxieux, et votre impatience vous fait passer sur l'essentiel, ce qui compromet vos efforts. La tension que cela crée ne fait qu'accroître votre angoisse, exigeant de vous une dépense d'énergie supplémentaire. Pour sortir de ce cercle vicieux, vous devez planifier soigneusement votre action jusque dans le moindre détail. N'agissez pas dans la précipitation, ajournez plutôt certains projets.

Evitez toute activité où il faut manipuler des machines ou des substances dangereuses. Votre travail ne doit pas être trop contraignant ou vous surmener, vous ne tiendriez pas le coup longtemps. Choisissez plutôt une activité où vous suivrez votre propre rythme, comme la plupart des métiers artistiques.

Vous avez tendance à nouer des relations qui exigent beaucoup de vous. Quand vous surestimez l'importance que les autres vous accordent, vous leur donnez l'occasion de vous dominer. Vos désirs physiques sont très puissants, et, pour les satisfaire, vous avez parfois d'étranges liaisons. Vous avez du mal à voir si l'autre est sincère ou non. Il est certain que vous aurez des déceptions dans vos expériences sexuelles, que ce soit de votre fait, ou de celui de votre partenaire.

Vous êtes particulièrement sujet à des infections qui seraient dues à votre négligence. Vous pourriez même avoir des maladies vénériennes. Toutefois, à en juger par d'autres éléments de votre horoscope, il se peut que votre éducation vous ait conditionné de telle manière que vous ayez des problèmes sexuels qui seraient purement d'ordre psycho-somatique.

Mars quinconce Pluton

Vous êtes beaucoup trop influençable, que ce soit par votre environnement ou par les gens qui partagent votre vie quotidienne. Vous pourriez presque vous demander si l'on ne vous mène pas par le bout du nez.

Votre tendance à vous charger de plus de tâches que vous ne pouvez en assumer vous conduit même à l'épuisement. Vous êtes constamment obsédé par l'idée qu'il y a beaucoup à faire et trop peu de temps pour y parvenir. En réalité, vous êtes votre propre bourreau.

Au cas où vos besoins sexuels seraient considérables, vous risquez d'avoir du mal à les satisfaire, car cela réclamerait une énergie que vous n'arriveriez pas à fournir ; la modération vous est donc conseillée. Soyez attentif à une alimentation qui vous permette de conserver votre tonus et veillez à rester en bonne santé.

Vous êtes décontenancé lorsque le cours des événements ne se déroule pas comme vous l'aviez prévu. Vous pouvez devenir agressif et vous emporter s'il vous semble porter un fardeau plus lourd que celui des autres. Les problèmes financiers vous rendent anxieux, particulièrement si les autres personnes concernées ont l'air détachées.

Procédez par ordre de priorité dans les affaires qui vous concernent. Apprenez à utiliser votre temps de manière plus efficace et mettez de côté tout ce qui peut être ajourné sans inconvénient. Apprenez tout simplement à vous détendre. Vous finirez par vous apprécier à votre juste valeur. Si vous vous accordez un tout petit peu plus d'attention, le changement qui se fera en vous en étonnera plus d'un. Vos amis seront ravis de vous entendre enfin dire « non » !

Mars quinconce Ascendant

Vous épuisez votre énergie en essayant sans cesse d'aller au-delà de vos forces physiques. Vous ne supportez pas que l'on puisse penser que vous n'avez pas fait l'impossible pour réussir ce que vous avez entrepris. Mais vous êtes imprudent, et refusez de prendre les précautions nécessaires, voulant donner l'impression que rien ne vous fait peur. Si l'on émet un doute sur votre capacité à accomplir certaines tâches, vous en êtes offensé, et relevez le défi sur le champ. Il vous arrive de regretter cette impulsivité car vous avez souvent «les yeux plus gros que le ventre». Mais vous refusez toujours de l'admettre, même quand les choses deviennent un peu rudes.

Ce trop-plein d'énergie vous rend terriblement impatient d'obtenir des résultats et désireux de développer vos talents au plus vite. Vous n'avez probablement pas appris à faire face rapidement aux situations tout en y réfléchissant suffisamment, c'est l'une des faiblesses de votre éducation. Tâchez d'évaluer vos chances de réussite avant d'accepter un défi. Bien que vous puissiez utiliser vos ressources de mille manières, il y a tout de même des limites à vos possibilités.

Vos supérieurs admirent votre courage, mais ils déplorent votre témérité inopportune alors que la prudence s'imposerait. Le refus d'admettre vos faiblesses vous met parfois dans un sacré pétrin. Vos amis vous défieront peut-être de faire des choses qu'ils ne tenteraient pas eux-mêmes, pourquoi prendriez-vous ce risque ?

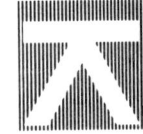

Vous bavardez, même avec ceux qui ne partagent pas vos points de vue, pour le simple plaisir de la discussion. Vous savez comment gagner la confiance des gens avec lesquels vous êtes en relation, car vous pouvez faire ce qu'ils seraient incapables de faire pour eux-mêmes. Quand vous avez décidé de réaliser quelque chose vous êtes un vrai tourbillon, et vous pouvez aller jusqu'à l'épuisement. Etant si actif et si énergique, vous devriez faire du sport, ce qui serait une excellente occasion de dépenser votre énergie.

Jupiter quinconce Saturne

Vous avez le sentiment d'être accablé de responsabilités et vous avez du mal à vous en justifier. Votre fardeau est celui d'une culpabilité ancienne, venant d'une époque où vous cherchiez à éviter vos devoirs. Maintenant, vous ne vous sentez plus la liberté de choisir, et vous aimeriez croire que cette situation ne va pas durer. Prenez le conseil de quelqu'un d'objectif, en qui vous avez confiance. Il vous aidera à évaluer ce que vous devez aux autres, et plus important encore, ce que vous vous devez à vous-même.

Vos tentatives pour mettre en jeu vos capacités sont souvent vaines, car vous les utilisez pour rendre service aux autres. De cette manière, vous freinez gravement votre essor et vous êtes toujours à la merci de ceux qui s'imposent et qui abusent de vous. Si cette situation se prolonge, vous devenez irritable et désagréable envers les gens à qui vous rendez service. Cette agressivité est la marque de votre dépit devant une situation que vous avez créée.

Vous devez absolument prendre du recul et essayer de vous voir tel que vous êtes, avec honnêteté et objectivité. Vous avez du talent, et vous savez certainement faire la part des choses, mais vous paraissez chercher sans cesse à vous compliquer la vie. Consacrez votre temps et vos efforts à développer vos dons et votre créativité, vous deviendrez un expert dans le domaine que vous aurez choisi. Pour échapper à tous ces problèmes, il faut avoir plus de considération pour vous-même.

Nombreux sont les domaines où vous pouvez vous exprimer de façon créatrice, par exemple la thérapie, la médecine, l'éducation ou les métiers de la construction. Evitez tout de même d'être la bonne pâte dont se serviraient vos collègues, utilisant vos talents à leur propre bénéfice. Ne devenez pas la victime de l'incompétence des autres. Il vaudrait certainement mieux pour vous que vous soyez votre propre patron, ou que vous travailliez en petit comité. Vos possibilités sont illimitées si vous en prenez conscience. Apprenez à évaluer justement vos services et obtenez le salaire que vous méritez. Ne vous bradez pas vous-même, vous valez sans doute plus que vous ne l'imaginez.

Mangez avec modération et mettez-vous à la diète lorsque vous êtes anxieux. Vos digestions sont difficiles. Vous devez apprendre à vous détendre pour rester en bonne santé. Quittez fréquemment vos occupations quotidiennes et recherchez les visages et les endroits nouveaux. Une petite promenade ou un exercice physique sont toujours recommandés.

Jupiter quinconce Uranus

Vos rêves et vos projets vous réservent des déceptions qui seront difficiles à surmonter. Vous attendez beaucoup trop de la vie et vos projets sont irréalistes. Une discipline personnelle et une organisation scrupuleuse sont les seules solutions. Vous avez trop tendance à écouter les gens qui vous poussent à aller au-delà de vos limites. Dans votre désir d'obtenir des résultats immédiats vous êtes souvent étourdi. Vous êtes très sensible aux suggestions, et laissez les autres vous dominer, ce qui compromet la satisfaction de vos besoins et de vos désirs.

Il vous est possible de réussir dans de nombreuses occupations. Quel que soit votre métier, vous devez toutefois être attentif à ce que vos collaborateurs ne vous fassent pas accomplir leur propre tâche. Votre nature simple donne aux autres de nombreuses occasions d'essayer de vous dominer. Vous devez apprendre à deviner ce qui pousse de telles personnes à abuser de votre gentillesse. Soyez d'une fermeté absolue en refusant même leurs demandes les plus persistantes.

Vous pouvez réussir dans la médecine, le droit, la recherche, l'enseignement. Vous devrez toutefois établir vos priorités, cela est essentiel pour réussir. Répartissez soigneusement vos efforts dans le temps pour tirer parti pleinement de vos talents. Prenez garde à ne pas vous disperser pour le plus grand profit des autres, à moins que vous n'en tiriez profit vous-même.

Votre incapacité à coordonner vos activités et vos efforts avec votre souci de réussir montre à quel point il est important pour vous d'avoir un bon conseiller : de préférence un ami proche, en qui vous avez confiance. Mais si vous n'écoutez pas les conseils, vous aurez perdu votre temps.

Prenez garde aux relations amoureuses dans lesquelles vous faites tout pour prouver votre amour. Soyez prudent également quand vous vous déclarez, attendez d'avoir la preuve évidente qu'il est sincèrement payé de retour.

Vous devez vous reposer suffisamment, pour vous maintenir en bonne santé et, d'une façon générale, pour rester en forme. Evitez l'excès en toute chose.

Jupiter quinconce Neptune

Il y a un conflit entre votre intelligence et votre sensibilité. Votre intelligence vous conduit à ne pas vous préoccuper exagérément des autres, mais votre sensibilité met des obstacles à cette résolution. Vous vous persécutez, vous créant des problèmes qui sont d'autant plus insolubles que vous êtes impliqué dans tout un réseau d'obligations affectives. Vous êtes constamment en lutte pour expier une culpabilité mal définie que vous éprouvez vis-à-vis des autres.

En vous imaginant des obligations sociales qui ne sont pas les vôtres, vous vous amenez vous-même à toutes sortes de folies. Vous irez même jusqu'à rechercher les professions les plus pénibles et les plus exigeantes, uniquement pour satisfaire ce goût de la souffrance. En même temps, il se peut que vous vous plaigniez amèrement de votre travail, sans que vous fassiez quoi que ce soit pour trouver une situation moins pénible. Vous êtes particulièrement fasciné par les métiers qui s'exercent à l'intérieur des institutions comme les prisons et autres lieux de détention des marginaux de la société.

Quand elle est positive, votre attitude pourrait être bénéfique car elle répond à une compréhension sincère et chaleureuse de tous les êtres affligés. Toutefois, même cette attitude comporte certains dangers parce que vous avez tendance à prendre sur vous les maux de ceux dont vous assumez la responsabilité. Inconsciemment, vous cherchez à prendre sur vos épaules le fardeau et les fautes de l'humanité.

Vous êtes exposé à des problèmes de santé dont l'origine est obscure et qui seront difficiles à diagnostiquer. Ils seront souvent d'ordre psycho-somatique.

Vous avez plus que quiconque besoin de conseils pour vous aider à déterminer si vous devez ou non vous acquitter de vos obligations envers les autres, et quand vous devrez le faire. Apprenez à dire non, même à ceux qui paraissent ne pas pouvoir se tirer du pétrin sans votre assistance.

Jupiter quinconce Pluton

Vous devrez faire des mises au point importantes dans votre vie, pour rendre compte de vos connaissances. Vous avez le travers de vous plaindre sans cesse de votre sort et de lutter contre le besoin que vous ressentez de vous y soumettre. Cela peut vous conduire à devenir un opportuniste, reprenant aux autres ce que vous considérez comme vous appartenant. Vous passez à côté de vous-même si vous ne vous donnez pas complètement à votre véritable mission, qui consiste à vous consacrer à l'amélioration des conditions sociales et à utiliser vos talents pour réaliser quelque chose de constructif dans ce domaine. Vous pourriez vous sentir submergé par les responsabilités sociales, comme si vous en aviez davantage que les autres. Cela pourrait vous conduire à les rejeter en bloc. Ou bien, il se peut que vous fassiez preuve d'une totale abnégation, et que vous vous mettiez, jusqu'à l'épuisement, au service des autres. Prenez garde à ceux qui utiliseraient votre dévouement pour atteindre leurs propres objectifs, tâchez d'analyser avec précision les motifs de ceux qui veulent vous rallier à leur cause. Prenez bien les informations nécessaires sur votre entourage, afin de vous protéger de toute forme d'intimidation.

Des études vous donneront la possibilité d'analyser vos talents et de connaître ce que vous pourrez apporter aux autres.

Quand vous en acceptez la responsabilité, vous savez distinguer ce qui est bien de ce qui est mal. Que vous vous sentiez ou non concerné ne doit pas être la justification de tout ce que vous faites.

En cherchant à atteindre vos objectifs, ou bien vous ferez passer vos désirs avant les autres et détournerez habilement les bénéfices de la priorité que vous vous serez accordée, ou bien vous vous soumettrez et vous serez profondément peiné de voir les autres détourner vos efforts à leur profit. Les deux attitudes méritent d'être corrigées. Si vous restez dans le juste milieu, vous pourrez en toute sécurité utiliser vos capacités, et en tirer satisfaction grâce à la contribution substantielle qu'elles vous auront permis d'apporter dans les affaires publiques ou privées.

Jupiter quinconce Ascendant

Vous avez une grande générosité. Bien que vous ayez véritablement l'intention d'aider ceux qui font appel à vous, l'absence de discipline dans l'organisation de vos affaires personnelles vous empêche d'y répondre effectivement. Vous faites des promesses sans savoir si vous pouvez les tenir ou non. Vous voulez tant en faire qu'il est quasiment impossible que vous vous souveniez de ce que vous avez promis, et envers qui vous vous étiez engagé. Si l'on se fait pressant, vous alléguez votre esprit fantaisiste pour que l'on vous pardonne vos étourderies. Remarquez cependant qu'en proposant vos services aux gens, vous avez l'air d'insinuer qu'ils sont incapables de se donner par eux-mêmes satisfaction. N'épuisez pas votre crédit en faisant pour les autres ce qu'ils sont parfaitement capables de faire pour eux-mêmes.

Vous êtes très doué, et pouvez en faire plus que trois personnes réunies. Vous êtes plein de bonnes intentions, mais les résultats sont décevants. Bref, vous prenez le départ, mais vous arrivez rarement. Vous avez presque honte d'avoir autant de dons, et vous voudriez avoir le sentiment de vous donner entièrement. Tant que vous n'aurez pas appris à orienter vos efforts vers un objectif spécifique, et que vous n'aurez pas acquis la volonté nécessaire pour vous concentrer sur un projet et le mener à bien, vous gâcherez probablement une grande partie de vos efforts en entreprises stériles.

Le sort des personnes défavorisées vous touche réellement, et vous n'y restez jamais insensible. Mais prenez garde à ne pas faire les frais des affaires qui tournent mal. Vous avez autour de vous quantité d'« amis », qui disparaissent soudain quand vous avez besoin d'eux. Ce genre d'expérience peut vous apprendre à être plus réservé. Mais vous répugnez à voir vos faiblesses avec lucidité.

Saturne quinconce Uranus

Vous avez des difficultés à établir l'ordre des priorités dans vos affaires. Vous vous en défendez, mais vous vous laissez influencer par les autres car vous tenez à leur estime. Vous vous leurrez vous-même lorsque vous pensez pouvoir tout faire comme cela doit être fait. En vérité, alors que vous pourriez très bien réussir, vous ne pouvez pas vous résoudre à adopter des mesures nouvelles et à innover.

D'une certaine façon, vous êtes bloqué dans le passé, essayant désespérément de maintenir en vigueur de vieux principes. Vous résistez au changement de crainte qu'il ne porte atteinte à votre sécurité. Pourtant, vous ne pouvez pas vous opposer au progrès, ne serait-il pas logique de l'accepter et de vous adapter ? La seule insécurité que vous devez redouter, c'est de rester en dehors de ce qui est communément accepté. Une fois les nouveautés acceptées, elles font partie de l'expérience et sont utiles.

Tant que vous n'êtes pas réceptif au changement, vous limitez vos chances d'épanouissement. En devenant plus souple, on peut se mesurer à n'importe qui. Ce sont les expériences que nous avons vécues dans le passé qui nous le font paraître sûr. Ne vous privez pas de la sagesse que vous pourrez acquérir grâce aux expériences nouvelles que vous pouvez vivre.

Vos relations intimes risquent d'être tendues, votre partenaire reconnaîtra certainement en vous de très grandes capacités qu'il voudra que vous développiez. Tâchez de parvenir à un compromis pour ne pas mettre en péril votre relation. Les autres se rendent compte de vos talents mieux que vous, tenez compte de leur jugement.

Votre vie se trouvera enrichie des efforts que vous aurez accomplis pour affiner vos dons et pour adopter des méthodes plus efficaces. Si vous êtes pessimiste, si vous adoptez une attitude défaitiste, cela risque de provoquer en vous des troubles sérieux, comme l'arthritisme ou la sclérose artérielle. Si vous avez de la chance, cela vous donnera simplement un mauvais caractère.

Saturne quinconce Neptune

Vous avez besoin de justifier vos ressources et votre talent. Vous cherchez à adoucir la souffrance créée par l'injustice sociale. Certains préfèrent l'ignorer, mais en tant que membre de la communauté, vous vous sentez responsable des structures sociales qui ont permis l'établissement de telles conditions. La façon que vous avez de prendre plus que votre lot de responsabilités sociales tient du martyre.

C'est une sorte de vocation spirituelle qui vous pousse à révolutionner l'ordre social. Prenez garde à ne pas défendre des programmes dont les objectifs sont obscurs. Vous pouvez être amené à vous charger d'une responsabilité qui ne vous revient pas ou devenir la victime de gens qui usent ou abusent de vous. Dans l'espoir d'obtenir un bénéfice d'ordre moral en offrant un service désintéressé, vous oubliez parfois de vous protéger vous-même. En vérité, vous finissez par vous servir des autres pour alléger une culpabilité latente et vous sentir utile.

Tout cela peut avoir des conséquences fâcheuses et provoquer des troubles de santé difficiles à détecter et à diagnostiquer, d'ordre psycho-somatique. Veillez à trouver conseil auprès d'un professionnel si vos problèmes ne peuvent être résolus par vos propres méthodes. Evitez tout risque de contagion. Vous devrez vous soumettre régulièrement à des examens médicaux à titre préventif. Généralement, vous savez jusqu'où vous pouvez aller sans vous épuiser. Prenez garde toutefois à ne pas vous laisser emporter par des questions d'ordre spirituel et négliger certaines précautions élémentaires. Votre peur d'un mauvais résultat dans une épreuve (encore que le résultat puisse se révéler excellent), vous pousse à prendre des risques inutiles et même graves pour vous.

Saturne quinconce Pluton

Vous faites tout votre possible pour remplir vos obligations. Vous avez le sens du devoir, et il vous faut remédier aux conditions sociales qui vous semblent inacceptables. Votre problème majeur consiste à vous charger de plus d'affaires que vous n'en pouvez traiter, et de ce fait, à vous surmener. Vous craignez que l'on ne vous reproche de ne pas faire votre devoir. Vous pouvez même faire remarquer aux autres leur mauvaise volonté, créant ainsi un mauvais climat là où devraient s'unir les efforts.

Jugeant vos efforts personnels insuffisants, vous êtes parfois déprimé devant les résultats obtenus. Vous estimez que vos collègues sont plus qualifiés que vous, vous dévalorisant ou même vous disqualifiant de ce fait. Votre souci du détail et de la perfection est pourtant largement pris en compte par vos supérieurs dans leurs décisions. Vous vous donnez du mal pour les bagatelles, vous plaignant d'une concurrence déloyale, et surestimant généralement ce que l'on attend de vous. Apprenez à avoir une vue plus ouverte sur votre métier et concentrez-vous sur ce qu'il exige. Si vous cessez de contrôler l'action des autres, vous obtiendrez plus facilement des résultats.

Vous avez parfois le sentiment que l'on se sert de vous à des fins personnelles ou pour dissimuler une incompétence. Il est possible également que dans votre entourage certains s'efforcent de vous garder sous leur emprise. Votre jugement a besoin d'être affiné, mais vous devez tenir bon quand les autres tentent de vous faire calquer votre attitude ou vos opinions sur les leurs.

Vous êtes tout aussi qualifié qu'eux, et vous devez le faire savoir avec fermeté. On ne se sert que de ceux qui le veulent bien.

Prenez garde aux accords que vous signez, à moins qu'ils ne définissent clairement votre statut et vos responsabilités. Evitez les « arrangements ». Remplissez votre contrat, mais ne faites pas de bénévolat par ailleurs, cela risquerait de vous coûter cher à la longue.

Saturne quinconce Ascendant

Vous vous prenez beaucoup trop au sérieux. Vous vous consacrez tellement à vos responsabilités que cela pèse lourdement sur votre condition physique. Vous êtes toutefois suffisamment astucieux pour ne pas aller jusqu'aux dernières extrémités si vous pouvez l'éviter. Vous êtes un fin stratège pour tirer le meilleur parti de vos efforts, en gaspillant un minimum de temps et d'énergie sur les détails. Prudent et réservé, vous apparaissez détaché et lointain aux gens qui vous fréquentent. Vous n'offrez vos services qu'après avoir examiné soigneusement le bénéficiaire et ses mérites. Il vous arrive d'être excessivement préoccupé des affaires des autres. Il est rare que vous prodiguiez vos conseils à moins que l'on ne vous les demande. Auquel cas, vos suggestions sont souvent difficiles à accepter ou trop pesantes. C'est pourquoi on ne désire pas votre aide.

Généralement vous dites la vérité, car c'est le seul moyen de vivre avec vous-même. Vous êtes décidé à tirer le meilleur parti de vos capacités, au point qu'affirmer vos talents est l'une de vos priorités. L'expérience vous a appris à ne compter que sur vous-même et, bien que vous soyez assez lent, vous n'oubliez jamais ce que vous avez appris. Vous voulez être le meilleur dans tout ce que vous faites, mais secrètement, vous avez peur de ne pas réussir. Vos supérieurs vous respectent pour votre honnêteté et votre intégrité.

Vous utiliserez toutes les ressources qui sont à votre disposition pour parvenir à une véritable sécurité financière. Vos amis vous considèrent probablement comme près de vos sous, mais vous savez que vous ne faites jamais appel à eux si vous avez besoin d'aide, préférant subsister par vos propres moyens jusqu'à ce que la fortune vous revienne. Vous investissez dans les entreprises qui ont toutes les chances de réussir, visant une situation confortable que vous puissiez exercer longtemps. On ne vous convainc pas facilement de vous mettre en vedette, vous préférez vaquer à vos occupations.

Uranus quinconce Neptune

Vous êtes profondément troublé par les injustices de toutes natures. Vous êtes malade de ne pas pouvoir les redresser, et vous vous en sentez même coupable. Vous êtes persuadé que si les gens se regroupaient en nombre suffisant pour traiter ces problèmes, ils pourraient en triompher. Vous vous préoccupez également de tous ceux qui vivent difficilement pour des raisons qui échappent à leur volonté, ou qui sont trop handicapés pour pouvoir gagner leur vie. Quelle que soit la cause de leur souffrance, vous savez que l'on peut toujours faire quelque chose pour eux. Voilà pourquoi vous vous engagerez probablement dans des organisations sociales, religieuses ou politiques. Vous vous identifiez aisément à leurs projets, et vous montrez combien vous vous préoccupez de vos semblables.

Un rapide coup d'œil sur les années 1922-1928 vous donnera un aperçu de la situation sociale sous cette combinaison planétaire. Le film parlant introduit en 1923 annonçait le passage des réunions amicales aux réunions publiques. Les premières démonstrations de télévision en Angleterre datent de 1926, moment où apparut le premier volume de l'ouvrage d'Hitler : « Mein Kampf ».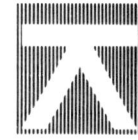

C'est en réponse à cette époque que vous cherchez peut-être à vous distinguer. L'auteur de cet ouvrage a fait paraître de nombreux essais pour dénoncer les injustices sociales, religieuses et politiques et les faire éclater au grand jour. Vous et beaucoup d'autres nés dans ces années, souhaitez instaurer un Nouveau Monde qui respecte le droit des peuples à disposer d'eux-mêmes. Votre contribution ne sera pas inutile.

Uranus quinconce Pluton

Vous vous sentez impuissant à modifier les conditions sociologiques, religieuses ou politiques dans lesquelles vous vivez. Vous avez le sentiment que votre individualité ne s'exprime jamais complètement, parce qu'une foule de circonstances particulières domine votre vie et vous paralyse. C'est comme si vous étiez balayé par la houle des événements, sans avoir la moindre chance de vous y opposer. Si vous vous retournez sur votre vie, vous risquez de devenir amer. Toutefois, remerciez le Ciel que rien ne soit jamais permanent. Quand la situation économique se détériore, soit sur le plan local, soit sur le plan national, vous êtes probablement l'un de ceux qui seront sérieusement touchés. Vous devez toujours jongler pour pouvoir continuer à subvenir à vos besoins, jusqu'à ce que l'économie retrouve essor. Peut-être, faute d'avoir l'intuition qui vous permette de prévoir les crises économiques, avez-vous tendance à trop acheter à crédit.

La suite s'applique tout particulièrement aux gens nés entre 1909 et 1913. De grandes nouveautés dans le domaine de la science et de l'industrie eurent des effets immédiats sur la population ; l'automobile devint le symbole d'une liberté accrue pour celui qui en avait les moyens. Mais l'apparition de tant de produits nouveaux sur le marché bouleversa le budget de ceux qui cherchaient à se les procurer.

Vous êtes quelque peu épouvanté par le pouvoir redoutable que détiennent les leaders politiques ou les géants industriels, dont dépend votre emploi. Vous êtes de ceux qui recherchent une protection contre les aléas économiques en se regroupant derrière des syndicats puissants. Il vous faudra lutter pour préserver la sécurité que vous avez acquise au prix du travail de toute une vie, mais aussi pour conserver votre pouvoir d'achat.

Uranus quinconce Ascendant

Très inventif, vous savez tirer parti de vos capacités créatrices. Toujours à la recherche de nouveaux modes d'expression de vos talents, vous parvenez généralement à en trouver. Vous voulez épater vos amis en trouvant des voies nouvelles et plus rapides pour atteindre vos objectifs. Futuriste et souhaitant passionnément agir, vous n'êtes pas satisfait par les méthodes traditionnelles, sauf si elles évoluent. Les gens qui préfèrent des méthodes classiques n'accepteront pas facilement vos idées, au point que vous devrez les poursuivre en privé, jusqu'à ce que vous en soyez sûr. Vous êtes tout particulièrement préoccupé par la recherche de techniques qui permettent de diminuer le travail et qui accordent plus de temps libre. Même si vos conceptions originales sont critiquées, vous ne manquerez pas d'éveiller l'intérêt des gens capables d'y voir un avantage financier. Vous devriez garder vos idées pour vous tant que vous n'êtes pas légalement protégé.

Grâce à votre ingéniosité, vous trouvez toujours de nouvelles sources de revenus quand c'est nécessaire. Quand vous prendrez votre retraite, vos vieux jours seront sans doute assurés.

Vos amis vous admirent, mais ils sont plus sensibles à vos qualités que vous-même et vous font parfois des propositions dignes d'intérêt. Vous êtes efficace dans votre travail, et vos supérieurs le reconnaissent, même s'ils ne vous le disent pas. Vous êtes fortement préoccupé par le désir d'utiliser vos talents pour le bénéfice du plus grand nombre.

Dans vos relations, vous rencontrerez des difficultés car vos intérêts propres absorbent une grande partie de votre temps. Vous vous passionnez pour tout ce qui touche à vos affaires et vous avez tendance à vous perdre dans le travail.

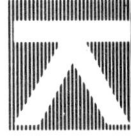

Neptune quinconce Ascendant

Vous faites tout votre possible pour gagner l'estime et l'appui des gens que vous fréquentez, mais généralement, vos efforts ne sont pas couronnés de succès. Vous avez tendance à annihiler l'effet de vos bonnes intentions par des suggestions qui se ramènent un peu trop à vous et qui vous rendent suspect. Quand vous intervenez, vous agissez avec un tel manque d'assurance que l'on se pose des questions sur votre compétence. Vous avez du mal à trouver le moyen de mettre en œuvre votre créativité, et vous lambinez dans votre travail. Cela vous conduit à ne jamais mener à bien ce que vous entreprenez. Vos échecs proviennent d'une préparation insuffisante et d'un manque de planification. Tâchez d'avoir un bon conseiller.

Peu réaliste dans le domaine financier, vous risquez d'être déçu par le résultat de vos efforts. Vous êtes facilement trompé par les suggestions d'amis bien intentionnés, et vous vous retrouverez sans le sou si vous les écoutez. Vous offrez généreusement votre assistance aux autres, reconnaissant leurs besoins et vous sentant dans l'obligation de les aider si vous le pouvez. Mais en agissant ainsi, vous négligez vos affaires personnelles, et les services que vous rendez risquent de n'être pas appéciés.

Si vous voulez gagner le respect de ceux pour qui vous travaillez, vous devez apprendre à vous discipliner. Vous donnez l'impression que l'on peut vous distraire facilement, et de ce fait vous paraissez quelque peu irresponsable. Ne vous laissez pas impressionner par les talents de vos collègues, cela vous découragerait. Un travail solitaire est sans doute ce qui vous convient le mieux, dans ce cas vous n'aurez pas à rendre de comptes !

Pluton quinconce Ascendant

Vous prenez trop au sérieux les responsabilités que vous avez envers les autres. Vous agissez comme si les gens disposaient d'une certaine autorité sur vous et pouvaient disposer de vous.

Vous voulez remédier aux mauvaises conditions de vie, et vous ferez du bénévolat. Pris dans le flot des activités sociales, vous serez détourné de vos affaires personnelles. Les conditions de travail vous paraissent particulièrement importantes, vous chercherez à les améliorer si cela vous est possible.

Vous êtes tout à fait capable de gagner votre vie, mais vous avez besoin d'une certaine assurance contre des risques d'ordre financier. Il se peut que vous cotisiez à un programme d'investissement ou un fonds de retraite, qui seront autant de moyens de vous protéger contre les pires éventualités. Ayant vos opinions, vous êtes bouleversé lorsque l'évidence vous montre que vous vous êtes trompé. Vos idées sont saines, mais elles perdent leur efficacité dès que vous tentez de les imposer aux autres. Souhaitant être tenu pour une personne de caractère, vous êtes furieux si ce que vous faites donne une impression contraire, ou si l'on révèle vos faiblesses aux yeux de tous.

Vous êtes très dur dans vos jugements sur ceux qui occupent selon vous de façon imméritée des postes hauts placés. Vous avez tendance à penser qu'ils ont acquis leur autorité par des moyens contestables.

Vous aimez la compétition et, au fond de vous, espérez qu'un jour vous aurez la possibilité de montrer ce dont vous êtes capable si l'on vous en donne le pouvoir.

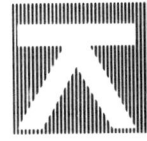

CHAPITRE SIX
Les oppositions

Les oppositions

L'opposition est l'aspect planétaire formé par deux planètes qui, vues de la Terre, sont éloignées de 180°. Elles se trouvent par conséquent dans des signes opposés du Zodiaque. La nature de ces deux planètes s'imprègne du dynamisme de Mars et de Vénus, des particularités du Bélier et de la Balance, et de ce que symbolisent les Maisons I et VII.

Une opposition dissipe les malaises psychologiques créés par les deux planètes impliquées. Initialement, cet aspect marque une distance dans les relations, dans l'incapacité où l'on se trouve de surmonter sa fureur dans le conflit établi par les planètes. Mais la pression qu'exerce l'opposition pourra être amortie par la compréhension et l'amour. Une planète située à 60 ou 120° de l'une ou l'autre des planètes en opposition peut servir d'arbitre au conflit. Son incidence favorable vient de ce qu'elle trace une voie de communication qui conduit les deux planètes aux compromis. Si aucune planète n'occupe cette position d'arbitre, ce qu'elle aurait provoqué doit être néanmoins considéré comme acquis.

Cancer et Capricorne, Lune et Saturne, les Maisons IV et X représentent des rapports de forces difficilement conciliables par l'opposition. On y élève des barrières pour se protéger de la vulnérabilité émotionnelle et de l'anxiété. Dans cette posi-

tion de défense, l'amour et la compréhension sont annulés. Rien ne peut plus mettre fin aux dissensions.

D'ordinaire, le conflit et les malaises que suscite l'opposition se projettent sur les autres qui en font les frais. En revanche, c'est l'aspect planétaire qui conduit aux conflits les plus faciles à apaiser. Les problèmes étant librement exposés, les occasions sont nombreuses de les résoudre.

Soleil opposé Lune

Vous avez peut-être certains problèmes avec votre entourage. Il y a conflit entre votre émotivité et votre ego, et vous communiquez inconscienmment ce malaise psychologique à vos collègues, à votre famille, à vos amis ainsi qu'à vos partenaires amoureux. Il vous arrive d'agir sur une impulsion et de le regretter immédiatement après. Vous hésitez à affirmer votre individualité, car vous êtes loyal, et vous préférez rester en harmonie avec vos proches et avoir leur accord, plutôt que de devoir donner des explications douloureuses ou de vous en vouloir.

Les rapports humains ont une grande importance à vos yeux, et vous cherchez sincèrement l'âme sœur. Les contacts superficiels vous amusent, mais ils sont loin de satisfaire votre besoin de fusion totale. Il vous faut un partenaire à multiples facettes : qui vous apporte à la fois l'amour et l'amitié, qui vous soutienne dans vos ambitions et dans vos revers, qui vous aide à exploiter vos capacités, et qui soit avec vous pour en partager les fruits. Bref, vous cherchez l'oiseau rare, et il vous faudra faire un certain nombre de concessions pour conserver un partenaire de cette qualité. Vous devrez apprendre à donner et vous montrer plus conciliant. C'est tout un programme, mais le jeu en vaut la chandelle et vos efforts seront récompensés. Votre principal problème est votre difficulté à vous détacher du passé.

N'ayez pas peur de passer pour indifférent ou insensible, car vous savez qu'il n'en est rien. Soyez réaliste dans vos objectifs et organisez-vous de façon à les atteindre. N'attendez pas que les portes s'ouvrent devant vous. Il y a un minimum de choses que vous devez faire pour vous aider vous-même.

Vos associations se heurteront à certaines difficultés tant que vous n'aurez pas appris à définir clairement vos positions. Vous avez tendance à vous apitoyer sur votre sort quand les choses ne vont pas comme vous voulez, mais il faut bien accepter les aléas de la vie. Vous apprécierez d'autant plus la réussite que vous aurez connu l'échec. Efforcez-vous de modérer votre rythme de vie, car votre constitution ne vous permet pas de brûler la chandelle par les deux bouts.

Soleil opposé Mars

Vous êtes un battant qui ne recule devant aucun défi. Vous aimez la compétition, mais votre façon de répondre à chaque provocation comme si votre vie en dépendait vous attirera des ennuis. Votre arrogance indispose les gens, car elle les oblige à la défensive. Vous aimez vous mesurer aux autres afin d'établir une fois pour toutes votre supériorité. Vous devez avoir en vous un fond d'insécurité pour éprouver à ce point le besoin de vous prouver. Toutefois, on peut gagner une bataille sans pour autant gagner la guerre. Vous continuerez à poursuivre vos adversaires jusqu'au jour où vous vous rendrez compte que vos victoires sont dérisoires. Ce comportement manque singulièrement de sensibilité et d'objectivité. C'est à vous, et à vous seul qu'il importe de prouver votre valeur. Même si votre formation est limitée, vous pouvez très bien prouver vos compétences par la manière dont vous traiterez les autres ainsi que par votre efficacité dans vos fonctions. Occupez-vous de vos affaires et évitez d'intervenir dans celles des autres.

Ces problèmes résolus, vous aurez accompli un grand pas vers la maturité. Vous serez alors en mesure de vous consacrer à vos objectifs avec toutes les chances de succès. Vous pourriez travailler dans la police, être avocat-conseil ou arbitre dans des négociations. Il se peut également que vous soyez attiré par le sport, les explorations ou par toute activité physique qui servirait d'exutoire à votre énergie. Quel que soit le domaine envisagé, il devra stimuler votre sens de la compétition et vous donner l'occasion de prouver ce que vous valez en cas de coup dur. C'est dans ce type de situation que vous pourrez gagner l'admiration du public. La réelle satisfaction que vous retirerez viendra de votre sentiment d'accomplissement intérieur.

Vos désirs physiques sont puissants et difficiles à apaiser. Si l'on résiste à vos assauts, vous portez vos regards sur quelqu'un d'autre. Vos réactions sont très physiques, et votre intérêt se manifeste au premier coup d'oeil. Mais vous avez également besoin d'affection et il vous faudra faire bien des concessions pour vous assurer l'attachement d'un partenaire. L'expérience vous y aidera.

Soleil opposé Jupiter

Vous possédez un caractère énergique et enthousiaste, et vous pouvez exploiter vos talents. Vous savez mettre tout en œuvre pour atteindre vos objectifs, préférant souvent prendre des risques que de planifier votre action. Vous vous attendez à ce que l'on s'efface devant vous, et ne pouvez vous empêcher d'être déçu si l'on fait obstacle à vos ambitions. Vous faites des promesses éblouissantes que vous négligez le plus souvent de tenir. Vos associés vous considèrent comme l'ami des beaux jours qui disparaît dès que les choses se gâtent. Vous savez vous y prendre pour convaincre votre entourage. Il faut avouer que vous n'êtes pas toujours honnête ni avec les autres, ni avec vous-même, vous n'hésitez pas à faire des entorses à la vérité pour atteindre vos objectifs. Vous vous imposez avec un certain exhibitionnisme, mais au fond de vous-même craignez d'être évincé par un concurrent. Soyez réaliste et chargez-vous seulement des choses que vous êtes capable de mener à terme. Cessez de frimer, vos proches vous connaissent trop bien pour être dupes de votre jeu, mieux vaut conserver ses alliés que de prendre le risque de les perdre pour une victoire momentanée.

Vous êtes extrêmement doué, et vous êtes très créatif ; vous devriez vous orienter vers les médias, la gestion d'entreprise, le tourisme ou les relations publiques. Pour réussir dans ces métiers, il faut un certain sens de la responsabilité. Prenez conscience de vos limites, et confiez à d'autres les tâches qui dépassent votre compétence. Vous êtes ambitieux, et vous aurez parfois intérêt à vous faire conseiller pour mener à bien vos projets. Ne perdez pas contact avec ceux qui auront contribué à votre réussite, ils vous seront d'un soutien précieux si vous savez leur témoigner votre reconnaissance.

Sentimentalement, vous êtes exigeant, et vous avez tendance à vous comporter comme si tout vous était dû. Votre inconstance naturelle vous incitera à papillonner pendant un certain nombre d'années avant de chercher le partenaire avec lequel vous fixer. Il n'est pas exclu que vous continuiez à prendre des libertés que vous refuserez à votre partenaire. Vous avez besoin de mouvement et de voyages ; changer de lieu signifie des rencontres et des distractions nouvelles. Cependant, veillez à ne pas divulguer vos petits secrets si vous ne voulez pas perdre le bénéfice de tout ce que vous aurez construit. Cela n'arrive pas qu'aux autres !

Ralentissez le rythme, vous avez toute la vie devant vous. Soyez vigilant en ce qui concerne votre alimentation, et modérez votre consommation d'alcool. Organisez-vous pour prendre des vacances régulièrement, car vous avez besoin de toutes vos forces pour réaliser vos ambitions.

Soleil opposé Saturne

Cet aspect révèle une crise d'identité. Vous voyez partout des défis à relever et vous éprouvez constamment le besoin de vous rassurer sur votre valeur personnelle. Vous vous efforcez de résoudre votre manque d'assurance afin de vous faire une place dans la société. Les règles de conduite vous seront dictées par les contacts personnels, et vous comprendrez que les autres se sentent aussi menacés que vous. Vous parviendrez alors peu à peu à une vision plus objective de la réalité et vous retrouverez confiance en vous. Vous pourriez réussir dans la défense de l'environnement, le droit, les mathématiques, l'architecture, la politique, l'enseignement ou dans toute autre profession nécessitant efficacité et autorité.

Votre partenaire sera probablement votre meilleur conseiller et votre guide le plus précieux, et vous pourrez prendre vos décisions d'un commun accord. Ne vous laissez pas endurcir par l'expérience au point de devenir insensible aux considérations affectives. Soyez plus tendre dans vos jugements. Le manque d'amour-propre est votre plus grand handicap dans la course au succès. N'attendez pas pour vous imposer que les autres vous facilitent les choses, vous pourriez attendre longtemps. En revanche, veillez à ne pas empêcher les autres de s'exprimer. Bref, traitez les autres comme vous souhaitez être traité vous-même. En ce qui concerne votre santé, mangez peu salé et évitez de mener une vie trop sédentaire, la circulation sanguine étant votre point faible.

Vous êtes facilement tendu, irritable et nerveux ; vous devez vous détendre le plus souvent possible. Vous craignez la compétition, et pourtant vous la recherchez. Etant peu sûr de vous et de vos capacités, vous éprouvez constamment le besoin de vous rassurer. Vous avez le sentiment que le meilleur moyen de vous affirmer est de créer des rapports satisfaisants avec les autres. Pourtant, vous êtes exceptionnellement doué et vous pouvez réussir si vous le voulez vraiment. Vous pouvez rencontrer des gens d'un niveau élevé et les égaler dans leurs réalisations.

Soleil opposé Uranus

Tant que vous n'aurez pas appris à faire des concessions, vous aurez d'énormes difficultés pour mener à bien vos projets. Il y a d'autres points de vue que les vôtres, et tout aussi valables. Vous ne pouvez pas tout savoir. En écoutant les autres vous enrichirez vos connaissances, vous pourrez alors aller très loin dans la direction que vous aurez choisie. La science, les organismes à vocation sociale ainsi que l'enseignement font partie des domaines où vous pourriez exceller.

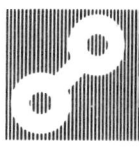

La même notion de compétition influence votre comportement en société, ce qui vous aliénera des amitiés précieuses. Vos sautes d'humeur peuvent vous faire exclure de certains milieux, ce manque de patience envers des interlocuteurs moins doués que vous est probablement mal perçu par vos collègues et vos amis. En fait, vous condamneriez cette attitude chez un autre que vous.

Vous vous montrez extrêmement exigeant dans vos relations amoureuses. Vous menez une vie trépidante, et vous attendez que l'on suive votre rythme. D'un tempérament volage, vous vous laissez aller à toutes sortes d'aventures. Vous ne supportez pas que l'on restreigne votre liberté, pourtant votre mentalité est tout autre lorsqu'il s'agit de la liberté de votre partenaire. La détente est indispensable à votre équilibre nerveux, et vous devez veiller à vous ménager des moments de calme.

Soleil opposé Neptune

Vous serez confronté à des problèmes qu'il vous sera difficile d'analyser. Dès votre enfance, vous avez mal interprété la notion d'autorité, vous croyant particulièrement visé par les mesures de discipline que vous rejetiez avec véhémence. Il vous a par conséquent été difficile d'acquérir une vision objective de la réalité. En outre, vous avez tendance à vous créer des problèmes imaginaires tout en ignorant les obstacles réels.

Cette attitude est la cause de vos difficultés dans les relations ; votre profonde insécurité vous fera rechercher des contacts libres de tout engagement. Ainsi, en cas d'échec, vous n'éprouvez aucune culpabilité. Toutefois, vous parviendrez peu à peu à surmonter cette tendance ; avec le temps, vous prendrez l'habitude de faire appel à vos ressources intérieures pour vous guider dans le choix de vos relations.

C'est le manque de confiance en vous qui vous fait craindre la compétition. Dès que vous vous sentez menacé, vous avez tendance à retirer vos billes du jeu, laissant les autres saisir les occasions qui vous paraissaient hors de portée. C'est en travaillant de façon indépendante que vous prendrez conscience de vos capacités, et lorsque vous aurez suffisamment progressé, vous vous sentirez prêt à vous mesurer aux autres.

Votre caractère soupçonneux tend à éloigner de vous les partenaires amoureux. En effet, la peur d'être pris au piège vous fait fuir tout ce qui peut ressembler à un engagement. Vous pouvez alternativement faire ressortir le meilleur ou le pire chez vos partenaires. C'est à vous de choisir. Votre masochisme latent vous expose à bien des affronts, jusqu'au jour où vous comprendrez que c'est vous qui les attirez.

Apprenez à affronter la réalité sans attendre que vos sentiments du moment ne viennent la transformer à votre convenance. Consacrez-vous par exemple à une tâche importante dans le domaine social.

Soleil opposé Pluton

Vous vous mettez sur la défensive à la moindre provocation. Si vous êtes en compétition, vous faites tout pour être sûr de sortir vainqueur. Au fond, vous avez toujours l'impression que votre adversaire est plus fort et que votre position est menacée. Quand vous croyez ne plus pouvoir gagner, vous êtes capable de tourner le dos comme si de rien n'était. Vous supportez mal les incertitudes et vous préférez attaquer le premier, pour regretter ensuite votre imprudence. A d'autres moments, vous conseillez aux autres de passer à l'action tandis que vous vous tenez à l'écart. Vous aurez probablement du mal à vous faire rembourser des sommes que vous aurez prêtées.

Votre caractère excessif peut vous mettre à dos ceux dont vous avez pourtant besoin pour consolider vos défenses. Vous parlez parfois de manière si agressive qu'il faut avoir les nerfs solides pour vous supporter. Faites preuve de logique et modérez vos éclats. Le plus grand effort consiste pour vous à reconnaître aux autres le droit de s'exprimer. Si vous le leur refusez, vous vous heurterez constamment.

Le pouvoir que peut devenir la sexualité peut vous fasciner à un point tel, que vous songiez à en faire usage dans vos rapports de forces avec les autres. Prenez garde à ne pas vous engager dans un processus destructeur.

Vos problèmes seront passagers si vous apprenez à coopérer avec ceux dont vous craignez l'opposition. Cessez de vous méfier de ceux dont les opinions diffèrent des vôtres. Vous acquerrez peu à peu l'assurance nécessaire pour prendre seul vos décisions. Vous serez convaincu de vos capacités et la sécurité de votre vie professionnelle ou privée vous harcèlera moins. Un jour vous vivrez de profondes modifications psychologiques. Vous deviendrez alors totalement autonome et acquerrez une grande confiance en vous. Si vous parvenez à vous départir de votre méfiance et à vous montrer plus tolérant, vous constaterez que vous êtes parfaitement capable d'atteindre seul vos objectifs.

Soleil opposé Ascendant

Vous vous laissez facilement impressionner par les autres, et vous espérez leur faire le même effet. Vous attirez les fortes personnalités susceptibles de vous dominer. En réalité, vous doutez de votre valeur et vous attendez que vous l'on rassure sur ce point. Ce manque d'assurance vous fait craindre d'être rejeté. C'est la raison pour laquelle vous cherchez à vous lier avec ceux dont vous admirez la réussite, vous avez besoin de vous sentir accepté et non pas simplement toléré. En d'autres termes, vous recherchez les compliments et vous aimez que l'on fasse grand cas de vous, car cela compense la piètre opinion que vous avez de vous-même.

Dans vos relations affectives, vous fournissez des efforts excessifs pour faire ce que vous croyez que l'on attend de vous. Vous devez vous libérer de ce besoin de sécurité qui remonte à l'enfance, pour créer un lien véritable avec le partenaire adéquat.

Avant d'exprimer une opinion, vous savez vous mettre à la place de votre interlocuteur. Cela peut être un atout considérable dans les affaires, vos clients sont fiers de cette considération, et, flattés, ils ne renâclent pas devant vos demandes. D'ailleurs, ceux qui bénéficient de vos services reconnaissent mieux que vous votre valeur.

Vous n'éprouvez généralement aucune difficulté pour communiquer, car vous aimez avoir des gens autour de vous. Toutefois, vous devez faire des efforts considérables pour démontrer votre compétence à vos associés. S'ils émettaient le moindre doute à ce sujet, vous en viendriez à travailler seul. Montrez-vous plus agressif dans la compétition professionnelle, faute de quoi vous serez évincé.

Lune opposée Mercure

Vous éprouvez certaines difficultés à équilibrer affectivité et intelligence. En effet, il y a un décalage entre vos sentiments et votre mécanisme intellectuel. Vous réagissez aux sollicitations sociales ou amicales de manière confuse, ce qui embrouille souvent vos rapports. Vos réactions sont parfois passionnelles au point de rendre difficile toute forme de compromis. A d'autres moments, vous vous montrez capable d'une telle froideur dans vos jugements que vous pouvez passer pour insensible. Vous blessez les gens sans vous en rendre compte, pour vous étonner par la suite de leur comportement distant.

Vous ne remédierez à cette dissociation sensibilité-intelligence qu'en vous engageant à laisser les autres donner leur avis avant de prendre toute décision. Vous pourrez alors évaluer les faits et parvenir à un compromis. Cette manière d'agir plus nuancée contribuera à la longue à affermir votre jugement. De plus, les autres se sentiront plus à l'aise avec vous. Il est essentiel que vous parveniez à rectifier ce déséquilibre. Une attitude plus conciliante vous apportera bien des satisfactions dans vos contacts professionnels. Vous gagnerez l'estime de vos collègues en acceptant de reconnaître vos torts. Ne vous montrez pas trop susceptible devant la critique. Si quelqu'un met votre opinion en doute, profitez-en pour éclaircir un éventuel malentendu à ce sujet.

Les divergences d'opinion qui vous opposeront à votre partenaire risqueront de perturber quelque peu votre vie domestique. D'un caractère irascible, vous vous emportez à la moindre provocation. Il se peut également que vous soyez dépensier, et que ces charges intempestives grèvent le budget du ménage. Vous avez tendance à vous faire trop de souci pour des questions de famille d'importance secondaire. Résistez à la tentation de raconter votre vie privée, si vous aimez diffuser les nouvelles, postulez pour un poste de journaliste à la gazette locale ! Ne portez pas atteinte à votre réputation en répandant des ragots, fussent-ils vrais !

Lune opposée Vénus

Quoi que vous fassiez, vous vous heurterez à l'opposition des autres même lorsque vous témoignez votre gratitude pour des services rendus. Vous ne ménagez pas vos éloges, mais vous ne donnez pas toujours l'impression d'être sincère. Votre besoin d'être aimé est tel, que vous ne voulez pas courir le risque de vous aliéner quiconque, bien que cette disposition ne soit pas toujours évidente pour les autres. Même vos proches vous comprennent mal, les querelles ne vous sont pas épargnées. Certains se montrent parfois soupçonneux, car vous leur donnez l'impression d'agir de façon intéressée. Tâchez de ne pas trop attendre des personnes qui vous attirent. Il serait plus profitable pour vous de travailler avec des gens que vous aimez. Placez vos échanges sur un registre intellectuel, soyez plus généreux à offrir votre aide en cas de besoin. Faites en sorte que l'on comprenne que vous ne recherchez rien d'autre que l'amitié. Plus vous serez conciliant envers les autres, plus vous les trouverez disposés à vous faire des concessions.

Vos goûts de luxe vous incitent souvent à vivre au-dessus de vos moyens. En réalité, c'est votre insatisfaction affective qui vous pousse à chercher des compensations, et vous pourriez être amené à pallier ce manque par la sexualité. Toutefois, cette tactique pourrait compliquer vos rapports personnels et même vous mettre en défaut devant la loi. Veillez à ne pas compromettre ainsi votre équilibre. Vous pourriez un jour traverser une crise affective aiguë, résultant du manque de compréhension entre vous et vos proches.

Vous pouvez réussir dans une profession qui vous mettrait en contact avec le public. Il vaudrait mieux éviter d'être mêlé de trop près aux affaires de ceux pour qui vous travaillez, du moins tant que vous ne serez pas parvenu à une attitude plus détachée. En effet, vous avez tendance à prendre trop à cœur le cours de leurs affaires et votre jugement est à la merci de n'importe quel incident.

Lune opposée Mars

Cet aspect indique des conflits relationnels ouverts. Cet état persistera tant que vous ne saurez pas transiger. Même dans votre enfance, vous cherchiez la dispute pour des motifs insignifiants. Vous réagissez au quart de tour et avec véhémence à la moindre critique, même la plus innocente. Vous êtes une personnalité brillante, extravertie mais trop passionnée. Vous êtes attiré par des personnes au caractère fondamentalement opposé au vôtre.

Vous avez tendance à cantonner vos relations au plan physique ou matériel, ce qui vous amène à négliger d'autres qualités chez votre partenaire. Votre impatience fait tourner court vos relations sentimentales, et vos proches sont souvent indisposés par votre attitude arrogante. Vous êtes intolérant envers qui refuse de se plier à vos exigences. Les hommes ayant cet aspect planétaire accusent un certain manque de tendresse dans leur caractère, tandis que les femmes ont tendance à se montrer arrogantes.

Votre nature querelleuse pourra vous valoir quelques problèmes sur le plan professionnel, car vous ne tolérez aucune critique. En outre, vous supportez mal l'autorité et vous vous cabrez devant toute forme de règlement. Pourtant, si vous acceptez de vous plier à certaines règles, vous progresserez plus vite. Votre agressivité peut représenter un atout dans le domaine de la compétition. Toutefois, vous auriez intérêt à modérer vos

éclats souvent déplacés. Vous devrez faire un effort sérieux dans ce sens, faute de quoi vos collègues pourraient vous éviter et vos supérieurs désapprouver l'atmosphère que vous créez. Il se pourrait également que les gens se sentent mal à l'aise avec vous, connaissant vos emportements soudains. Efforcez-vous à plus de contrôle dans vos relations en général car votre caractère excessif pourrait éloigner certaines personnes définitivement. En revanche, si vous faites un effort, vous trouverez les autres mieux disposés à votre égard.

Les troubles digestifs sont fréquents sous cette configuration planétaire, car vous ne savez pas vous détendre. Il y a un conflit entre votre sensibilité et ce que vous êtes à même de revendiquer, et il peut suffire d'un effort minime pour en atténuer les effets. Vous y gagnerez en sérénité et serez en mesure de mettre de l'ordre dans votre vie. Les résultats n'en seront que meilleurs dans tous les domaines.

Lune opposée Jupiter

Vous êtes un être très évolué, un esprit créateur sachant également apprécier les talents d'autrui. Vous remettez souvent en question vos capacités, ce qui vous amène à rechercher les gens doués d'un certain talent avec l'espoir qu'ils vous rassurent sur ce que vous valez réellement. Veillez à ce que l'on ne profite pas de votre vulnérabilité dans ce domaine.

Il y a contradiction entre vos réactions affectives et l'analyse de ce qui les provoque. Vous optez pour ce qui heurte le moins votre sensibilité, et cela vous fait commettre de graves erreurs. Généreux à l'excès, vous risquez certaines déceptions en vous consacrant à ceux qui ne le méritent pas.

Vous êtes charitable envers les gens moins favorisés que vous, et vous devriez choisir un métier où vous pourriez réellement leur venir en aide. Les œuvres de charité, les organismes d'aide aux handicapés, les relations publiques ainsi que les programmes sociaux sont des secteurs où votre contribution serait appréciée. N'hésitez pas à perfectionner vos talents à l'aide de techniques nouvelles. Vous pourriez consacrer vos loisirs à des activités communautaires. Tâchez d'éviter toute confrontation avec des personnes susceptibles de vous dominer, pour n'accepter que les défis que vous pensez pouvoir surmonter.

Vous laissez généralement le bénéfice du doute à vos partenaires, vous pliant à leurs caprices afin de gagner leur affection. Vous valez bien mieux que cela. Ne vous engagez jamais avant d'être sûr de la sincérité de l'affection que l'on vous porte.

Buvez et mangez avec modération, car une alimentation trop riche ne ferait que surchauffer votre organisme. Une légère tendance à l'embonpoint, ainsi qu'une certaine paresse devant l'effort physique, devraient vous inciter à la prudence.

Lune opposée Saturne

Cette opposition vous confère beaucoup de profondeur, mais indique également des périodes de pessimisme et de dépression. En effet, vous marquez une certaine appréhension devant les gens et les événements car vous prenez la vie trop au sérieux. Pour vous, rien ne peut être vécu sur le mode superficiel. Votre éducation a dû être particulièrement axée sur le sens du devoir et des responsabilités. Il en a probablement résulté une certaine tension affective ainsi qu'un léger sentiment d'être rejeté.

Vous communiquez plus facilement avec les gens âgés et ceci depuis votre enfance. La solitude a dû vous peser, particulièrement si vous avez été tenu à l'écart en raison de votre jeune âge. Peut-être, depuis lors, êtes-vous devenu un solitaire.

Il se peut que vos perspectives professionnelles soient limitées par votre manque d'optimisme. Quand vous remplissez vos obligations, elles vous rappellent souvent le carcan familial. Vous avez tendance à projeter cette amertume dans vos rapports avec vos supérieurs, ce qui ne facilite guère les échanges. Il vaudrait mieux exercer un métier indépendant ou, du moins, bénéficier d'une certaine autonomie dans vos fonctions. Il est essentiel que vous vous fixiez vos propres objectifs et que vous puissiez planifier vous-même votre action.

Vous pourriez trouver une autre voie en médecine (gériatrie), dans la recherche anthropologique, les œuvres de charité, l'enseignement, le droit, la gestion hôtelière ou l'administration. Apprenez votre spécialité à fond, et ne sous-estimez pas ceux qui peuvent vous apporter les connaissances dont vous avez besoin. Faites en sorte que votre sensibilité s'harmonise à vos activités professionnelles.

Si vous êtes toujours sous l'influence de votre éducation, vous serez tenté de choisir un partenaire qui incarne l'autorité parentale. Vous serez attiré par les individus forts, disciplinés et exigeants, mais vous trouveriez un meilleur épanouissement affectif auprès d'un être qui puisse compenser l'austérité de vos parents. Si vous avez su modifier votre attitude de manière à ne plus être sur la défensive, vous apprécierez un partenaire à l'esprit libéral qui vous aidera à développer vos capacités.

Quel que soit le genre de partenaire que vous choisissiez, il est peu probable que vous soyez tenté de reproduire le schéma familial. Vous élèverez vos enfants avec suffisamment de souplesse pour en faire des adultes sûrs et autonomes.

Evitez les repas froids et n'usez du sel qu'avec modération. Reposez-vous fréquemment et évadez-vous de temps à autre des contraintes quotidiennes. Des troubles digestifs pourront se manifester dans les périodes de forte tension.

Lune opposée Uranus

Cette opposition indique des tensions intellectuelles et émotives. Vous vous efforcez de raisonner vos sentiments pour assurer un meilleur équilibre entre votre vie intérieure et les nécessités extérieures. Vous éprouvez constamment le besoin d'inclure les autres dans vos décisions, ce qui entraîne bien des complications dans votre vie. Si ce sont vos sentiments qui l'emportent, vous vous aliénez des amitiés, et si c'est la logique qui prévaut, vous vous sentez brimé. Seule l'expérience vous apprendra à réaliser les compromis nécessaires pour satisfaire ces deux facettes et votre personnalité. La résolution de ce conflit nécessitera beaucoup de patience.

Ce problème est lié au mal que vous avez à établir des relations qui vous paraissent toujours menaçantes. Vous êtes attiré par les gens qui répondent chaleureusement à vos avances, mais l'essentiel est d'être vous-même et de comprendre que chacun éprouve les mêmes appréhensions que vous. C'est en vous comportant avec naturel que vous vous ferez des amis.

C'est en aidant les autres que vous acquerrez l'assurance qui vous manque. Vous pouvez choisir une profession dont ce soit l'objet. L'enseignement vous conviendrait particulièrement, car vous seriez obligé d'approfondir vos connaissances. De plus, les résultats positifs que vous obtiendriez vous feraient connaître vos possibilités.

Il peut vous arriver de vous lancer dans des relations sentimentales insolites, car vous tombez facilement amoureux de personnes déjà attachées par ailleurs. Vous êtes un fanatique des relations bizarres et compliquées. Vous évitez ainsi les engagements en choisissant des situations impossibles à concrétiser. Vous aimez une certaine promiscuité affective, même si elle ne devient pas physique.

Reposez-vous le plus souvent possible, faute de quoi la tension nerveuse pourra vous valoir des troubles digestifs. Une attitude plus sereine vous ferait du bien.

Lune opposée Neptune

Vous êtes un être formidablement doué et créateur. Vous risquez toutefois de confondre réalité et fiction car vous êtes extrêmement influençable. Les illusions que vous vous faites sur vous-même ou sur les autres peuvent introduire une certaine confusion dans vos relations. L'environnement vous « impressionne » à tel point, qu'il vous arrive de perdre votre identité, vous vous fondez littéralement dans les êtres, les lieux et les objets. En fait, cela pourrait être une fuite de la réalité, pour éviter de chercher une solution à votre insécurité et à votre instabilité affective.

Vous avez du talent ainsi qu'un sens artistique certain, mais vous ne parviendrez pas pour autant à vous orienter efficacement. Il se peut que les autres vous utilisent pour arriver à s'exprimer, et vous vous sentirez floué. Vous devriez essayer de développer vos dons, ce que vous ferez avec un peu d'entraînement, et ce qui vous permettra de définir vos objectifs sans vous appuyer sur des gens qui pensent davantage à leur intérêt qu'au vôtre. Plutôt que de vous comparer aux autres, faites en sorte d'acquérir suffisamment d'assurance pour réussir sans aide extérieure et sans vous laisser marcher sur les pieds.

Sur le plan professionnel, vous avez tendance à sous-estimer vos capacités, et vous pensez que les autres valent mieux que vous. Votre sensibilité et votre réceptivité pourraient vous inciter à choisir une carrière dans la médecine, la recherche ou la psychothérapie. C'est en travaillant seul que vous vous épanouirez le mieux, sans l'intervention d'éventuels gêneurs.

Vos relations sentimentales sont sujettes aux mêmes illusions que les autres secteurs de votre vie. Vous devriez faire preuve de plus de réalisme et consentir quelques efforts d'adaptation si vous voulez parvenir à un équilibre affectif. L'amour que vous portez à votre conjoint comporte l'acceptation de certaines responsabilités et implique l'acceptation des faiblesses humaines. Vous devez comprendre que le compromis peut éviter des brouilles. N'oubliez pas que l'idéal est une illusion qui n'existe que rarement.

Lune opposée Pluton

Vous êtes affectueux, et vous souffrez si votre amour n'est pas payé de retour. Vous n'hésitez pas à exagérer votre chagrin pour redresser la situation à votre avantage. Votre seuil de tolérance à la souffrance est très bas, et vous ne semblez rien obtenir sans en payer le prix. Peut-être souffrez-vous encore des séquelles d'une punition infligée autrefois par vos parents, et cela vous inspire un certain ressentiment envers ceux qui cherchent à vous dominer. Méfiant envers qui essaie de s'immiscer dans votre vie privée, vous détestez que l'on se mêle de vos affaires. Vous êtes de nature à ne pas supporter l'autorité, et vous avez des problèmes de contact avec le public même si votre profession l'exige. Tâchez de ménager les sentiments de ceux pour qui vous travaillez, sinon peu à peu vous deviendrez grincheux et désagréable sans même vous en rendre compte.

Vos besoins physiques puissants vous poussent à commettre des imprudences. Assurez-vous de la probité de vos partenaires, sinon vous risquez de vous embarquer avec des individus louches, capables de porter atteinte à votre vie familiale ou professionnelle et même à votre réputation. Vous acceptez difficilement les conseils, mais faites un effort dans ce sens.

Dans vos relations amoureuses, vous vous montrez querelleur sur les questions d'argent et d'autorité. Votre agressivité pourra vous faire rompre avec un partenaire que vous aurez heurté dans sa personnalité. Apprenez à vous montrer plus souple.

Vous attendez énormément de la vie et du partenaire idéal. Il est indispensable que vous appreniez à faire des concessions, sinon vous risquez de chercher longtemps et même en vain. Ne vous imaginez pas toujours que les autres veulent se servir de vous. Vous attirez toutes sortes de personnes de plus ou moins grande qualité, à vous de faire un choix judicieux.

Lune opposée Ascendant

Vous cherchez à vous impliquer dans les affaires des gens que vous connaissez. Vous ne vous contentez pas de contacts neutres et superficiels. Vous cherchez au contraire à nouer des relations si étroites que l'on ne puisse plus se passer de vous. En effet, votre désir inconscient est de trouver un être qui ait constamment besoin de vous. Vous essayez de transférer à vos proches le dévouement que vous éprouviez pour vos parents. Cela vous semble être le seul moyen de conserver une sécurité affective à laquelle vous étiez habitué.

Vos nombreux amis vous apprécient pour votre générosité et votre gentillesse naturelles. Cependant, il vous est difficile de

tisser des liens étroits avec quelqu'un en particulier, car vous n'êtes pas certain de pouvoir assumer les responsabilités que cela impliquerait. Pourtant, vous voulez être aimé et c'est même un sujet qui vous tient à cœur. Pour fuir ce problème, vous circulez librement parmi les gens avec lesquels vous vous sentez à l'aise et qui apprécient les services que vous leur rendez. Malgré la facilité avec laquelle vous vous adaptez aux changements intervenant dans une relation, au fond de vous-même vous avez l'impression de n'avoir pas fait le nécessaire pour la préserver.

Etant donné l'aisance dont vous faites preuve en société, les relations publiques seraient un débouché idéal. Vous détestez la solitude, ce qui vous incite à choisir une profession impliquant un certain contact avec le public. Toutefois, vous aurez peut-être du mal à atteindre vos objectifs, car votre comportement parfois fantaisiste risque de donner à vos supérieurs l'impression que vous êtes instable et par conséquent peu fiable. Il est essentiel que vous appreniez à rester seul et à vous assurer une indépendance. Vous garderez toujours l'espoir que vos désirs se réaliseront un jour.

Mercure opposé Mars

Votre intelligence est très vive, et ses ressources illimitées. L'esprit toujours aux aguets, vous recherchez tous moyens de prouver votre compétence. Vous vous heurterez à ceux qui craignent votre supériorité intellectuelle. Essayez de contrôler vos emportements, l'esprit de conciliation s'avère toujours plus positif. Abstenez-vous d'envenimer tout conflit provoqué par un tiers, et portez vos efforts sur la solution du problème qui se pose. Vous serez impopulaire tant que vous ne serez pas parvenu à instaurer une meilleure compréhension entre vous et votre entourage. A vrai dire, vous n'êtes pas incapable de nouer des relations, mais au premier abord, vous pouvez sembler hostile et provoquer ainsi une certaine méfiance chez vos interlocuteurs. Vous avez tendance à tout critiquer, comme si vous étiez la perfection incarnée. Pourtant, si vous consentiez parfois à comprendre un autre point de vue que le vôtre, vous apprendriez beaucoup. Quoi qu'il en soit, laissez les autres s'exprimer avant de tirer des conclusions. Vous affinerez ainsi votre jugement.

Vous pouvez réussir dans la carrière de votre choix, alors ne manquez pas votre chance en vous surestimant. Partez du principe que vous ne savez rien au départ, et saisissez toutes les occasions d'apprendre. Vous attirerez l'attention de personnes influentes pouvant vous être très utiles. Vous pourriez faire des relations publiques, du droit, enseigner ou même être comédien. Vous réussirez dans l'un de ces domaines si vous apprenez à vous exprimer avec plus de modération. Inutile de recourir à la violence verbale, à moins d'être réellement provoqué. Sinon, mieux vaut utiliser votre énergie à des entreprises plus constructives.

Montrez-vous le plus diplomate possible dans vos contacts et dans vos transactions en général. Ce serait une erreur de provoquer l'hostilité de personnes dont vous aurez certainement besoin ultérieurement. Surveillez votre langage, tout excès dans ce domaine ne pouvant que vous nuire.

Mercure opposé Jupiter

Vous nourrissez probablement des espérances irréalisables. Votre imagination est fertile et vous êtes très intuitif, mais vous manquez du sens pratique nécessaire à la réalisation de vos projets. Vous fuyez les responsabilités, pensant pouvoir réussir sans effort. Vous êtes assez bien informé, mais vos opinions reposent sur une base fragile. Vous voulez donner l'impression de tout savoir, ce qui vous opposera à certaines personnes. Vous négligez les détails avant de prendre une décision, et vous êtes souvent contraint de revenir sur votre position. L'inconsistance de vos propos ne va pas toujours de pair avec votre intelligence. Vous feriez bien d'écouter les autres afin d'acquérir un peu de sagesse. N'oubliez pas que le silence est d'or ! Prenez l'habitude d'écouter attentivement avant de juger, vous en tirerez profit et y gagnerez des amis.

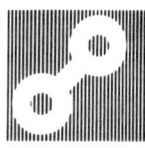

Votre curiosité intellectuelle est insatiable. Toutefois, comme vous n'allez pas toujours au fond des choses, vos connaissances sont souvent fragmentaires. Efforcez-vous à plus de rigueur, car ce n'est pas en sautant constamment d'un sujet à l'autre que vous parviendrez à maîtriser vos connaissances. Vous accomplirez davantage en vous concentrant sur un seul objectif à la fois.

Ne visez que les objectifs réalistes que vous redéfinirez au fur et à mesure que vous progresserez. En procédant ainsi, vous ne serez pas déçu si vous ne décrochez pas la lune. Vous devriez suivre une formation professionnelle continue, car il serait bon de vous tenir au courant des nouveautés pour rester compétitif. Vous vous épargnerez des complications juridiques en lisant toujours scrupuleusement les documents que vous signez. Prenez un avocat ou un bon conseil pour les questions que vous connaissez mal.

Vos relations amicales ou amoureuses sont quelque peu désordonnées. Vous pouvez croire que l'on s'intéresse sérieusement à vous, alors qu'en fait, on ne fait que vous utiliser. Ne vous engagez pas avant d'être certain de la sincérité de votre partenaire. Si vous n'êtes pas honnête avec vous-même, vous risquez d'être victime du manque de sincérité de vos partenaires.

Mercure opposé Saturne

Vous êtes très arrêté dans vos opinions et facilement sur la défensive. Vos grandes capacités intellectuelles vous permettent d'atteindre n'importe quel objectif. Vous faussez parfois la vérité pour les besoins de votre cause, mais les gens sont rarement dupes de vos manœuvres. Cette façon d'agir peut vous faire perdre des amis et cela vous attriste. Avant tout solitaire, vous vous aliénez le peu d'amis que vous avez par vos critiques et vos intrigues. Essayez de vous occuper de vos affaires et de respecter la vie privée des autres.

Il y aura des tensions dans votre vie professionnelle, tant que vous ne vous consacrerez pas entièrement à votre travail, sans vous préoccuper des rivalités. C'est en acquérant compétence et expérience que vous obtiendrez la sécurité dont vous avez besoin. Les secteurs professionnels auxquels vous pouvez apporter vos capacités sont : l'architecture, la science, la recherche, l'enseignement, la politique, l'administration, l'écologie ainsi que la comptabilité. Nombre de ces activités exigeront toutes vos capacités. Si vous vous donnez du mal, vous obtiendrez l'estime que vous méritez et vous deviendrez un spécialiste dans votre domaine. Vous n'aurez alors plus à craindre d'être évincé ou exploité. Quoi qu'il en soit, ne vous isolez pas au point de manquer les opportunités qui se présenteront. Ne recherchez pas à tout prix l'estime de vos collègues, votre efficacité suffit à prouver votre valeur.

Si vous vous consacrez suffisamment à vos affaires, la promotion de l'un de vos collègues ne vous rendra pas amer. Votre tour viendra le jour où vous aurez fait vos preuves. Montrez-vous rigoureux dans vos principes afin de ne pas vous exposer à des attaques préjudiciables à votre réputation et qui compromettraient votre avenir.

Lisez soigneusement vos contrats ou, mieux encore, prenez conseil auprès d'un spécialiste. Un détail négligé peut avoir des répercussions incalculables. Ne dites jamais oui quand vous voulez dire non, sous prétexte que c'est plus facile. Le meilleur moyen d'éviter les complications est de maintenir l'ordre dans vos affaires, sinon vous pourriez vous laisser détourner de vos objectifs.

Mercure opposé Uranus

Votre vitalité intellectuelle est considérable, mais vous avez aussi le génie de susciter la colère des autres. Convaincu que seules vos opinions sont justes, vous ne supportez pas qu'elles soient contestées. Vous êtes tellement habitué à ce que l'on cède à vos caprices, que vous refusez tout compromis, même s'il est signe de paix. Vous accusez les autres de commettre des erreurs, alors qu'ils ont assurément raison. Tant que vous ne changerez

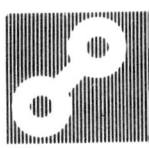

pas d'attitude, vous vous mettrez à dos nombre de vos collègues.

Vous devriez chercher davantage à vous perfectionner qu'à mettre en cause les autres, puisque vous avez la lucidité pour vous. On ne peut véritablement vous tromper, alors pourquoi tant vous inquiéter ? En vérité vous n'êtes pas sûr de vous, et vous avez besoin de vous rassurer par des conflits avec les autres. Pourtant, si vous ne reconnaissez jamais vos torts, vous ne saurez jamais en quoi vous échouez. Pour vous, le sens du compromis sera la clé du succès.

Sciences, économie, enseignement, philosophie, psychologie, sont les domaines dans lesquels vous découvrirez ce que vous êtes vraiment. Les résultats que vous obtiendrez vous convaincront peut-être d'aller à la rencontre des autres.

Vous devrez contrôler votre émotivité et abandonner vos illusions avant de réussir une relation amoureuse. Vous demandez instamment à l'être aimé de vous dire la vérité, pour vous plaindre amèrement ensuite qu'il vous la dise. Curieusement, vous pouvez totalement manquer de tact. Votre système nerveux est mis à dure épreuve par votre anxiété et par une trop grande irritabilité. Apprenez à vous contrôler et à vous arrêter à temps. Quand les nerfs vous lâchent, vous sortez perdant.

Mercure opposé Neptune

Cet aspect signifie une grande imagination et de hautes aspirations. Toutefois, vous êtes facilement distrait par les gens qui vous mettent au défi de vous exprimer. Dans la compétition, il peut vous arriver de douter de vos capacités. Vous êtes assez naïf et parfois victime des malignités de vos concurrents. Manquant de réalisme, vous êtes incapable d'accepter avec dignité les épreuves de l'existence. L'échec vous rendra paranoïaque, vous imaginerez des conspirations contre vous. Apprenez à faire la part entre réalité et fiction.

Sur le plan professionnel, vous vous accomplirez beaucoup mieux si vous êtes votre propre maître ; il est trop risqué pour vous de travailler ou d'entrer en compétition avec d'autres. Compte tenu de votre créativité, adonnez-vous donc à la littérature, à la musique ou à la danse. La recherche médicale est particulièrement appropriée à vos talents. Là, vous seriez le seul à supporter vos erreurs. Vous avez besoin de vous libérer de tout ce qu'il y a d'artificiel dans votre façon de vivre. Vous esquivez souvent ceux qui vous contestent, désirant préserver la sérénité que vous avez eu tant de mal à atteindre. Vous vous sentez très vite menacé jusqu'à douter profondément de vous-même.

Vos relations intimes seront sans doute insolites en raison de la variété des gens qui vous intéressent. Constamment sceptique, vous êtes soupçonneux envers qui se déclare amoureux de vous. Vous avez coupé court à bien des relations amoureuses possibles, craignant que l'on ne tente de tirer parti de votre faiblesse. Vous vous priverez peut-être du bonheur si vous interprétez tous les gestes sensibles, innocents et sincères comme des tentatives de vous exploiter. Penchez-vous davantage sur la nature humaine et essayez sincèrement d'aider les autres.

Mercure opposé Pluton

Vous êtes d'une nature très angoissée. Extrêmement sensible aux problèmes sociaux, vous ne pouvez rester en repos tant que vous n'avez pas fait un effort pour les résoudre. Vous avez l'impression que tout va mal, jusqu'à ce que vous ayez rassemblé vos forces pour résoudre un problème que vous pensez sincèrement relever de votre responsabilité. Vous êtes généralement impatient, et tout doit se faire sans délai. Vous êtes incontestablement compétent, mais il vous faut constamment être rassuré sur ce point ; cela devient une véritable obsession pour vous et votre entourage. Modération et sens du compromis seront nécessaires si vous voulez empêcher les autres de rompre avec vous.

Quand on vous défie, vous devenez arrogant de peur que votre crédibilité ne soit remise en question. Vous avez tendance à tirer des conclusions prématurées et mal fondées. Un examen plus attentif vous aurait révélé des éléments vous contraignant à

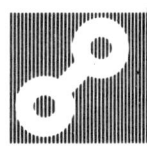

réviser votre jugement. Vous devrez faire face à des problèmes avant de dominer avec succès vos affaires professionnelles. Vous rencontrerez beaucoup de difficultés avec vos collègues qui ne vous supporteront pas tant que vous n'aurez pas changé d'attitude.

Vous êtes fait pour la médecine, la recherche, le syndicalisme, la chimie et l'enseignement. Toutefois, vous devrez vous attaquer à vos problèmes relationnels. Vous avez besoin de discuter interminablement quand on vous prend à partie, et cela peut compromettre vos chances. Occupez-vous de vos affaires et apprenez à ménager la susceptibilité des autres.

Trouver un partenaire qui vous convienne ne devrait pas être trop difficile, mais vos fortes ambitions et votre désir de sécurité financière introduiront des germes de dissension entre vous. Si vous êtes en désaccord sur un point important, il serait sage de rechercher l'avis de quelqu'un de compétent en ce domaine. Résistez à la tentation de projeter vos idées sur votre partenaire et de lui présenter des exigences inacceptables, cela vous ferait rompre tout comme avec vos amis. Idéalement, les objectifs de votre partenaire correspondront aux vôtres. Vous pouvez donc adopter un programme commun où chacun aidera l'autre.

Vous serez longtemps en bonne santé si vous agissez toujours avec modération. Détendez-vous et oubliez de temps à autre les âpretés de la concurrence. Faire des économies vous permettra d'être moins anxieux quand il y aura des dépenses à faire. Rappelez-vous pourtant que ce que vous êtes est plus important que ce que vous avez.

Mercure opposé Ascendant

Dans la mesure du possible, vous essayez d'être du même avis que les gens avec lesquels vous êtes lié. Par crainte d'être rejeté, vous attendez que les autres aient parlé avant d'exprimer votre propre opinion. Bien que vous vous y preniez avec adresse, vous n'arrivez pas à convaincre les gens que cette opinion vous est propre, de ce fait, on ne vous prend pas au sérieux. Vous aimeriez être considéré comme la personne la plus agréable que l'on ait jamais rencontrée. En réalité, vous en faites trop pour être aimé. Vous seriez bien plus respecté si vous étiez plus sincère et moins complaisant.

Vous cherchez à dire le bon mot au bon moment, et que l'on admire ce talent. La plupart du temps vous y parvenez, mais quand c'est manqué, cela peut être affreux. En fait, vous êtes très habile dans la conversation et vous tenez parfaitement un auditoire en main. Vous n'avez aucune raison de prétendre être autre chose que ce que vous êtes, c'est-à-dire une personne charmante.

Parfois vous arrangez la vérité pour faire forte impression ou bien vous déformez les faits pour les accorder à vos objectifs. Grâce à vos dons de communication, vous avez beaucoup de chances de réussir dans toute activité qui requiert un contact étroit avec le public. Vous êtes très doué pour les activités sociales, les relations publiques, la communication, où vous aurez souvent l'occasion de montrer votre adresse à traiter avec les gens.

Bien que vous aimiez réellement les gens, vous détestez vous sentir leur obligé. Vous êtes très indépendant, et vous vous irritez de sentir votre liberté réduite, même temporairement. Vous cherchez à lier amitié avec des personnes qui peuvent vous aider à atteindre vos objectifs. En retour, vous êtes décidé à les aider quand elles en ont besoin. Il sera difficile pour vous d'atteindre la position que vous recherchez à moins que d'autres n'interviennent en votre faveur. Ne les oubliez pas quand vous aurez réussi.

Vénus opposée Mars

Vous adorez sanctionner. Vous êtes une forte nature, plein d'entrain, agressif et parfois brillant. Mais vous n'avez guère le sens du compromis, ce qui vous vaut des problèmes de rela-

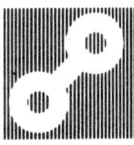

tions. Vous avez tendance à discuter quand on ne cède pas à vos demandes ; vous ne comprenez pas pourquoi on vous résiste. Il émane de vous un magnétisme animal qui peut repousser les gens, spécialement ceux du même sexe que vous. Comptant sur ce fait, vous ne vous sentez aucune responsabilité vis-à-vis des gens qui sont attirés par vous et vers lesquels vous vous sentez entraîné. Vous êtes extrêmement sensible et, quand les gens se comportent durement vis-à-vis de vous, vous êtes furieux, devenant totalement insensible aux autres et vous traitant vraiment mal sans vous en rendre compte. Vous perdez vos amis sans savoir pourquoi.

Jusqu'à ce que vous appreniez à faire des compromis, il y aura des hauts et des bas dans vos affaires professionnelles. Vous devriez vous sentir plus responsable de vos ruptures avec les autres, vous êtes trop souvent préoccupé de vous-même et bien peu des autres. Cette conduite, si vous vous y laissez aller, peut devenir votre principale cause d'échec. Evitez de sauter trop vite aux conclusions, et retardez votre jugement jusqu'à ce que vous ayez examiné tous les faits. Pour cela, vous pouvez parler de vos problèmes avec ceux qui en connaissent plus long que vous. Si vous donnez aux gens l'occasion de donner leur avis, vous gagnerez leur respect et leur admiration. Mettez-les à l'aise en laissant supposer qu'ils vous sont peut-être supérieurs, même si c'est discutable ; puis vous révélerez votre opinion et ce qui la motive. Votre maturité et votre amabilité les impressionneront. Aimant exprimer ouvertement vos sentiments, vous êtes blessé s'ils ne sont pas payés de retour. Il faut absolument que vous accordiez aux autres le droit de faire leur propre opinion. S'ils se soucient de vous, ils vous le feront savoir.

Tâchez de développer votre intérêt pour les sujets abstraits comme l'art, la peinture, le théâtre, la littérature ; ces activités montreront qu'il y a plus en vous que ce que l'on peut supposer.

Ceux que vous rencontrez d'une manière banale se contenteront simplement d'une aventure physique. Si vous voulez attirer quelqu'un de manière durable, vous devez vous impliquer davantage.

Vénus opposée Jupiter

Vous manquez totalement de confiance en vous lorsque vous avez à affronter les autres ou les événements. Vous n'êtes jamais sûr de bien vous en tirer dans vos relations. Vous êtes indulgent envers les autres, dans l'espoir qu'ils vous confirmeront que vous êtes vraiment quelqu'un de capable. Seul le défi d'une concurrence permanente vous rassure sur vos réelles capacités à résoudre les problèmes les plus difficiles. Vous cherchez une certaine notoriété dans ce que vous faites et vous êtes bouleversé de ne pas l'obtenir. Attendant beaucoup des autres, vous vous éloignez même vos amis les plus proches en les assommant par des bavardages sur vous-même et vos affaires. Si votre considération pour vous-même dépend de l'approbation des gens autour de vous, c'est un signe d'immaturité.

Ne manquez pas de franchise ans vos relations ; elles servent souvent à satisfaire vos objectifs. Quand vous découvrez que l'on s'est également servi de vous, vous devenez amer. Vous vous rapprochez de ceux qui vous encouragent et vous vous détachez des autres. Vous approuvez en général tout ce qui convient à vos desseins. Les rares fois où vous faites des compromis sont celles où cela vous coûte peu. Votre incapacité à être impartial est remarquable. Et pourtant, avec ces tendances négatives, vous pouvez être généreux envers vos bienfaiteurs et amical envers vos associés.

Les affaires sont probablement le domaine où vous pouvez le mieux utiliser votre créativité. Vous êtes essentiellement un homme d'affaires, qui aime le contact direct avec ses adversaires, car le succès dans la concurrence confirme à vos yeux votre compétence. La négociation, ou ce que vous appelez la discussion, est ce dont vous vous servez le plus. Vous savez charmer les gens, leur faire perdre leur méfiance, pendant que vous préparez leur défaite. Vous savez être hypocrite quand cela vous sert.

Dans vos relations amoureuses, vous ne vous engagez pas, faisant des gestes apparemment sincères jusqu'à ce que l'être aimé suggère un arrangement plus contractuel, alors vous per-

dez soudain tout intérêt. Votre mariage éventuel dépendra de votre désir d'accepter un tel contrat. Ce ne sont pas les occasions qui vous manquent.

Vénus opposée Saturne

Vous avez tendance à déconsidérer vos expériences, les jugeant inutiles. Vous devez cesser de sous-estimer vos capacités. Gardez sans cesse à l'esprit que vous êtes à même d'affronter vos concurrents et ne donnez pas aux autres plus de crédit qu'ils n'en méritent. Si vous examinez vos qualités avec soin, vous noterez qu'elles sont parfaitement comparables à celles des autres, Cessez de vous mentir sur vous-même. Peut-être enfant vous a-t-on conduit à croire que vous étiez moins doué que les autres, vous continuez à agir en fonction de ce préjugé. Vous avez besoin de vous mesurer aux autres pour évaluer vos capacités ; si vous vous y refusez, vous ne connaîtrez jamais l'étendue de vos talents.

Tout au long de votre vie vous aurez à faire des concessions, sans savoir si vos efforts sont mérités ou non. Un jour toutefois, vous serez capable de juger les gens sans recourir à l'expérience pénible de vous soumettre à eux. Votre jugement sera plus pénétrant et vous deviendrez habile à résoudre vos problèmes ainsi que ceux des autres.

Vous avez dû manquer d'affection dans votre enfance, mais en grandissant vous avez compris que personne n'obtient quoi que ce soit au moment où il le souhaite. Vous avez sans doute cherché à compenser les privations d'ordre intime par des succès remportés sur le plan professionnel. Les professions agricoles, les assurances, le droit, le design, le commerce, sont des champs d'activité qui vous conviennent. Ils requièrent un sens de la responsabilité, de la minutie, de l'intégrité et de l'honnêteté qui vous permettront d'être fier de vos réalisations. Il vous est conseillé de travailler plutôt seul, ou de pouvoir décider de votre rythme. Un travail en communauté, dans une trop grande promiscuité n'est pas souhaitable parce que vous ne supporteriez pas les critiques. Vous avez du talent, mais votre employeur refusera sans doute de le reconnaître pour éviter de vous payer davantage.

N'envisagez pas un mariage précoce, à moins d'être prêt à faire de très grandes concessions pour préserver l'union. Il vaut mieux retarder un engagement de cette nature jusqu'à ce que vous soyez plus sélectif dans le choix de votre partenaire. Si vous vous mariez par goût de la sécurité, ce mariage peut durer, mais il ne sera qu'une association avec fort peu de satisfactions affectives. Si votre éducation a été austère et si vous avez vécu des difficultés financières avec vos parents, il est encore plus important pour vous d'attendre d'avoir acquis votre indépendance avant de prendre époux.

Vénus opposée Uranus

Cet aspect est la marque d'une certaine instabilité sur le plan affectif. Vos désirs sont puissants et vous ne vous en cachez pas. Vous vous imposez avec force et vos relations en arrivent à être gênantes et parfois même dangereuses. Vous semblez vouloir explorer toutes les formes de relations humaines, sans vous préoccuper des dangers que cela peut comporter. Rebelle, vous prétendez que l'expérience est le seul enseignement. C'est peut-être vrai, mais c'est aussi le plus douloureux moyen d'apprendre, car des conséquences fâcheuses peuvent compromettre le reste de votre vie. Vous êtes impulsif, et inattentif à votre argent, faisant des dépenses exagérées pour vous habiller ou pour vos menus plaisirs.

Vous comptez sur votre charme et votre esprit pour réussir professionnellement et il n'est pas exclu que vous entreteniez avec vos supérieurs des contacts amicaux et chaleureux. Toute profession où vous serez en relation avec le public vous procurera une grande satisfaction. Vous ne vous soumettez à aucune autorité sans l'avoir au préalable contestée afin de vérifier l'impact de vos idées. Vous aimez la concurrence et vous avez des atouts pour réussir, pourtant si rien ne vous résiste, cela ne vous intéresse plus. Vous êtes volontaire, déterminé, tenace, et vous assumez facilement les responsabilités. Vous risquez toute-

fois de vous couper de vos plus proches amis ou associés dans votre ascension vers le succès, car vous vous détachez d'eux si cela vous est utile.

Vos relations amoureuses seront toujours compliquées tant que vous ne saurez pas faire des compromis et que vous n'irez pas à la rencontre de l'autre. Vous avez tendance à souhaiter que tout aille bien sans rien donner de vous-même pour maintenir la relation. Si votre attitude ne change pas, vous vivrez une succession de liaisons agréables, mais vous n'aurez aucune assurance de partager votre vie avec quelqu'un dans les dernières années de votre vie, alors qu'en réalité la solitude ne vous plaît vraiment pas.

Vénus opposée Neptune

Votre imagination est si débordante qu'elle est parfois dangereuse. Afin de connaître la plus haute expérience humaine, vous prenez des risques inutiles. Votre idéalisme va de pair avec votre façon de vous perdre dans les rêves et d'être déçu lorsqu'ils s'effondrent car ils manquent de réalisme. Vous imaginez que les autres ont des qualités qu'ils n'ont pas, et quand vous vous sentez trahi, votre confiance devient très difficile à regagner.

Vous avez des dons artistiques que vous devriez utiliser. Evaluez honnêtement vos talents. Vous mettrez en œuvre votre créativité et tirerez une grande satisfaction de vos travaux, si toutefois vous ne vous comparez pas aux autres. Vous êtes seul responsable en la matière, oubliez comment les autres procèdent. Avec votre hypersensibilité, vous travaillez beaucoup mieux avec quelqu'un à qui vous faites entièrement confiance. Dans votre profession, ne vous mettez pas en avant, laissez un autre être votre porte-parole. Si vous parlez pour vous-même, vous dresserez les autres contre vous d'une façon ou d'une autre et vous serez étonné que cela aille mal.

Votre nature méfiante apparaît clairement dans vos relations amoureuses. Sur ce terrain, vous êtes votre pire ennemi.

Vous soupçonnez les autres de malhonnêteté, ce qui les amène à rester sur leurs gardes. Vous ne savez pas très bien déterminer si vous êtes amoureux ou fasciné, et vous envisagez toujours le pire. Tout cela ne constitue pas un panorama idéal pour développer un amour véritable. Vous devez faire preuve de loyauté quand vous discutez de vos problèmes avec votre partenaire, sinon, les dommages seront importants.

Vénus opposée Pluton

Votre nature extrêmement émotive vous créera de grands problèmes ; vous devrez lutter pour imposer vos exigences. Par ailleurs, vous chercherez sans doute à éviter toute forme de liaison par crainte d'avoir à répondre d'un engagement affectif. En tout cas, vous risquez de vous fâcher avec ceux qui pourraient vous être les plus chers.

Dans toute relation stable, l'argent pourrait sembler être un facteur de discorde. En fait, le véritable problème est que vous exigez trop de votre partenaire, ou qu'au contraire, celui-ci est trop possessif. Vous devez évaluer votre liaison avec réalisme, savoir si vos sentiments sont vraiment partagés ou si vous vous êtes fabriqué un partenaire idéal. Avant de contracter un engagement, examinez soigneusement les qualités de votre éventuel(le) époux(se). Cela signifie que vous devez évaluer avec soin ses qualités en tant que compagnon et que parent de vos enfants. Le partenaire qui vous correspond le mieux physiquement ne sera pas forcément celui qui sera capable d'accepter la responsabilité d'une famille et les contraintes que cela implique. Quels que soient vos problèmes, ils se résoudront si vous êtes décidé aux compromis nécessaires. La liberté dont vous pouvez jouir ensemble sera plus grande que celle que vous conserveriez séparément.

Dans les débuts de votre carrière professionnelle, au moment où vous vous établirez, vous risquez de rencontrer des difficultés. Certains essaieront de se jouer de votre naïveté pour vous créer des ennuis avec vos supérieurs. Soyez assuré que ceux qui se sentent menacés par vous vous mèneront la vie dure.

Evitez de vous lier aux gens tant que vous n'êtes pas sûr qu'ils méritent votre confiance. Ceci est spécialement vrai de votre employeur. Devenir son ami vous sécuriserait, mais compromettrait les rapports de travail avec vos collègues avec lesquels vous avez à vivre quotidiennement. Pour être vraiment efficace, veillez à adopter une attitude de simple courtoisie dans les affaires professionnelles. Si vous y mêlez votre affectivité, vous aurez à affronter des complications inutiles. Vous pourriez devenir le jouet d'un ami, étant dans l'incapacité de lui refuser quoi que ce soit. Si vous consentez à ce qu'on se serve de vous, il y a de fortes chances pour que l'on en abuse.

Vénus opposée Ascendant

Cet aspect dénote une attirance pour les gens raffinés, voire sophistiqués. On a généralement une bonne opinion de vous, car vous êtes bien élevé. Vous savez faire des concessions quand c'est nécessaire, et vous vous refusez à critiquer la conduite de ceux qui ne répondent pas à ce que vous attendiez d'eux. Trop fréquemment, vous donnez aux gens le bénéfice du doute et vous voyez en eux des qualités qu'ils n'ont pas. Voulant croire que vos amis sont des gens de grande valeur, vous êtes terriblement déçu quand ils ne sont pas à la hauteur.

Bien que vous paraissiez à l'aise et sûr de vous, en réalité vous avez besoin d'un soutien à vos côtés. Vous n'aimez pas la solitude. Vous affirmez avec juste raison que vous êtes heureux de rencontrer des gens, vous aimez leur compagnie et leur conversation. Vous vous donnez beaucoup de mal, généralement avec subtilité, pour faire croire que l'on vous apprécie, tout en vous efforçant de mettre en valeur vos qualités pour prouver que vous êtes digne de cette amitié. Afin de mettre vos amis à l'aise et en confiance, vous gardez toujours une certaine neutralité. Vous espérez que l'on ne remarque pas vos défauts et votre insécurité.

Vos meilleures relations publiques sont vos amis qui mettent volontiers vos qualités en valeur. En présence de vos supérieurs ou de quelqu'un que vous admirez, vous êtes plutôt timide. Cherchant en permanence à améliorer votre situation, vous aimez la compagnie de ceux qui sont au faîte de la réussite. Vous n'avez aucun scrupule à vous lier à des gens fortunés si cela peut accroître vos chances d'accéder à une situation confortable. En apparence, vous êtes souple, aimable, charmant, mais vous n'hésitez pas à employer tous les moyens pour utiliser au mieux vos relations.

Mars opposé Jupiter

Vous aimez la compétition au point de la rechercher frénétiquement. Vous avez constamment besoin de vous mesurer à un adversaire pour vous prouver que vous pouvez réussir. La confrontation vous permet de vous rassurer quant à vos capacités. Vous pouvez échouer, mais vous voulez bien en prendre le risque. Toutefois, il vous arrive d'être trop optimiste et d'avoir à le regretter par la suite. Vous partez du principe que celui qui frappe le premier a l'avantage sur l'autre, mais vous oubliez que cela n'est pas toujours vrai si l'adversaire a soigneusement établi ses plans. A la fois imprudent et vantard, si vous réussissez, vous faites en sorte que cela se sache.

Vous ne supportez pas que certains réussissent mieux que vous, et vous pourriez même recourir à des tactiques déloyales pour les discréditer. Cette tendance éloignerait vos amis et vos associés qui se méfieraient de vous et vous éviteraient. Prenez garde à ne pas vous couper de vos soutiens, vous resteriez seul, rejeté même de vos pairs.

Les meilleurs domaines pour exprimer vos talents sont sans doute le droit, l'administration, le sport, les médias, les relations publiques, la comédie ou l'enseignement. Une fois que vous aurez appris à modérer vos tendances combatives, vous accéderez au plus haut niveau. Même vos concurrents vous admireront pour la qualité de votre travail. Votre seul problème est la crainte de ne pas pouvoir faire face à vos responsabilités. Une préparation soigneuse et beaucoup d'application devraient effacer chez vous toute anxiété à cet égard.

Vos besoins physiques sont aussi impérieux que vos ambitions. Vous êtes particulièrement nerveux si vous ne pouvez satisfaire vos désirs dans l'immédiat. Cela risque de vous poser de sérieux problèmes, à moins que vous ne trouviez le partenaire qui réponde instantanément à vos besoins. Cette tendance sera adoucie si Saturne forme un aspect avec Mars, vous permettant ainsi de vous contrôler davantage. Votre partenaire devra se montrer physiquement à votre hauteur, sinon, la relation sera rapidement compromise.

La modération vous est conseillée dans tous les domaines. Tant que vous n'aurez pas pris conscience de vos mérites et que vous ne vous moquerez pas d'une quelconque approbation pour prendre une décision, vous serez terriblement indécis.

Mars opposé Saturne

Cet aspect indique un conflit entre vos désirs et votre sens de la responsabilité. Vous passez de moments d'intense activité à d'autres où vous ne pouvez avoir la moindre énergie pour faire quoi que ce soit. Vous passez de l'agressivité à l'apathie. Vous êtes votre propre et unique obstacle sur la voie de la réussite. Il faut vous discipliner en utilisant votre énergie à bon escient et en fixant vos objectifs dans les limites de ce que vous pouvez atteindre. Prenez de fermes résolutions et ne perdez pas votre temps en futilités.

Vous avez tendance à vous laisser impressionner par les réalisations de vos concurrents car vous leur accordez probablement un plus grand crédit qu'ils ne le méritent. La compétition vous est nécessaire pour évaluer vos capacités car les méconnaître est votre plus grande faiblesse. Heureusement pour vous, les autres ont une meilleure opinion que vous de vos possibilités. Il faut que vous preniez conscience de ce que vous possédez d'authentiques talents, si vous y arrivez, vous pourrez aller loin. Il faut vous mettre en tête que vous méritez le succès à venir, mais pour cela, vous devez encore vous affirmer.

Vous pourriez vous épanouir dans le droit, la carrière militaire, celle d'ingénieur, dans l'industrie ou les thérapies physiques. Initialement il vaudrait mieux que vous travailliez seul, jusqu'à ce que vous soyez convaincu que vous pourriez aboutir à d'intéressantes réalisations dans votre domaine. Plus tard, il vous sera plus facile de travailler avec d'autres sans vous sentir menacé par leurs compétences. Vous avez tendance à vous fixer des objectifs un peu en dehors de vos capacités, ce qui vous rend malheureux. Il serait préférable d'échelonner vos responsabilités dans le temps et de progresser pas à pas. De cette manière votre sécurité ne serait jamais compromise.

Vos relations amoureuses ne sont jamais telles que vous les souhaiteriez. Vos désirs semblent toujours être frustrés ou avoir de grandes difficultés à être satisfaits. On dirait que vous ne désirez les choses que jusqu'à ce que vous les obteniez. De toute façon, il y a peu de chances pour que vous vous montriez jamais satisfait de ce que vous obtenez, même si vous le niez.

Vous devez vous modérer dans tout ce que vous faites, sinon vous risquez l'épuisement. Le repos est très important pour conserver votre bien-être. Les fractures sont fréquentes avec une telle combinaison planétaire, ainsi que les problèmes d'articulations tels que l'arthrite. Un peu d'exercice vous ferait du bien, pourvu que vous ayez par ailleurs un repos suffisant.

Mars opposé Uranus

Vous avez le génie de dresser les gens contre vous. Vous aimez la compétition et vous avez un sens aigu de la domination. Le fait est que vous vous montrez arrogant, exigeant, autoritaire, ce qui tend à désarmer les autres. Les bagarres et les discussions semblent vous réussir, quoique vous ne les preniez pas au sérieux. C'est une façon de vous procurer l'excitation que vous aimez.

Votre conduite n'a rien à voir avec vos possibilités, encore que votre allant convainque souvent les autres que vous savez ce que vous faites. Votre sens aigu de la formulation devrait vous pousser à rechercher une profession dans le commerce, la politique, les entreprises privées, la science. Vous aurez peut-être le

goût des passe-temps risqués comme l'aviation, les courses, l'exploration, l'alpinisme, mais montrez-vous alors extrêmement prudent et prenez toutes les précautions, car vous êtes particulièrement exposé aux accidents et ces activités ne vous sont certes pas recommandées. Vous désirez si fort que l'on vous estime que vous affronteriez les pires dangers pour y parvenir.

Vous ne supportez aucune entrave à votre mobilité et vous ne restez jamais en place. Craindriez-vous que l'on découvre votre profonde insécurité ? Peut-être votre style de vie est-il conditionné par le refus de vous admettre comme une personne essentiellement douée sur le plan physique.

Vous n'êtes pas facile à vivre. Vos éclats et la rigidité de votre attitude prennent tout le monde à rebrousse-poil. Vous êtes un révolutionnaire, fondamentalement hostile à la tradition et à toutes limites imposées à l'individu. Vous trouvez à redire contre quiconque détient une autorité, et vous êtes tellement féru de votre propre méthode que vous ne supportez pas que l'on essaye de la contester. Votre nature impétueuse peut vous faire perdre des amis proches qui ne supportent pas votre arrogance.

Mars opposé Neptune

Cet aspect montre que vous ne retirez aucun bénéfice de votre agressivité. Vous voulez faire plaisir, mais lorsque vous rendez un service, les gens se demandent quelle est la nature de vos motifs. Vous êtes alors déçu que l'on mette en doute votre sincérité. Si des incidents de ce genre se répètent, vous déciderez de ne plus vous occuper des affaires des autres. Votre véritable problème est peut-être la raison pour laquelle vous voulez intervenir. Peut-être n'êtes-vous pas totalement vrai dans ce que vous faites et dans la manière dont vous le faites, cela vous rend suspect. C'est ce que vous ne dites pas qui vous sera reproché par la suite. Vos désirs sont parfois quasiment incontrôlables et les autres vous ressentent comme une menace ou comme un danger.

Il vous faudra développer bien des qualités avant de penser à réussir. Vous devrez tout d'abord accepter la réalité, si douloureuse soit-elle ; ensuite, vous devrez apprendre à vous conduire avec les autres de façon plus sensible. Cela les encouragera à vous répondre.

Soyez sélectif dans le choix de votre profession, et évitez tout ce qui peut frôler la moindre illégalité. Une société industrielle ou commerciale conviendrait à merveille à vos talents et à votre imagination féconde. Prenez des renseignements sur votre métier et vos associés immédiats, car vous pourriez aisément devenir un bouc émissaire. Evitez toute activité qui présente un danger physique. Apprenez à réagir avec votre intellect et ne vous laissez pas fasciner par l'inconnu ou par les sensations fortes.

Evitez les drogues, l'alcool, l'occultisme. Cela n'est pas pour vous, vous êtes bien trop fragile. Vous êtes très sensible à l'hypnotisme et aux phénomènes d'illusion en général. Si vous aimez les choses factices, travaillez dans un théâtre. Vos dons sont tout à fait appropriés au métier de comédien ou aux domaines qui lui sont proches. Par-dessus tout, soyez réaliste dans vos objectifs.

Mars opposé Pluton

Vous vous méfiez des effets de votre agressivité. Ne sachant pas suffisamment contrôler vos forces, vous êtes surpris des réactions que vous entraînez chez les autres. Vous les obligez à être sur la défensive lorsqu'ils traitent avec vous. Vous avez tendance à exagérer les risques que représentent vos concurrents et vous dressez parfois des barrières inutiles pour protéger vos intérêts. Vos actions ont rarement une justification logique.

Votre forte sexualité favorisera peut-être une union exceptionnelle, mais elle pourra aussi être à l'origine de nombreuses frictions dans vos relations. Si vous vous servez de votre magnétisme pour tenter de dominer les autres, vous pourriez être

gagné par une grande volonté de puissance. Il s'agit de savoir si vous voulez le pouvoir pour lui-même ou pour remplir vos obligations sociales. Vous pourrez être spirituellement appelé à contribuer à des changements importants dans votre environnement. Toutefois, vous pourrez vous heurter à des problèmes économiques susceptibles de contrecarrer vos objectifs.

Sachez avant tout évaluer les aspects positifs et négatifs des propositions que l'on vous fait. Considérez l'utilité d'un éventuel compromis avant d'agir. Pesez soigneusement les conséquences de vos actes et assurez-vous qu'elles ne nuiront pas aux autres. De toute façon, vous heurterez sûrement certaines personnes en agissant, et vous serez seul à savoir si la réalisation de vos ambitions le justifie.

Il est pratiquement certain que vous rencontrerez des difficultés d'ordre sentimental et que vous aurez des problèmes conjugaux si vous vous montrez trop exigeant envers votre conjoint. Des ennuis domestiques peuvent également résulter d'une mauvaise gestion de vos finances, de conflits d'autorité ou d'une jalousie excessive de votre part ou de celle de votre partenaire. Vous pourriez avoir des problèmes à propos d'un héritage ou d'un prêt.

Mars opposé Ascendant

Vous attirez des êtres inamicaux, comme si vous étiez aigri et contraignez les autres à vous secouer. Pourtant, vous êtes loin d'avoir confiance en vous et c'est probablement ce qui vous rend si agressif. Vous avez constamment besoin de nouvelles rencontres pour améliorer votre habileté à traiter avec des gens qui, autrement, profiteraient de vous. Querelleur de nature, vous n'êtes guère facile à vivre. Si vous souhaitez paix et harmonie, il vous faut acquérir le sens du compromis. Faire des concessions, c'est faire preuve de force de caractère et non pas de faiblesse. Si vous comprenez cela, on vous respectera pour votre sagesse.

Votre tactique offensive vous oblige à dresser des barrières pour vous protéger quand les choses tournent mal. Même si vous devez vous battre pour votre indépendance, il faut néanmoins faire preuve d'un peu de mesure afin de ne pas dresser les autres contre vous. Vous voulez prouver à tout prix que vous êtes capable de triompher de vos concurrents ; une attitude arrogante cache souvent un complexe d'infériorité.

Doté d'une puissance créatrice considérable, sachez cependant que les actes comptent davantage que les paroles. Réussite et bonheur ne dépendent que de vous, vous devez comprendre que c'est à vous d'apporter la contribution nécessaire à leur réalisation. Ecoutez les suggestions de vos proches, et sachez leur témoigner votre reconnaissance pour leur soutien.

Etant enclin à vous emporter dans les situations délicates, il se peut que vous ayez du mal à obtenir une promotion. Vous avez tendance à parler hors de propos, ce qui donne l'impression que vous êtes incapable d'user de votre autorité. A moins d'apprendre à mieux vous contrôler, vous vous mettrez dans des situations difficiles.

Jupiter opposé Saturne

Vous oscillez entre des périodes de confiance et de doute quant à votre valeur. Vous avez constamment besoin que les autres vous rassurent. Il est probable que des contacts frustrants avec vos supérieurs ou avec vos parents vous aient donné une piètre idée de vos possibilités.

Cette configuration planétaire est très contradictoire. Ayant besoin d'approbation, vous recherchez des gens qui vous demandent de faire preuve de compétence. S'ils ne vous font pas d'éloges, vous les rejetez et vous fâchez avec eux. Ne vaudrait-il pas mieux vous mesurer à vos égaux ? Vous avez le plus grand mal à affronter la vérité et vos progrès seront inexistants si vous n'apprenez pas à vous juger lucidement. Vous avez tendance à rejeter ceux qui ont les mêmes caractéristiques que vous.

Votre façon de vouloir vous simplifier la tâche vous rend quelque peu irresponsable. Cette attitude doit être corrigée :

d'abord il faut accepter la réalité et les responsabilités qui en découlent, ensuite il faut prendre conscience de ce que votre comportement peut nuire à certaines personnes et leur être moins indifférent. Si vous parvenez à changer, vous atteindrez tous les objectifs que vous vous serez fixés. Vous pourriez devenir avocat, professeur ou thérapeute. Pourtant, si vous doutez de vous, vos associés douteront également. Travaillez ce problème sans tarder, si ce n'est déjà fait.

Votre problème d'identité risque d'interférer dans vos relations, à la fois sur le plan amical et amoureux. Il serait bon d'affiner votre jugement à ce propos, sinon, cela risquerait d'assombrir une relation avec quelqu'un qui vous serait cher. Vous n'êtes guère généreux, même envers l'être aimé. Vous n'hésitez pas à rejeter avec désinvolture quiconque ne vous approuve pas à cent pour cent, mais vous êtes étrangement bouleversé si l'on vous traite de la même manière et ne pouvez croire que vous méritez un tel traitement. Lorsque vous aurez résolu ce problème d'identité, rien ne vous empêchera de développer votre potentiel.

Jupiter opposé Uranus

Cet aspect indique un haut degré d'enthousiasme et de développement intellectuel. Depuis votre plus jeune âge, vos dons extraordinaires et vos connaissances ont été souvent mis au défi. Vous ne craignez personne, et vous excellez dans les joutes intellectuelles. L'intuition vous permet de triompher des autres, quel que soit leur niveau.

Le monde vous appartient, et il n'y a guère de domaines où vous ne puissiez réussir. Les occupations qui vous conviennent le mieux ont trait au droit, à la politique, à l'enseignement, au tourisme, à la religion et aux sciences occultes. Partout vous pouvez exploiter vos capacités à leur plus haut niveau de développement et de créativité. Vos connaissances sont trop précieuses pour ne pas en faire profiter ceux qui peuvent en retirer une certaine stimulation intellectuelle. Personne mieux que vous ne peut témoigner que seule l'éducation confère la liberté. Vous ne faibliriez jamais sous le poids des fardeaux considérables.

Prenez garde cependant à ne pas devenir trop despotique dans l'exercice du pouvoir, car vous vous aliéneriez vos amis les plus proches. Il se peut que vous soyez dédaigneux envers ceux qui ne peuvent distinguer l'avenir avec autant de clairvoyance que vous, pourtant, vous devez apprendre à accepter les limites d'autrui.

Vous serez toujours mis à l'épreuve, ce qui vous empêchera de vous prendre exagérément au sérieux. Faites preuve de modération en toutes choses et analysez-vous avec lucidité. Considérez qu'avec vos capacités intellectuelles, il vous incombe davantage de responsabilités qu'à beaucoup d'autres.

Jupiter opposé Neptune

Vous ne tenez généralement pas vos promesses. Pourtant, vos intentions sont honorables mais vous êtes incapable d'y donner suite. Vous avez l'impression que l'on attend trop de vous, et cela vous irrite et vous amène petit à petit à vous éloigner de ceux qui sont en demande. La meilleure tactique pour obtenir quelque chose de vous est de vous flatter. Evitez de tomber dans ce piège.

Dans votre vie professionnelle, n'acceptez pas les responsabilités pour lesquelles vous n'êtes pas rémunéré. Vous vous méfiez particulièrement des motivations des autres car vous avez déjà été trahi. Gardez-vous cependant de réactions excessives. Ne négligez pas de faire ce que vous avez à faire, bien que cela ne vous soit pas toujours évident. Il vaut mieux que vous travailliez avec un groupe à la réalisation de vastes programmes sociaux, afin de ne pas vous sentir l'unique responsable en cas d'échec.

Vous ne vous laissez pas faire si l'on vous assigne des obligations arbitraires, et vous avez le courage de contester toute autorité abusive.

Vos relations amoureuses sont parfois chimériques. Vous vous persuadez que l'objet de votre amour possède des qualités que vous admirez, et vous êtes très déçu si la réalité vous prouve le contraire. Vous supportez mal d'être rejeté, et cela peut même vous rendre méchant. Apprenez à accepter les autres comme ils sont ; apprenez à mettre l'accent sur leurs qualités et à minimiser leurs défauts.

Jupiter opposé Pluton

Vous devez être prévoyant lorsque vous traitez avec ceux qui s'opposent à votre désir d'expansion. Vous êtes prêt à contester certaines idéologies pour affirmer votre propre point de vue. Cette démarche risque de vous occasionner des conflits avec votre entourage, vos valeurs n'étant pas toujours celles de la société dans laquelle vous vivez. Vous vous aliénez justement ceux qui pourraient vous aider à opérer certaines transformations. Votre attitude de « bon Samaritain » sera parfois tournée en dérision, particulièrement si vous vous prenez au sérieux.

Un autre aspect plus négatif est que vous pouvez être tenté de manipuler votre entourage et d'acquérir une supériorité financière qui vous permette de le dominer. Ce comportement ne vous attirera certainement ni le respect ni l'estime.

Prenez garde à ne pas vous associer à des entreprises à la limite de la légalité sous prétexte de vous assurer des revenus substantiels. N'entreprenez rien sans en peser les risques, car ce qui vous paraît tout d'abord juste peut être condamnable au regard de la société.

Par ailleurs, il se peut que vous soyez tenté de corriger certaines illégalités sociales et que vous cherchiez le moyen de mieux aider les autres. L'intensité qui se dégage de votre personne peut mobiliser le public, aussi bien à travers des contacts personnels que par les médias. Vous avez beaucoup à donner, ne gâchez pas cette qualité par une arrogance excessive.

Jupiter opposé Ascendant

Vous vous montrez généreux avec votre entourage et courtois envers vos concurrents. Vous êtes poli et raffiné, au point que l'on se demande parfois pour quelles raisons. Votre préférence va à ceux qui sont sûrs de leurs ambitions. A moins de n'y voir un intérêt futur, vous refusez de vous plier à des obligations. Vous attirez les gens qui ont de la chance, et vous partagez leur optimisme ainsi que leur sens de la réussite. Vous vous enorgueillissez de votre jugement, mais ne vous rendez pas compte que vous prenez plus que vous ne donnez, sauf lorsque cela sert vos projets.

Vous avez du mal à vous fixer, car vous voulez rester disponible pour pouvoir saisir toutes les occasions. Vous êtes plein d'idées, et vous savez les exploiter de manière à en tirer le meilleur profit personnel. Vous avez le sens de la conversation, et l'on peut compter sur vous pour animer n'importe quel débat.

Votre goût du succès vient probablement de l'enfance qui n'a pas dû être totalement satisfaisante. Vous vous persuadez que si l'on vous en donne l'occasion, vous saurez prouver vos capacités. Vous êtes conscient de la nécessité de vous fixer et d'établir de bons rapports avec les autres afin de réussir. Votre principal problème est votre tendance à vous servir des gens, et il vous faut apprendre que la générosité peut vous être tout aussi bénéfique.

Saturne opposé Uranus

Vos problèmes relationnels se traduisent par des défis et des compétitions hors de propos. Vous pouvez imposer votre point de vue lorsqu'il est juste, mais pas au point de compromettre vos rapports avec votre entourage. Les autres vous aident à vous équilibrer, particulièrement lorsque vous négligez la logique la plus élémentaire dans le maniement de vos affaires. Apprenez à apprécier ceux qui se soucient véritablement de vous, tout d'abord en acceptant des compromis, par la suite, l'expérience venant, vous gagnerez l'indépendance que vous recherchez.

Vous pourriez exceller dans un bon nombre d'activités professionnelles telles que la science, la recherche, les statistiques,

les mathématiques ainsi que la gestion d'entreprise. Quand votre situation sera assise, ne la compromettez pas par un excès de zèle. Vous vous attireriez l'hostilité de vos subordonnés qui feraient tout pour vous torpiller, et vous deviendriez agressif envers vos supérieurs qui vous harcèleraient alors sans répit.

Pour que votre vie soit harmonieuse, il vous faudra beaucoup vous corriger. Cessez de vouloir commencer en haut de l'échelle. Avec cette configuration planétaire, vous aurez peut-être la chance de rencontrer des gens qui vous apprendront davantage que la meilleure école, à condition que vous y soyez disposé.

Avec le temps, les valeurs humaines prendront le pas sur l'aspect purement matériel de votre existence. Vous serez reconnaissant envers ceux qui vous auront aidé, et vous dispenserez à votre tour vos connaissances. Votre partenaire est probablement plus méritoire que vous ne le pensez de vous avoir aidé à surmonter vos doutes.

Saturne opposé Neptune

Vous vous méfiez instinctivement de ceux qui pourraient devenir vos concurrents, car vous craignez de façon tout à fait irrationnelle de rencontrer un échec. Cette prudence excessive vous rend à votre tour suspect aux yeux des autres et crée un cercle vicieux.

Vous aimeriez «réussir», mais vous n'avez pas toujours le discernement nécessaire à la réalisation de vos ambitions. Vous rencontrerez fréquemment des gens qui vous paraîtront sournois et rusés, et vous serez tenté d'agir comme eux. Soyez prudent, car il est fort possible que vous ayez mal interprété leurs intentions.

Vous pourrez tenter d'améliorer les conditions sociales des plus défavorisés, et certains tourneront peut-être en dérision votre goût du sacrifice. Vous persisterez néanmoins.

Vos relations seront en général extrêmement tourmentées car vous avez le plus grand mal à distinguer ce qui est sincère de ce qui ne l'est pas. Certains tenteront de profiter de vous, ce qui pourra vous coûter cher à la fois sur le plan affectif et financier. Apprenez à accepter chez les autres le meilleur comme le pire.

Dans vos recherches de l'âme sœur, vous éprouverez bien des souffrances jusqu'à ce que vous appreniez à affronter la réalité. Il se peut que vous choisissiez la solitude comme une sorte de refuge. Ne vous laissez pas déprimer, cela pourrait vous provoquer des troubles psychosomatiques.

Saturne opposé Pluton

Vous pourriez être la victime de ceux qui cherchent le pouvoir. Vous vous trouverez impliqué dans des entreprises douteuses, sinon dangereuses. Si vous vous lancez dans des entreprises négatives ou improductives, il vous sera extrêmement difficile d'en sortir sans dommages.

Etudiez attentivement vos associés et ne vous laissez pas leurrer par des perspectives financières sans en examiner le bien-fondé. Méfiez-vous de tout ce qui peut sembler trop beau pour être vrai. Cela est valable également dans vos relations professionnelles et affectives. Dans ce domaine, votre partenaire pourra tirer plus de bénéfice que vous. Vous rencontrerez des gens dont les exigences à votre égard seront excessives, ce qui entraînera des séparations pénibles.

Votre vie sociale peut être extrêmement dure et ne vous fournir aucune possibilité de vous exprimer de façon constructive. La peur de la pauvreté ou la perte de votre emploi vous conduiront peut-être à recourir à des méthodes malhonnêtes pour vous protéger.

Les circonstances de votre vie devront être soigneusement évaluées et planifiées. Vous devrez soit transformer votre environnement, soit quitter votre milieu pour prendre un nouveau départ. Il vous faudra fournir de gros efforts pour accéder à la sécurité et vous construire un avenir plus assuré.

Saturne opposé Ascendant

Vous avez une certaine défiance des relations. Vous devez vous donner beaucoup de mal pour communiquer avec les autres, et vous vous demandez souvent si cela en vaut la peine. Vous êtes tellement préoccupé par vos affaires que vous n'avez guère le temps de vous soucier des autres, ce qui ne vous empêche pas de les accuser d'indifférence à votre égard. En fait, vous êtes tellement réservé que vous passez pour hautain, ce qui enlève aux autres toute envie de vous approcher.

Vous ne proposez guère vos services, car vous êtes de toute façon persuadé que personne n'apprécierait votre savoir-faire et que les autres sont plus compétents que vous. Vous craignez leur concurrence. Pour vous rassurer, vous avez besoin que les autres manifestent l'estime qu'ils ont pour vous. Vos débuts ont été probablement difficiles et vous n'avez pas été habitué à ce que l'on vous fasse des compliments. Bien qu'ayant des conceptions personnelles, vous n'êtes jamais sûr de pouvoir intéresser les autres à vos idées alors que vous en éprouvez un besoin impérieux. Demander une augmentation de salaire représente pour vous quelque chose d'insurmontable, et vous devez vous forcer pour y parvenir.

La peur d'être rejeté vous fait préférer que ce soit les autres qui viennent à vous. Vous craignez que l'on ne s'aperçoive de votre angoisse, mais il n'en est généralement rien. La seule chose que vous puissiez vous reprocher est de ne pas vous imposer suffisamment. Vous ne prendrez la mesure de vos possibilités que lorsque vous prendrez le risque de les mettre à l'épreuve. En réalité vous pouvez fort bien faire face à vos responsabilités, mais vous avez besoin de vous en assurer.

Uranus opposé Neptune

Cet aspect vous rend peu conscient de la liberté dont vous jouissez, si bien que vous ne revendiqueriez pas vos droits s'ils se trouvaient menacés par des bouleversements sociaux ou politiques. Vous avez tendance à laisser aux autres le soin de se battre pour la sauvegarde des libertés individuelles. Vous pourriez un jour suivre aveuglément un groupe religieux, politique ou social. Vous ne devez jamais oublier que certains leaders politiques pourraient cruellement vous décevoir en nouant des alliances secrètes ou en s'abstenant de communiquer à ceux qu'ils représentent des informations importantes. Il faut qu'un événement vous scandalise vraiment pour réagir.

Vous êtes né à une époque de troubles politiques où de fortes structures économiques furent mises en place et où des armes puissantes furent inventées. L'apathie et l'indolence des masses permirent à ceux qui gouvernaient le monde de saper les libertés individuelles et de précipiter leur peuple quelques annnées plus tard dans un conflit mondial. Ces hostilités furent le résultat de l'agitation qui s'était créée durant les douzes années qui avaient précédé.

Vous comprenez intuitivement les remous de la politique internationale, et vous devez par conséquent éveiller la conscience de votre entourage lorsqu'une réaction s'impose. Il en va de même pour les problèmes raciaux ou sociaux, particulièrement lorsque votre sécurité est en jeu. Toutefois, veillez à ne pas vous laisser entraîner par des groupes fanatiques aux motivations douteuses.

Uranus opposé Pluton

Vous vous méfiez de toute évolution dans le domaine social, religieux, philosophique ou politique, car vous craignez que vos droits n'en souffrent. Vous ne tirez de conclusions qu'après avoir soigneusement examiné les faits. Ce n'est pas que vous soyez hostile au changement ou au progrès, mais vous avez besoin de temps pour vous y adapter. Vous voulez vous forger vos propres opinions, mais compte tenu de votre manque d'assurance, vous avez besoin du soutien de ceux que vous admirez et respectez. En général, vos opinions ne prêtent pas à la discussion et ne laissent pas la place au compromis. Fasciné par les gens du pouvoir, vous leur apportez votre soutien inconditionnel.

Cette configuration planétaire s'est produite entre 1900 et 1903, période pendant laquelle beaucoup de personnes eurent à s'adapter aux changements qui intervinrent. Les véhicules volants offrirent de nouveaux modes de déplacement, la télégraphie sans fil permit de diminuer les distances du monde comme le fit auparavant l'apparition des engins de transport.

Vous avez le pouvoir d'inciter la jeune génération à accepter le changement comme un facteur nécessaire de progrès. Vous pourriez leur montrer combien l'obéissance aveugle à des dirigeants, dont les pouvoirs sont trop importants et la vision trop limitée, peut porter atteinte aux libertés individuelles. En prenant une part active à l'élection de dirigeants compétents, vous prouverez qu'il est possible de changer le cours des événements. De cette façon, les êtres pourront déterminer davantage leur destinée et auront une certaine assurance qu'elle ne soit pas altérée, tout en faisant des concessions au changement.

Uranus opposé Ascendant

Cet aspect montre que vos relations vous empêchent d'avoir toute la liberté que vous souhaiteriez car vous attirez des êtres dont l'indépendance vous oblige à céder de votre terrain. Séduit par ceux qui contestent l'autorité, vous aimeriez partager leur enthousiasme et leur autonomie. Vous vous sentez mal à l'aise quand on vous demande de vous engager, car vous considérez les contrats et les obligations comme autant de restrictions à votre liberté. Le mariage au sens traditionnel du terme n'est pas pour vous. Vous préférez des relations plus libérales, dans lesquelles le seul lien est l'attirance que vous éprouvez. Vous aimez avoir de nombreux amis qui partagent vos conceptions, et avec lesquels vous vous sentez en sécurité.

Ceux qui vous connaissent admirent votre façon d'utiliser vos dons. Vous aimez les activités qui vous permettent de travailler à votre guise, en dehors du carcan des règlements. Assurément, vous n'aimez pas que l'on vous dise ce que vous devez faire ni que l'on vous donne des ordres.

De caractère rebelle, vous avez probablement quitté votre famille de bonne heure pour suivre votre propre voie. Malgré une intelligence indéniable, vous n'êtes pas encore prêt à assumer les conséquences de vos actes. Vous avez tendance à éviter toute compétition, sous prétexte qu'elle représente le piège de toute société trop réglementée.

Bien que vous souhaitiez apporter une contribution substantielle à l'amélioration de la société, il se peut que vous n'en témoigniez pas par des actes. Votre hostilité envers l'autorité pourra être une entrave à la poursuite de vos objectifs. Vous créez vos propres règles qui ne sont pas trop contraignantes. Un de vos rôles est d'aider les autres à acquérir l'éducation nécessaire à leur liberté et à prendre conscience des problèmes politiques et sociaux pouvant influencer leur existence.

Neptune opposé Ascendant

Vous êtes très influencé par votre entourage, ne sachant pas très bien distinguer parmi vos relations ceux qui sont vos amis et les autres. C'est pourquoi bien des gens peuvent jouer de votre sensibilité pour vous amener à vous sentir leur obligé. Votre vision des êtres est trop idéaliste, ce qui vous réserve des déceptions.

N'offrez votre aide qu'à ceux qui en ont réellement besoin, sinon vous auriez tendance à vous laisser submerger par les problèmes du tout-venant. En fait, vous cherchez à compenser votre manque d'autorité personnelle. Il faut que l'on ait besoin de vous pour que vous vous sentiez à votre place. La solitude vous pèse, c'est une des raisons pour lesquelles vous vous créez des obligations envers les autres.

Votre nature imaginative et créatrice devrait orienter vos talents vers l'écriture, la musique ou les arts. N'entrez pas en lice avant d'avoir l'expérience nécessaire.

Ce sont les autres qui vous fourniront les occasions de gagner votre vie. Ayant l'impression de ne pas mériter d'être heureux, vous exagérez vos défauts. On vous aime davantage que vous ne le pensez, et vos amis se préoccupent beaucoup de votre bien-être. Demandez leur avis avant de vous engager à fond afin de n'avoir pas à le regretter plus tard. Quand vos supérieurs prennent des engagements à votre égard, faites en sorte d'obtenir une lettre ou que cela se passe devant quelqu'un qui puisse en témoigner si nécessaire.

En amour, vous vous laissez facilement subjuguer par les fortes personnalités. Ne vous engagez pas dans une relation suivie avant de bien connaître votre partenaire et d'être sûr de ses sentiments.

Pluton opposé Ascendant

Vous êtes attiré par les gens sûrs d'eux, ayant du caractère. Votre désir de vous lier étroitement avec ceux que vous cotoyez est tel, que vous risquez de vous faire manipuler. Dans ce cas là, fuyez ! Pourtant, cela signifie que vous essayez de faire la même chose. Vous attendez trop de ceux avec lesquels vous traitez et ne supportez pas que cela soit réciproque. C'est la signification du vieux dicton : « qui se ressemble s'assemble ». Ces problèmes pourraient ruiner des relations qui, autrement, auraient été passionnantes.

Vous savez admirablement vous adapter aux gens, et les relations publiques vous conviendraient à merveille. Vous pourriez également trouver d'immenses satisfactions dans des activités politiques sociales ou financières. Vous vous exprimez avec emphase, et vous captez l'attention de façon surprenante.

Vous obtenez généralement ce que vous voulez lorsque vous le voulez, et vous ne tolérez pas de refus à vos demandes. Si vous êtes motivé pour changer l'attitude des gens envers leurs obligations sociales, vous pouvez véritablement accomplir des miracles, gagnant l'appui de vos amis pour améliorer les conditions sociales. Pourtant, des personnalités officielles essayeront de vous discréditer et de tourner l'opinion publique contre vous. De telles manœuvres ne vous effrayent pas, car vous possédez sur ces personnes des informations qui pourraient grandement les embarrasser.

Dans vos relations intimes, vous n'obtiendrez pas le même succès que dans vos conquêtes publiques car vous devenez parfois ennuyeux, et mettez les autres mal à l'aise. Vous sentez la façon dont les gens pensent, et pourriez même faire de la transmission de pensée.

Index

☌ Les conjonctions

Soleil conjoint Lune 43
Soleil conjoint Mercure....... 44
Soleil conjoint Vénus 45
Soleil conjoint Mars 46
Soleil conjoint Jupiter........ 47
Soleil conjoint Saturne 49
Soleil conjoint Uranus 50
Soleil conjoint Neptune 51
Soleil conjoint Pluton 52
Soleil conjoint Ascendant..... 53

Lune conjointe Mercure 53
Lune conjointe Vénus 54
Lune conjointe Mars 55
Lune conjointe Jupiter 57
Lune conjointe Saturne....... 58
Lune conjointe Uranus 59
Lune conjointe Neptune 60
Lune conjointe Pluton 61
Lune conjointe Ascendant 62

Mercure conjoint Vénus 63
Mercure conjoint Mars 64
Mercure conjoint Jupiter 65
Mercure conjoint Saturne..... 66
Mercure conjoint Uranus 67
Mercure conjoint Neptune 68
Mercure conjoint Pluton 69
Mercure conjoint Ascendant .. 70

Vénus conjointe Mars 71
Vénus conjointe Jupiter 72
Vénus conjointe Saturne...... 73

Vénus conjointe Uranus 74
Vénus conjointe Neptune 75
Vénus conjointe Pluton 76
Vénus conjointe Ascendant ... 77

Mars conjoint Jupiter 77
Mars conjoint Saturne 78
Mars conjoint Uranus 79
Mars conjoint Neptune 80
Mars conjoint Pluton 81
Mars conjoint Ascendant 82

Jupiter conjoint Saturne 83
Jupiter conjoint Uranus 84
Jupiter conjoint Neptune 85
Jupiter conjoint Pluton....... 86
Jupiter conjoint Ascendant ... 87

Saturne conjoint Uranus...... 87
Saturne conjoint Neptune 88
Saturne conjoint Pluton 89
Saturne conjoint Ascendant ... 90

Uranus conjoint Neptune 91
Uranus conjoint Pluton 91
Uranus conjoint Ascendant ... 92

Neptune conjoint Pluton
(eut lieu en 1890, ne
figure pas dans cet ouvrage)
Neptune conjoint Ascendant .. 93

Pluton conjoint Ascendant ... 94

✱ *Les sextiles*

Soleil sextile Lune............ 99
Soleil sextile Mars............ 100
Soleil sextile Jupiter.......... 101
Soleil sextile Saturne.......... 102
Soleil sextile Uranus.......... 103
Soleil sextile Neptune......... 104
Soleil sextile Pluton 105
Soleil sextile Ascendant 106

Lune sextile Mercure 107
Lune sextile Vénus 108
Lune sextile Mars 109
Lune sextile Jupiter 110
Lune sextile Saturne 111
Lune sextile Uranus 112
Lune sextile Neptune 113
Lune sextile Pluton........... 114
Lune sextile Ascendant 115

Mercure sextile Vénus 116
Mercure sextile Mars 117
Mercure sextile Jupiter........ 118
Mercure sextile Saturne 119
Mercure sextile Uranus 120
Mercure sextile Neptune 121
Mercure sextile Pluton 122
Mercure sextile Ascendant..... 123

Vénus sextile Mars 124
Vénus sextile Jupiter.......... 125
Vénus sextile Saturne 127
Vénus sextile Uranus 128

Vénus sextile Neptune 129
Vénus sextile Pluton 130
Vénus sextile Ascendant 131

Mars sextile Jupiter 132
Mars sextile Saturne 133
Mars sextile Uranus 134
Mars sextile Neptune 135
Mars sextile Pluton........... 136
Mars sextile Ascendant 137

Jupiter sextile Saturne 138
Jupiter sextile Uranus......... 139
Jupiter sextile Neptune 140
Jupiter sextile Pluton 140
Jupiter sextile Ascendant...... 141

Saturne sextile Uranus 142
Saturne sextile Neptune 143
Saturne sextile Pluton 144
Saturne sextile Ascendant 145

Uranus sextile Neptune 146
Uranus sextile Pluton......... 147
Uranus sextile Ascendant 147

Neptune sextile Pluton........ 148
de 1957 à 1970 149
de 1971 à 1983 150
Neptune sextile Ascendant 151

Pluton sextile Ascendant 152

■ *Les carrés*

Soleil carré Lune.............. 157
Soleil carré Mars.............. 158
Soleil carré Jupiter 158
Soleil carré Saturne........... 160
Soleil carré Uranus 161
Soleil carré Neptune 162
Soleil carré Pluton 163
Soleil carré Ascendant 163

Lune carré Mercure 164
Lune carré Vénus 165
Lune carré Mars 166
Lune carré Jupiter 167

Lune carré Saturne 169
Lune carré Uranus 170
Lune carré Neptune 171
Lune carré Pluton............ 172
Lune carré Ascendant 173

Mercure carré Mars 174
Mercure carré Jupiter......... 175
Mercure carré Saturne 176
Mercure carré Uranus 177
Mercure carré Neptune 178
Mercure carré Pluton 179
Mercure carré Ascendant...... 180

Vénus carré Mars 181
Vénus carré Jupiter........... 182
Vénus carré Saturne 183
Vénus carré Uranus 185
Vénus carré Neptune 185
Vénus carré Pluton 186
Vénus carré Ascendant 187

Mars carré Jupiter 188
Mars carré Saturne 189
Mars carré Uranus 190
Mars carré Neptune 191
Mars carré Pluton............ 192
Mars carré Ascendant 193

Jupiter carré Saturne 194
Jupiter carré Uranus.......... 195
Jupiter carré Neptune 196

Jupiter carré Pluton 197
Jupiter carré Ascendant 198

Saturne carré Uranus 199
Saturne carré Neptune 199
Saturne carré Pluton 200
Saturne carré Ascendant 201

Uranus carré Neptune........ 202
Uranus carré Pluton.......... 203
Uranus carré Ascendant 204

Neptune carré Pluton
(eut lieu de 1813 à 1825, ne
figure pas dans cet ouvrage)
Neptune carré Ascendant 205

Pluton carré Ascendant 206

△ *Les trigones*

Soleil trigone Lune 211
Soleil trigone Mars........... 212
Soleil trigone Jupiter 213
Soleil trigone Saturne 214
Soleil trigone Uranus......... 215
Soleil trigone Neptune........ 216
Soleil trigone Pluton 217
Soleil trigone Ascendant 218

Lune trigone Mercure 219
Lune trigone Vénus 220
Lune trigone Mars 221
Lune trigone Jupiter 222
Lune trigone Saturne.......... 223
Lune trigone Uranus 224
Lune trigone Neptune 225
Lune trigone Pluton 226
Lune trigone Ascendant 227

Mercure trigone Mars 228
Mercure trigone Jupiter 229
Mercure trigone Saturne...... 230
Mercure trigone Uranus 232
Mercure trigone Neptune 233
Mercure trigone Pluton....... 234
Mercure trigone Ascendant ... 235

Vénus trigone Mars 236
Vénus trigone Jupiter 237
Vénus trigone Saturne........ 238
Vénus trigone Uranus 239

Vénus trigone Neptune 240
Vénus trigone Pluton 241
Vénus trigone Ascendant 242

Mars trigone Jupiter 243
Mars trigone Saturne......... 245
Mars trigone Uranus 246
Mars trigone Neptune 247
Mars trigone Pluton 248
Mars trigone Ascendant 249

Jupiter trigone Saturne 250
Jupiter trigone Uranus 251
Jupiter trigone Neptune 252
Jupiter trigone Pluton........ 253
Jupiter trigone Ascendant 254

Saturne trigone Uranus....... 255
Saturne trigone Neptune...... 256
Saturne trigone Pluton 257
Saturne trigone Ascendant 258

Uranus trigone Neptune 259
Uranus trigone Pluton 259
Uranus trigone Ascendant 260

Neptune trigone Pluton
(aspect antérieur à 1800, ne
figure pas dans cet ouvrage)
Neptune trigone Ascendant ... 261

Pluton trigone Ascendant..... 262

⚻ Les quinconces

Soleil quinconce Lune 269
Soleil quinconce Mars 270
Soleil quinconce Jupiter 271
Soleil quinconce Saturne...... 272
Soleil quinconce Uranus 273
Soleil quinconce Neptune 274
Soleil quinconce Pluton 275
Soleil quinconce Ascendant ... 276

Lune quinconce Mercure 277
Lune quinconce Vénus 278
Lune quinconce Mars 279
Lune quinconce Jupiter 280
Lune quinconce Saturne 281
Lune quinconce Uranus 282
Lune quinconce Neptune 283
Lune quinconce Pluton....... 284
Lune quinconce Ascendant ... 285

Mercure quinconce Mars 286
Mercure quinconce Jupiter.... 287
Mercure quinconce Saturne ... 288
Mercure quinconce Uranus ... 289
Mercure quinconce Neptune .. 290
Mercure quinconce Pluton 291
Mercure quinconce Ascendant. 293

Vénus quinconce Mars 294
Vénus quinconce Jupiter...... 295
Vénus quinconce Saturne 296
Vénus quinconce Uranus 297

Vénus quinconce Neptune 298
Vénus quinconce Pluton 298
Vénus quinconce Ascendant .. 299

Mars quinconce Jupiter 300
Mars quinconce Saturne 301
Mars quinconce Uranus 302
Mars quinconce Neptune 303
Mars quinconce Pluton....... 304
Mars quinconce Ascendant ... 305

Jupiter quinconce Saturne 306
Jupiter quinconce Uranus..... 307
Jupiter quinconce Neptune ... 308
Jupiter quinconce Pluton 309
Jupiter quinconce Ascendant.. 310

Saturne quinconce Uranus 311
Saturne quinconce Neptune ... 312
Saturne quinconce Pluton 313
Saturne quinconce Ascendant . 314

Uranus quinconce Neptune ... 315
Uranus quinconce Pluton 316
Uranus quinconce Ascendant . 316

Neptune quinconce Pluton
(aspect antérieur à 1800, ne
figure pas dans cet ouvrage)
Neptune quinconce Ascendant   317

Pluton quinconce Ascendant .. 318

☍ Les oppositions

Soleil opposé Lune 325
Soleil opposé Mars........... 326
Soleil opposé Jupiter 327
Soleil opposé Saturne 328
Soleil opposé Uranus......... 329
Soleil opposé Neptune........ 330
Soleil opposé Pluton 331
Soleil opposé Ascendant 332

Lune opposée Mercure 333
Lune opposée Vénus 334
Lune opposée Mars 335
Lune opposée Jupiter 336

Lune opposée Saturne........ 337
Lune opposée Uranus 338
Lune opposée Neptune 339
Lune opposée Pluton 340
Lune opposée Ascendant 341

Mercure opposé Mars 342
Mercure opposé Jupiter 343
Mercure opposé Saturne 344
Mercure opposé Uranus 345
Mercure opposé Neptune 346
Mercure opposé Pluton....... 347
Mercure opposé Ascendant ... 348

Vénus opposée Mars	349
Vénus opposée Jupiter	351
Vénus opposée Saturne	352
Vénus opposée Uranus	353
Vénus opposée Neptune	354
Vénus opposée Pluton	355
Vénus opposée Ascendant	356
Mars opposé Jupiter	357
Mars opposé Saturne	358
Mars opposé Uranus	359
Mars opposé Neptune	360
Mars opposé Pluton	361
Mars opposé Ascendant	362
Jupiter opposé Saturne	363
Jupiter opposé Uranus	364
Jupiter opposé Neptune	365

Jupiter opposé Pluton	366
Jupiter opposé Ascendant	366
Saturne opposé Uranus	367
Saturne opposé Neptune	368
Saturne opposé Pluton	369
Saturne opposé Ascendant	370
Uranus opposé Neptune	370
Uranus opposé Pluton	371
Uranus opposé Ascendant	372
Neptune opposé Pluton (aspect antérieur à 1800, ne figure pas dans cet ouvrage)	
Neptune opposé Ascendant....	373
Pluton opposé Ascendant	374

l'espace bleu ✶ l'espace bleu

L'espace bleu, c'est aussi **une librairie/salon de thé originale,** un lieu de rencontre, de réflexion et de détente.

Le salon de thé

vous propose une sélection de plats et de boissons pour les gourmets et pour les gourmands !
Vous serez séduits par "l'assiette Vénus", charmés par celle de Neptune... Quant aux douceurs, elles vous enchanteront !

La librairie

LES LIVRES

**Astrologie - Pratiques divinatoires - Tradition
Spiritualité - Enseignement initiatique
Développement personnel - Médecines énergétiques**

Vous trouverez dans notre librairie des livres rares, passionnants et parfois même quelques exemplaires d'introuvables !

LA MUSIQUE

Des cassettes venues du monde entier pour vous aider à vous relaxer ou à méditer.

LES OBJETS

Des multitudes de tarots, de pendules ou de cartes postales ; votre carte du ciel par ordinateur ou en peinture, des étoiles, des licornes et des arcs-en-ciel... !

Les activités

Des cours et des séminaires d'astrologie et de numérologie, des conférences sur des thèmes variés (spiritualité, ésotérisme, arts divinatoires, santé), des expositions, des concerts, des projections...
Si vous souhaitez recevoir notre programme, envoyez-nous une enveloppe timbrée à votre adresse.

Dans le but de rendre plus performantes les recherches en médecines énergétiques et astrologie, l'espace bleu œuvre à la création d'une banque de données. Ceux d'entre vous qui souhaitent nous aider, auront la gentillesse de nous communiquer :

NOM   PRÉNOM
DATE DE NAISSANCE, LIEU, HEURE (légale déclarée)
ADRESSE
TÉLÉPHONE

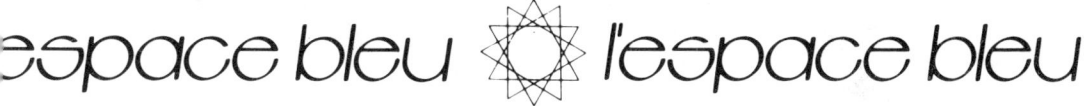

L'informatique

L'espace bleu édite un programme informatique d'astrologie.

CALCULS EFFECTUÉS PAR LES LOGICIELS D'ÉTUDE
ESPACE BLEU 2 ET 2+ (VIDÉO)

Thème natal : avec tableau d'aspects indiquant les écarts angulaires entre tous les points du thème et les mi-points.
Thème progressé : avec tableau d'aspects aux planètes natales.
Révolution solaire : avec tableau d'aspects aux planètes natales.
Révolution lunaire : au choix à partir du thème natal ou à partir de la révolution solaire.
Liste des révolutions lunaires de l'année.
Directions symboliques : tableau synoptique de douze années avec aspects aux planètes natales.
Directions secondaires : tableau synoptique de douze mois avec aspects des planètes rapides aux natales.
Transits : tableau synoptique de douze mois avec la position des planètes lentes dans le Zodiaque et leurs aspects aux natales.
Thème relationnel : au choix thème composite (mi-points des deux thèmes) ou thème spacio-temporel (thème situé à mi-distance des deux naissances dans le temps et géographiquement).
Thème horaire : avec tableau d'aspects indiquant les écarts angulaires entre tous les points du thème et les mi-points.

MODIFICATIONS AU CHOIX

Longitudes : introduction des données en temps ou en degrés.
Orbes : choix des orbes de chaque type d'aspect pour chaque type de thème.
Domification : Placide, Regiomontanus, Campanus, Koch, Maisons égales (à partir du MC ou à partir de l'AS), et Maisons antiques.
Graphisme : Zodiaque tracé ou pointillé ; Ascendant horizontal ou Bélier fixe.
Impression : carte seule, calculs seuls, tableaux des aspects ou des mi-points, combinaisons au choix.
Calculs : au choix, Soleil vrai ou apparent, Lune Noire vraie ou moyenne, pour le logiciel vidéo Espace bleu 2 +, le graphique sur l'écran de télévision peut apparaître en noir ou en couleurs.

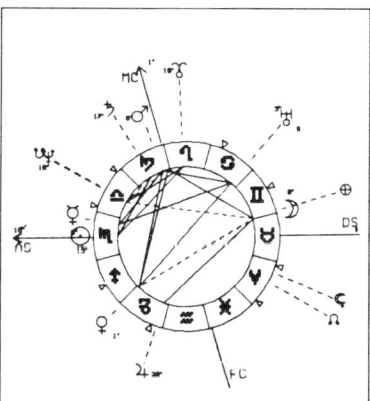

UN ASTROLOGUE DANS LA POCHE

Les rêves les plus fous des allumés du zodiaque seront comblés par l'étonnant logiciel Espace, conçu pour l'ordinateur format bloc-notes de Canon, le X 07, et son imprimante. Ce logiciel a demandé deux ans de travail, de quoi jusfifier le prix de 2.980 F qui comprend la cassette et le module 8 K. SCIENCE ET VIE MICRO

Le Logiciel Espace bleu 2 = 2.980 F.
(Espace bleu 2 + : VIDÉO = 3.480 F.
Ordinateur X 07 = 1.590 F.
Carte mémoire XM 101 = 990 F.
Imprimante X 710 = 1.230 F.

POSSIBILITÉ CRÉDIT TOTAL, prix en vigueur en octobre 1986.

Aubin Imprimeur
LIGUGÉ. POITIERS

Achevé d'imprimer en octobre 1986
Nº d'impression L 22221
Dépôt légal, octobre 1986
Imprimé en France

ISBN : 2-86766-002-3